Edmund Herold

Band 2

IMKER
FREUND
BÜCHER

Neue Imkerschule

Theoretisches und praktisches Grundwissen

Neu bearbeitet von Dr. K. Weiß, Erlangen

Mit 117 Abbildungen und 1 Farbtafel

3. gründlich überarbeitete Auflage

Ehrenwirth Verlag München

Herold, Edmund
Neue Imkerschule: theoret. u. prakt. Grundwissen /
neu bearb. von K. Weiß. – 3., gründl. überarb. Aufl. – München: Ehrenwirth, 1977.
(Imkerfreundbücher; Bd. 2)
ISBN 3-431-01850-5
NE: Weiß, Karl [Bearb.]

ISBN 3-431-01850-5

Satz: IBV Lichtsatz KG, Berlin
Druck: Georg Wagner, Nördlingen
Printed in Germany 1977b

Inhalt

Vorwort zur ersten Auflage

Imkerschule nennt sich dieses Buch. Es ist ein Buch und keine Bibliothek. Und als Buch will es sich in solchen Grenzen halten, daß man vor Preis und Umfang nicht zu erschrecken braucht. Es muß also Maß halten in der Ausführlichkeit. Und doch muß es als Schule von allem reden, was zur Imkerei gehört. Es will nicht nur flüchtig die nötigsten Handgriffe lehren. Wer sich seinen Inhalt angeeignet hat, soll sich nicht mehr als ungelernter Arbeiter fühlen, sondern als wirklicher Imker. Er braucht kein Professor zu werden, aber er soll an Theorie und Praxis so viel in sich haben, daß er sein eigenes Geschäft versteht und auch anderswo mitreden kann. Das Buch will dem Anfänger dienen. Aber auch wer über den Anfang hinaus ist, wird allerlei darin finden, was ihm nützen kann. Ausgelernt hat noch keiner bei den Bienen. Auch nicht der, der dieses Buch geschrieben hat. Vielleicht ist die Imkerei gerade deshalb so reizvoll, weil man immer wieder Neues dazulernen kann. Wir sind immer unterwegs: die Wissenschaft in der Erforschung des Bienenlebens und die Praxis in der Erprobung neuer Wege zu besserem Erfolg. Wer lernt, bleibt jung – und wenn er auch schon 90 wäre.

Edmund Herold

Vorwort zur dritten Auflage

Die »Imkerschule« ist in ihren beiden ersten Auflagen gut angekommen. Aber nichts bleibt stehen – auch nicht die Imkerei. Neue Erkenntnisse und Praktiken brechen sich Bahn. Was sich in den letzten Jahren als Fortschritt abzeichnete, habe ich gesiebt und in den Lehrplan aufgenommen. Überholtes und allzu Spezielles wurde dafür gestrichen. Damit bleibt das Buch bemüht, dem Anfänger eine Hilfe und dem Fortgeschrittenen Orientierung zu sein. Ich würde mich freuen, wenn das besondere Fluidum, welches der verehrte Altautor dem Buche mitgegeben hat, trotz der notwendigen Eingriffe lebendig geblieben wäre.

Dr. Karl Weiß

Abb. 1 Bienendenkmal in Gifu/Japan

Nach zwei mißglückten Versuchen gelang es dem begeisterten Imker J. S. Harbison, im Winter 1857 über 50 Bienenvölker lebend von New York nach Kalifornien zu bringen. Am 5. November begann die 6000 km weite Reise quer durch ganz Amerika. Am 2. Dezember kamen sie im Tal von Sacramento an. Obstbau und Bienenzucht entwickelten sich Hand in Hand, und beide brachten es zu hoher Blüte. Ende der achtziger Jahre kam es zu Mißverständnissen zum Schaden beider. Heute weiß Amerika, was es an Bienen hat. Zur Hundertjahrfeier jenes entscheidenden Bienentransportes wurde ein Denkmal errichtet.

Auch Japan weiß den Wert der Biene für Gesundheit und Volkswirtschaft zu schätzen. Davon zeugt das hier abgebildete eindrucksvolle Bienendenkmal, das am 23. November 1960 in Gifu (Mitteljapan) eingweiht wurde.

Wann wird man in Europa diesem Beispiel folgen?

I. Warum Bienenzucht?

Warum heute noch Bienenzucht? – Vieles hat sich überlebt. Mancher moderne Mensch wird sagen: auch die Bienenzucht. Seht die zerfallenen Bienenstände auf den Dörfern! Seht die Imker: zum großen Teil ältere Leute! Offenbar eine Sache im Absterben. Ein Zeitvertreib für einige, denen ein anderer Sport zu anstrengend ist. Eines Tages wird man davon erzählen wie von einem Märchen aus alter Zeit. Es war einmal...

Wird es so kommen? Nein, es wird nicht. Warum nicht?

1. Es kommt etwas dabei heraus

Auch heute noch erbringen Berufsimker den Beweis, daß man eine Familie mit Bienenzucht ernähren kann. Ihre Zahl ist nicht sehr groß, und sie müssen sich mit allem Ernst mit ihrem Erwerbszweig befassen wie jeder in einem andern Beruf. Im Schlaf wird ihnen nichts geschenkt. Um bequem und rasch reich zu werden, ist die Bienenzucht nicht der rechte Weg. Aber das hat sich vieltausendfältig gezeigt: Als Einnahmequelle neben einem gesicherten Hauptberuf ist die Bienenzucht sehr geeignet. Es kommt etwas dabei heraus, einmal mehr, einmal weniger, an einem Ort mehr als an einem andern, aber es kommt etwas heraus. Ich kann von mir sagen, auch in den schlechtesten Jahren habe ich nicht draufgelegt. Mindestens die wirklichen Unkosten waren immer gedeckt. Meistens aber war meine Tätigkeit an den Bienen eine gut bis sehr gut bezahlte Freizeitbeschäftigung. So mancher konnte schon von seinem Eigenheim sagen: Das haben meine Bienen gebaut. Oder von seinem Sohn: Den haben meine Bienen studieren lassen. Oder: Diese Reise nach Italien haben meine Bienen bezahlt, oder dieses Auto verdanke ich meinen Bienen.

Abb. 2 Schleuderreife Honigwaben, Teil der Leistung eines guten Volkes

Es hat nicht viel Wert, mit Durchschnittszahlen aufzuwarten. Sie stehen auf einem unsicheren Boden. Einmal gibt es nicht viele, die ihre Einnahme aus der Bienenzucht durch eine Reihe von Jahren öffentlich zum besten geben. Und dann erntet man ja an einem bestimmten Ort nicht einen Landesdurchschnitt, sondern eben das, was unter den besonderen Umständen, der Tracht und dem Wetter an diesem Ort zu ernten ist. Böttcher gibt in seinem Buch über Erwerbsbienenzucht 15 kg Honig pro Jahr an. Berufsimker nennen aus ihrer Praxis höhere Zahlen. Auch wenn der Bauer, Arbeiter, Kaufmann oder Beamte, der nebenher 10 bis 15 Völker hält, weniger oder nur die Hälfte bekommt, kann er mit der »Zubuße« aus seinem Bienenstand doch in der Regel recht zufrieden sein. Und etwas Tröstliches: Man hat in der Bienenzucht nie ausgelernt. Man kann also immer noch dazulernen und dadurch auch den Erfolg verbessern.

2. Obst- und Samenbau brauchen die Biene

Die Honigbiene ist zur Bestäubung der Obstbäume und Beerensträucher unentbehrlich. Das hat sich oft genug erwiesen durch die praktische Erfahrung des schlichten Obstbauers wie durch den exakten Versuch des Wissenschaftlers. Als der Engländer Arthur Dobbs um 1750 den Zusammenhang zwischen Biene und Blüte entdeckte, hat man das kaum zu Notiz genommen. Als der Deutsche K. Chr. Sprengel 1793 die gleiche Tatsache eingehend bewies, wurde er fast für einen Narren gehalten. Als man in der zweiten Hälfte des vorigen Jahrhunderts in Kalifornien große Obstplantagen anzulegen begann, schafften unternehmungslustige Imker unter unsäglichen Mühen und Kosten quer durch ganz Amerika Bienenvölker dorthin. Einer der bedeutendsten Imkerpioniere war W. C. Harbison. Er brachte es auf 3750 Völker. Plötzlich wurden ihm 300 Völker durch Obstbauern verbrannt, aus Ärger über die Stiche und aus Neid über seine Honigernte. Heute leiht man sich Bienenvölker für die Baumblüte und zahlt dem Imker noch Geld zu seinem Honig. Und vor einigen Jahren hat man dort ein Denkmal gesetzt für das erste Bienenvolk, das 100 Jahre zuvor in Kalifornien seinen Einzug hielt. Der Obstbauer weiß, daß er seine Existenz neben seiner eigenen Arbeit in erster Linie den Bienen verdankt. (Abb. 1)

Auch im großen Obstbaugebiet bei Hamburg, im »Alten Land«, hat sich der Obstbauer durch bittere Erfahrung zu einer großen Hochschätzung der Biene bekehrt. In den ersten Jahren der chemischen Schädlingsbekämpfung gab es schwere Giftschäden bei den zugewanderten Bienenvölkern. Da blieben die Imker weg. Die Folge war ein starker Rückgang der Obsternte. Daraufhin einigten sich die Obstbauern mit den Imkern. Heute ist die Zuwanderung genau nach Zeit, Zahl und Ort geregelt, Schäden werden vermieden, und die Imker erhalten eine angemessene Vergütung.

Sehr klar geregelt ist die Obstwanderung in Holland. Der Obstbauer zahlt dem Imker den Transport und eine Prämie pro Volk. Der Imker verpflichtet sich, die Völker rechtzeitig und in genügender Volksstärke anzuliefern und sie

Abb. 3 Nektar und Pollen zugleich sammelt die Biene an der Obstblüte. Und gerade im Frühjahr, zur Zeit des täglich wachsenden Brutnestes, ist das Verlangen nach Pollen besonders stark. So wirft sich das Volk mit aller Energie auf die sich bietende Tracht und sichert damit die Befruchtung.

bis Ende der Blüte zu belassen. Der Obstbauer sorgt für einen geeigneten Platz zur Aufstellung der Völker und verhindert jegliche Schädigung der Bienen durch Gift oder Weidevieh. Ein Schiedsrichter entscheidet bindend bei Meinungsverschiedenheiten.

Der Schweizer Kobel hat ausgerechnet, daß der Wert des geschleuderten Honigs in der Schweiz von 1934 bis 1940 im Durchschnitt jährlich 7,764 Millionen Franken betrug, der des geernteten Obstes 71,589 Millionen. Also etwa das Neunfache. Nun verdankt der Obstbauer diese Ernte gewiß nicht allein der Biene. Er braucht dazu sein Feld, die Bäume und seine eigene Arbeit. Aber ohne die Biene wäre das alles umsonst. (Abb. 3)

3. Hat die Biene Konkurrenz?

Die Kritik sagt, es gibt auch andere Insekten, die Blüten bestäuben. Richtig, es gibt solche. Aber sie bedeuten nicht viel. Man kann vier Gruppen von Bestäubern unterscheiden:

Gruppe 1: *Käfer, Schmetterlinge, Motten, Fliegen und Fransenfliegen.* Käfer sind hart und glatt. Der Blütenstaub haftet schlecht an ihrem Panzer. Schmetterlinge kommen mit dem Pollen meist nur wenig in Berührung. An Fransenfliegen, die ich in Blüten sammelte, fand ich kaum eine Spur von Pollen. Die wichtigsten aus dieser Gruppe sind noch die Fliegen. Aber auch ihre Leistung ist gering, denn auch sie besuchen die Blüten nur, um ihren eigenen Hunger zu stillen. Sie denken nicht daran, Blütenstaub für die Aufzucht ihrer Nachkommenschaft zu sammeln.

Gruppe 2: *Einsiedlerbienen.* – Sie sammeln Pollen, sind haarig und haben eigene Einrichtungen an Bauch oder Beinen, um Pollen zu sammeln für die wenigen Larven, die ihnen das Leben verdanken. Sie taugen zur Befruchtung. Man kann sich an dem wütenden Eifer, mit dem sie den Pollen zusammenscharren, geradezu erbauen. Aber sie haben den Fehler, daß sie eben Einsiedler sind. Jede haust für sich und erzeugt nur eine kleine Zahl von Nachkommen. Ein hoher Prozentsatz geht durch Feinde und ungünstige Witterung zugrunde. Nur wenige kommen über den Winter. Ich habe ein einziges Mal im Frühjahr 1948 nach dem offenbar für sie günstigen trockenen Sommer 1947 Einsiedlerbienen in solcher Zahl an den Obstbäumen gesehen, daß von ihnen eine Befruchtung in merklichem Umfang zu erwarten war. Seitdem nie mehr.

Gruppe 3: *Hummeln.* – Sie bauen eine Gemeinschaft auf. Sie sammeln Nektar und Pollen auf Vorrat. Sie sind eifrig und wetterfest. Ihr Arbeitstag beginnt schon früh und endet oft am späten Abend. Und doch hält sich auch ihre Bestäubungsleistung in bestimmten Grenzen. Bei ihrer kräftigen Statur brauchen sie Blüten, die ihr Gewicht aushalten. Das ist bei Obstblüten wohl allgemein der Fall. Bei langen Blütenröhren ersparen sie sich gern den mühsamen Zugang von vorn, beißen sie seitlich an und kommen dadurch mit den Staubgefäßen gar nicht in Berührung. Auch das trifft für das Obst nicht zu. Aber wesentlich ist ein anderer Nachteil: Auch das Hummelweibchen überwintert als Einzelwesen in Mauslöchern oder sonstigen Schlupfwinkeln. Im Frühjahr legt es ein kleines Nest aus runden, tönnchenförmigen Zellen an und fliegt selber aus, um ihre Nachkommenschaft mit Futter zu versorgen. Wir haben also im Frühjahr hier den gleichen »Ein-Mann-Betrieb« (richtiger »Ein-Weib-Betrieb«) wie bei den Einsiedlerbienen. Erst wenn der erste Brutsatz erwachsen ist, kann die Nestmutter daheimbleiben und sich aufs Eierlegen beschränken. Die Feldarbeit besorgen nun die ältesten Töchter. Aber bis die Familie auf einige Hundert angewachsen ist, haben die Obstbäume längst verblüht. Nur für die Befruchtung des Rotklees ist die Hummel dank ihres langen Rüssels von beachtlicher Bedeutung. Doch kommt man auch hier mit dem Masseneinsatz von Krainer Bienen weiter, besonders wenn sie bei der Zucht auf Rüssellänge ausgelesen sind.

Gruppe 4: *Unsere Honigbiene.* – Sie ist das einzige Insekt, auf das sich der Obstbauer für die Befruchtung seiner Bäume und Sträucher wirklich verlassen kann. Die Honigbiene geht nicht als Einzelwesen, sondern als Volk über den Winter. 8–10–15tausend Bienen zählt so ein Volk im Winter. Was sind im Vergleich dazu die paar Hummelweibchen und Einsiedlerbienen gegen die Heerschar eines einzigen Bienenvolkes!

Daß die Bienen in jedem Frühjahr zu einem Masseneinsatz für die Blütenbestäubung bereitstehen, verdanken wir zum Teil dem Lebensgesetz der Biene, zum Teil der Betreuungsarbeit des Imkers. Wir müssen beim Bienenvolk Sommer- und Winterbienen unterscheiden. Äußerlich sind sie einander gleich, in ihrem inneren Aufbau und ihrer Lebensfähigkeit zeigen sich gewichtige Unterschiede. Die Sommerbiene lebt im Durchschnitt etwa 6 Wochen, die Winterbiene 6 Monate. Die Sommerbiene belastet ihren Körper mit Vorratsstoffen nicht mehr als sein muß. Sie verzichtet auf allen entbehrlichen »Speck« zugunsten steter Bereitschaft zu höchster Aktivität. Sie kann es sich erlauben, kurzlebig zu sein, weil ja ununterbrochen junges Volk nachwächst. Wäre es im Winter auch so, gäbe es im Frühjahr keine Bienen mehr. So aber mästet sich die etwa von August an schlüpfende Winterbiene durch starken Pollenverzehr ein inneres Fett-Eiweißpolster an. Das macht sie langlebiger. Aus dem Abbau dieses Polsters bezieht sie aber auch die Stoffe, die sie braucht, um in ihren Drüsen den Futtersaft zu erzeugen, mit dem sie die erste Brut schon von Februar an aufzieht, wo von draußen noch kein Pollen hereinkommt. Ohne diese Eigenart der Biene stünde es schlecht mit der Befruchtung der Obstblüten.

Aber auch der Imker muß das Seine dazutun. Ohne seine Fürsorge kämen in unseren Breiten nach schlechten Honigjahren die meisten Bienenvölker um. Er aber füttert im Herbst jedem Volk, gleichviel ob es ihm in diesem Jahr viel gebracht hat oder wenig, den nötigen Wintervorrat in Form von etwa 10 kg Zucker ein.

Und wiederum tut auch die Biene das Ihre dazu. Sie geht mit diesem Futter sparsam um. Sie hält zwar keinen Winterschlaf wie Dachs und Murmeltier. Aber sie setzt sich mit ihren Schwestern ganz eng zusammen zu einer warmhaltenden Traube und vibriert nur leise mit den Flügeln, um durch die schwache Betätigung ihrer Brustmuskulatur die nötige Lebenswärme von 13–25 °C in der Traube zu erhalten. Dazu wird nur der Zuckerhonig verbraucht, nicht das Fett-Eiweiß-Polster, das für die Aufzucht der ersten Brut aufbewahrt werden muß. Der Obstbauer denkt kaum daran, daß der Imker mit seinem Zuckergeld an den Unkosten des Obstbaus beteiligt ist.

Jedenfalls wurde durch häufige Zählungen festgestellt:

75–85% aller Blütenbesucher sind Bienen.

Es gibt Beispiele, die ganz deutlich zeigen, was die Biene für den Obstbau leistet: Ich kann bei mir beginnen. Beim Bau des Bahnhofs Untereisenheim im Jahre 1909 wurde eine Reihe von Apfelbäumen daneben gepflanzt. Sie wuchsen schön, aber sie trugen nichts. Seit ich nach dem Zweiten Weltkrieg in der Nähe meine Bienen aufgestellt habe, sind sie fruchtbar geworden. Die Folge: Ein Obst- und Beerenfeld nach dem andern wird in der Nähe meines Hauses angelegt, das 2–3 km von allen umliegenden Ortschaften entfernt ist.

Aus vielen anderen Beispielen nur einige:

Die Stadt Eisleben löste von 10 Morgen Obstfeld ohne Bienen DM 50,–, mit Bienen 1500. Kirschbäume am Kaiserstuhl brachten ohne Bienen nichts, mit

Bienen 12 Zentner. Der Ertrag einer Goldparmänenallee bei Mondschütz sank mit der Entfernung der Bäume vom Bienenstand. Unmittelbar beim Stand brachte ein Baum durchschnittlich 1200 Früchte, im Abstand von 300 m noch 800, bei 600 m 600 Früchte, bei 700 m 250, bei 900 m nur 20.

Eine gute Bestäubung ist nicht nur wichtig für die Zahl der Früchte, sondern auch für ihre Qualität. Mangelhafte Bestäubung führt zu verkrüppelten oder einseitigen Früchten. Nur Vollbestäubung, wie sie durch die intensive Bearbeitung der Blüte durch die Biene die Regel ist, ergibt auch vollausgebildete, marktfähige Ware.

1959 prüften die Russen Markov und Romanchuk die Wirkung der Bestäubung auf den Ertrag von Gurken. Gleich große Kasten lieferten mit Gaze abgesperrt 0,7 kg Gurken, künstlich mit Hand bestäubt 7,3 kg, durch Bienen bestäubt 11,8 kg.

Ähnliche Versuche mit Verhinderung des Bienenbeflugs durch Gaze oder Drahtgitter führten immer wieder zum gleichen Ergebnis, gleich ob es sich um Obstbäume oder Beerensträucher handelte, wie bei den jüngeren Versuchen von Prof. Schanderl, Geisenheim, mit schwarzen Johannisbeeren, oder um sonstige insektenblütige Pflanzen. Sogar bei selbstfruchtbaren Pflanzen und Bäumen liefert die Bienenbestäubung einen höheren Ertrag. Raps zum Beispiel gibt mit Bienen um 20–30% mehr Samen als ohne Bienen. Bei Versuchen von D. F. Longridge in Kerang, Australien, lieferten gleich große Flächen 1957 und 1958 mit Bienen 434% und 583% mehr Luzernesamen als ohne Bienen. 1958 611%, 1959 729% mehr Samen. Dabei wurden 5–6 Völker je Hektar aufgestellt.

Frühere russische Versuche mit Rotklee ergaben bei einer Entfernung vom Bienenstand von 1500 m fast keinen Samen, bei 800 m 92 kg je ha, bei 400 m 271 kg, unmittelbar beim Stand 319 kg.

Neue russische Versuche mit Sonnenblumen zeigten deutlich die Unterschiede von Selbstbefruchtung, einmaliger Handbestäubung, täglicher Handbestäubung und Beflug durch die Bienen:

	Selbstbestäubung	einmal mit Hand	täglich mit Hand	durch Bienen
Gewicht aller Samen in Gramm	45	66	110	112
Gewicht von 100 Samen	3,0	4,9	7,8	9,3
Gewicht von 100 Kernen	0,5	2,2	4,8	5,7

Ähnliche Beispiele ließen sich noch viele bringen. Es ist Tatsache, die Biene ist im Obst- und Samenbau weder durch den Wind noch durch andere Insekten noch durch Menschenarbeit wirtschaftlich zu ersetzen. Obstbau, Gartenbau und Landwirtschaft, das heißt die gesamte Tier- und Menschenernährung sind auf die Biene angewiesen. Nicht umsonst hat das Landwirtschaftsministerium der USA die Biene als die Grundlage des Wohlstandes bezeichnet.

Ein Bienenvolk befruchtet im Tag Millionen von Blüten!

75–85% aller Blütenbesucher sind Bienen.

Sie nützen der Allgemeinheit 10mal soviel wie dem Imker.

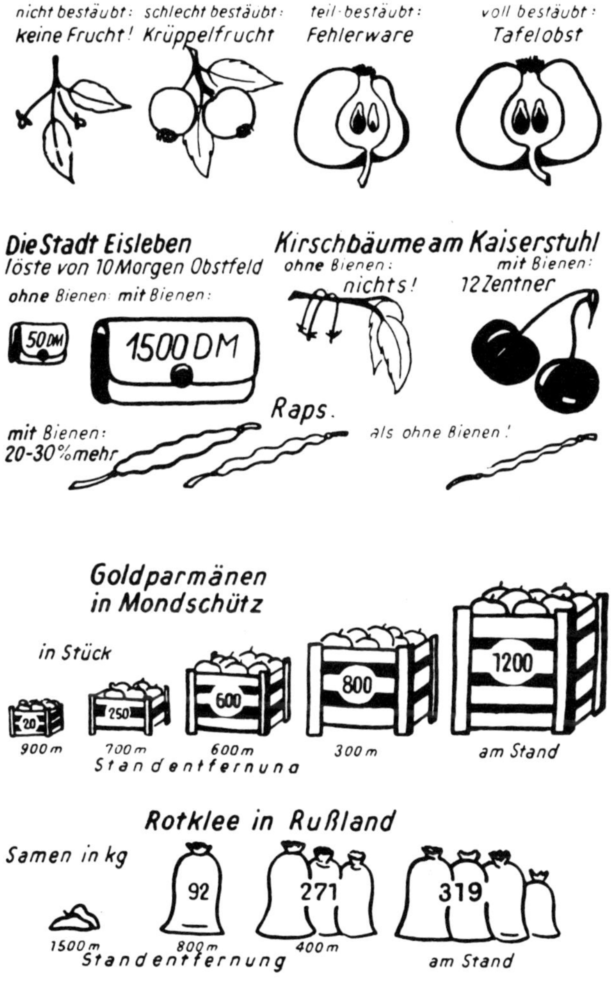

Abb. 4 Die Biene hilft dem Obst- und Samenbau.

4. Die Biene verbessert den Boden

Das Leben der Erde hängt nicht am Weltraumflug, sondern an zwei ganz gewöhnlichen Dingen: Humus und Wasser. Das sind die großen Probleme der nächsten Jahrhunderte. Ohne Wasser kein Leben. Ohne genügende Humusdecke kein ausreichendes Wachstum der Pflanzen zur Ernährung von Tier und Mensch. Beim Humus muß man unterscheiden zwischen Rohhumus und Nährhumus. Nur der Nährhumus dient dem Leben der Pflanzen. Rohhumus ist nutzlos, außer er wird in Nährhumus verwandelt. Nach Prof. Leppik entsteht beim Zerfall von windblütigen Pflanzen unfruchtbarer Rohhumus. Siehe die sterilen Nadelpolster in den Fichtenwäldern! Die insektenblütigen Pflanzen dagegen liefern Nährhumus. Darum ist es gut, wenn nach Getreide wieder einmal Klee auf den Acker kommt. Darum ist auch eine gewisse Menge, etwa 10–15% insektenblütiges Unkraut im Getreide ein Nutzen für den Acker. Die Insektenblütler aber werden in erster Linie erhalten durch die Befruchtungstätigkeit unserer Bienen. So kann man sagen: Ohne Bienen keine Insektenblütler, ohne Insektenblütler kein Nährhumus, ohne Nährhumus kein fruchtbarer Boden, ohne fruchtbaren Boden Untergang von Tier und Mensch. So trägt die Biene an entscheidender Stelle bei zur Erhaltung der Menschheit. – Übrigens ist auch nur humushaltiger Boden imstande, das lebenspendende Wasser genügend aufzunehmen und festzuhalten. Von verkrustetem humusarmem Boden läuft es nutzlos ab und verdunstet auch zu rasch. Leicht tragen dann Stürme den ausgetrockneten Ackerboden fort. So hat Amerika schon riesige Flächen an Ackerland verloren. Die Biene wirkt also auch über die Humusbildung mit an der Erhaltung des Lebens.

5. Honig, edle Gottesgabe

Auf die Frage: Warum Bienenzucht? würden die meisten ohne Zögern antworten: wegen des Honigs. Hier wurde die Bedeutung der Biene für Obstbau, Samenbau und Humusbildung vorausgestellt, weil sie wichtiger ist als der Honigertrag. Auch wenn die Biene keinen Honig brächte, müßte man Bienen halten, unter Umständen auf Staatskosten. Dennoch ist auch der Honig eine schöne Sache. Wahrhaft eine edle Gottesgabe, vom Menschen seit Urzeiten hochgeschätzt, in den heiligen und weltlichen Schriften der Völker allezeit empfohlen und gepriesen. Und der Glaube an die stärkende und heilende Kraft des Honigs wurde in neuester Zeit von der Wissenschaft bestätigt. Ich selbst bin durch die gute Erfahrung mit Honig zu den Bienen gekommen. Nach mehrjähriger schwerer Erkrankung an Herzschwäche und chronischer Magen-Darmentzündung trat ich eine Kaplanstelle an. Ich hätte noch ein halbes Jahr Erholung nötig gehabt. Das amtsärztliche Zeugnis lautete: »Nur für eine ganz leichte Stelle zu brauchen.« Die Stelle wäre leicht gewesen, wenn der Pfarrer gesund gewesen wäre. Der aber lag, als ich ankam, zu Bett und blieb im Bett, solange ich dort

Abb. 5 Eine verlassene Farm in Amerika. So wie diese mußten viele Farmen aufgegeben werden, weil über dem anfänglichen Erfolg der Mineraldüngung die Humusbildung vernachlässigt wurde. Der Boden verlor seinen Zusammenhalt und seine wasserbindende Kraft, trocknete aus und wurde vom Wind davongetragen.

war. Drei Orte zu versehen. Drei Kilometer zu gehen, für mich damals eine Gewaltleistung. Das Motorrad war die Rettung. Eine Stunde Unterricht eine erschöpfende Anstrengung. In W. hatte ich zwei Stunden nacheinander. Danach war ich erledigt für den ganzen Tag, kaum mehr fähig zu essen. Da bekam ich bei den Schwestern eines Tages Honig zu meiner Frühstücksmilch. Na schön, ist süß und soll gut sein gegen Husten. Weiter dachte ich nichts. Aber nach den zwei Stunden Unterricht war ich noch so frisch, daß ich Lust hatte, mich zu unterhalten statt wie sonst fluchtartig das Lokal zu verlassen, heimzufahren und mich hinzulegen. Aha, jetzt gehts aufwärts! Jetzt ist die Krankheit überwunden. – Aber am nächsten Tag in N. nach Kaffee war's wieder die alte Leier. Am Freitag in W. nach Milch mit Honig war's wieder gut. Und so immer in W. – Eines Tages war der Honig zu Ende. Da war's in W. auch wieder schlecht. Dann kam wieder Honig, und es war wieder gut. – Da ist bei mir der Groschen gefallen: Das macht der Honig! Und ich beschloß: Sobald ich die Füße unter den eigenen Tisch stelle, kommen Bienen her! Das habe ich gehalten und habe inzwischen immer neu die gute Wirkung des Honigs feststellen können, bei mir und andern.

Was ist Honig?

Der praktische Alltagsmensch macht eine Erfahrung und sagt: Das ist so. Er freut sich, daß es so ist, oder bedauert es. Und so gut er kann, richtet er sich nach seiner Erfahrung. So habe ich mich schlicht und praktisch nach einer guten Erfahrung mit Honig gerichtet. –

Der Wissenschaftler ist neugierig. Er fragt: Warum ist das so? Er sucht hinter die Dinge zu kommen. Das haben die Wissenschaftler auch mit dem Honig gemacht. Ein Weg – nicht der einzige –, um hinter die Dinge zu kommen –, ist das Zerlegen. Was steckt denn da alles drin? Der kleine Hans schon möchte wissen, was drinsteckt, und zerlegt die Puppe. Später zerlegt er einen alten Wecker. Noch später vielleicht, als angehender Naturwissenschaftler zerlegt er Blätter, Blüten, Wurzeln, einen Wurm, einen Fisch, eine Eidechse, einen Maikäfer oder eine Biene. – Auch Stoffe kann man zerlegen. Zum Beispiel Wasser in Sauerstoff und

Wasserstoff. Dieses Zerlegen nennt man eine Analyse. So hat man auch den Honig analysiert. Es ist da nicht jedesmal das gleiche herausgekommen. Es ist nicht ein Honig wie der andere, wie auch nicht ein Wein ist wie der andere. Aber die Unterschiede halten sich doch in einem verhältnismäßig engen Rahmen.

Größer ist der Unterschied zwischen Blütenhonig und Blatthonig, bedingt durch die verschiedenen Ausgangsstoffe: Nektar und Honigtau. Statt vieler Worte diene eine Abbildung. (Abb. 6) Aus einem Nektar mit zusammen 5% Mineralien, Eiweiß und Dextrinen, 20% Rohrzucker, 20% Invertzucker und 55% Wasser scheidet die Biene Wasser aus, verwandelt Rohrzucker zu Invertzucker und gibt Fermente und sonstige Wirkstoffe hinzu. Und so entsteht in diesem Beispiel ein Honig mit zusammen 5% Mineralien, Säuren und Eiweiß, 1% Dextrinen, 2% Rohrzucker und 75% Invertzucker. Davon 34% Traubenzucker und 41% Fruchtzucker. 17% Wasser sind übrig geblieben. Beim Blatthonig liegen die Werte für Rohrzucker in der Regel höher. Auffallend ist besonders der hohe Dextrinwert von 9%. Er dürfte schuld sein an der weichsämigen Beschaffenheit des Waldhonigs, auch an seinem langsamen Kristallisieren. Auch ist der Waldhonig meist reicher an Mineralien.

Was vermag der Honig?

Was der Honig dem Menschen bedeutet, behandelt ein eigener Band aus der gelben Reihe der Imkerbücher: »Heilwerte aus dem Bienenvolk« von E. Herold, Ehrenwirth Verlag München. An dieser Stelle sei nur das Nötigste gesagt. Vor allem dies, daß wir den Honig als eines der gesündesten Nahrungsmittel ansehen können, die wir kennen.

Die wohltuende Wirkung des Honigs auf den menschlichen Organismus ist sicherlich mit dem Zusammenwirken seiner vielfältigen Inhaltsstoffe verknüpft, wobei der aufgeschlossenen Form seines Hauptbestandteiles Zucker eine besondere Rolle zukommt.

Wohlbekannt ist die Wirkung des Honigs als Kräftigungsmittel. Der Honig richtet den Menschen nach ermüdender langer Arbeit und nach kraftverzehrenden Krankheiten wieder auf. Während der Traubenzucker sofort ins Blut übergeht und auf den Kreislauf und die Muskeltätigkeit günstig einwirkt, wird der Fruchtzucker zuerst als Reserve in der Leber in Form der Leberstärke gespeichert. So hat Honig einen nachhaltigen stärkenden Einfluß auf alle Lebensfunktionen. Besonders Leistungssportler wissen das zu schätzen. Der von Prof. Koch gefundene Glykutilfaktor (Acetylcholin) scheint zusammen mit einem die Durchlässigkeit der Zellwände erhöhenden Stoff eine optimale Verarbeitung des Zuckers durch den Organismus zu gewährleisten.

Honig wirkt insbesondere unter dem Einfluß des Acetylcholins anregend und regulierend auf die Herztätigkeit. Er bewirkt eine bessere Durchblutung der Herzgefäße und führt zu einer nachhaltigen Stärkung der Herzarbeit.

Die Leber hat stoffwechselaufbauende und -abbauende Funktionen. Wenn sie durch Krankheit geschädigt ist, fällt ihr Glykogengehalt. Honig hilft, ihn in schonender Weise wieder zurückzugewinnen.

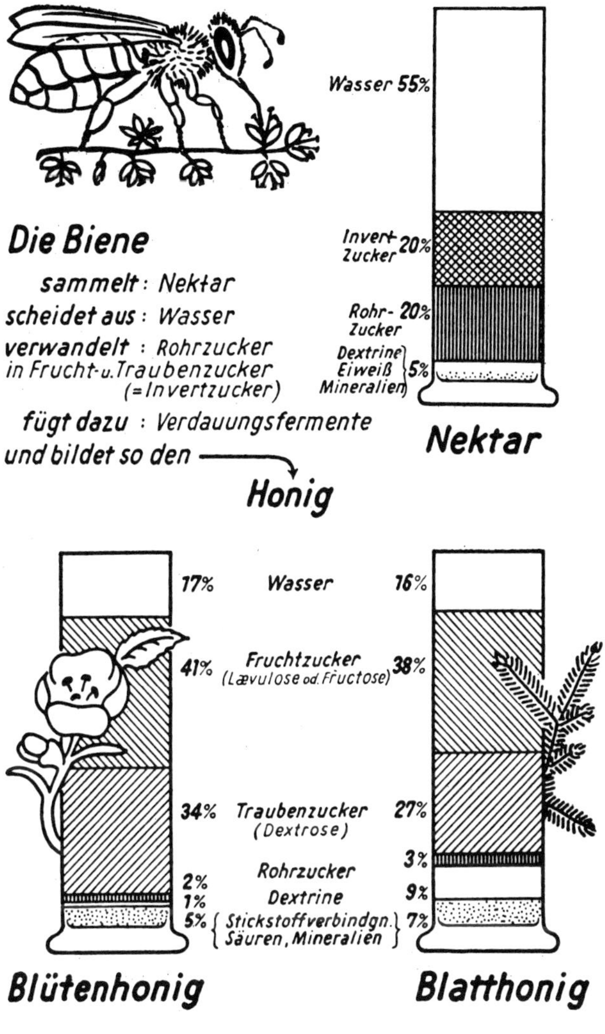

Abb. 6 Aus dem Nektar der Blüten und aus dem Honigtau der Blätter, Nadeln und Zweige bereitet die Biene den fertigen Honig. Der eine heller, der andere dunkler, verschieden in Zusammensetzung und Geschmack, gesund sind sie alle.

Da die Leber auch fremde und eigene Giftstoffe im Körper zu beseitigen hat, dürfte die ideale Lebernahrung Honig auch bei dieser Funktion eine günstige Wirkung enthalten.

Man sagt dem Honig auch eine blutbildende Wirkung nach, woran sein Gehalt an Mineralien beteiligt ist.

Honig hat bei vielen Menschen eine günstige Wirkung auf die Verdauung. Er regt die Darmbewegung an und wirkt leicht abführend. Auch für Babys ist er in der Regel sehr bekömmlich. Allerdings können sich verschiedene Honige etwas unterschiedlich verhalten.

Seit alters her ist der Honig als Wundmittel bekannt. Er hemmt das Wachstum der Bakterien. Diese Eigenschaft besitzt er besonders wegen seines Gehaltes an Glukoseoxydase, welche die Biene ihm beimengt. Dieses Ferment bildet Gluconsäure, wobei auch Wasserstoffperoxid entsteht. Beides ist für die bakteriostatische Wirkung des Honigs bedeutsam. Die hohe Zuckerkonzentration des Honigs tut das Ihre dazu.

Die gleiche Eigenschaft des Honigs erklärt auch seinen günstigen Einfluß bei Schleimhautentzündungen, insbesondere katarrhalischen Krankheiten. Honig und Milch ist ein altes wirksames Hausmittel gegen plagenden Husten.

Ich könnte das Hohe Lied des Honigs noch viel weiter ausdehnen, und ich könnte auf vielfältige wissenschaftliche Untersuchungen hinweisen, die sich mit der medizinischen Seite des Honigs beschäftigen. Wer mehr darüber lesen will, nehme das obengenannte Buch zur Hand. Darin werden neben dem Honig auch noch andere Bienenprodukte in ihrer Wirkung auf den Menschen untersucht und behandelt. Man wird erkennen, welch hohes Gut wir durch die Bienenzucht uns und unseren Mitmenschen verschaffen. Es wäre ein kaum zu verantwortender Schaden für die Volksgesundheit, wenn die Begeisterung für die Bienenzucht erlahmen würde. Wer Honig erzeugt, erzeugt Gesundheit, und das ist der Mühe der Besten wert.

6. Ethische Werte der Bienenzucht

Ehe ich von der Biene und ihrer Behandlung rede, will ich die Beschäftigung des Imkers mit diesem kleinen liebenswerten Insekt noch von einer anderen Seite her betrachten, nämlich vom ideellen Aspekt aus, der in der Sache selbst gegeben ist und den ganz zweifelsohne viele Imker auch bewußt erleben.

1. *Imkerei als Ausgleichssport.* – Nur wenige Imker leben ganz von der Biene. Die meisten betreiben die Bienenzucht als zusätzliche Beschäftigung neben ihrem Hauptberuf. Für sie wirkt die Imkerei als Ausgleichssport. Jede einseitige Leistung, besonders wenn sie noch dazu auch eintönig ist, führt leicht zu Übermüdung und damit zu Unlust, Reizbarkeit und Nervosität. Der Gang in den Bienenstand führt in eine andere Welt und damit zu Ausgleich und Entspannung. Mancher hat vielleicht einen Beruf erwählt, der ihn nicht hundertprozentig be-

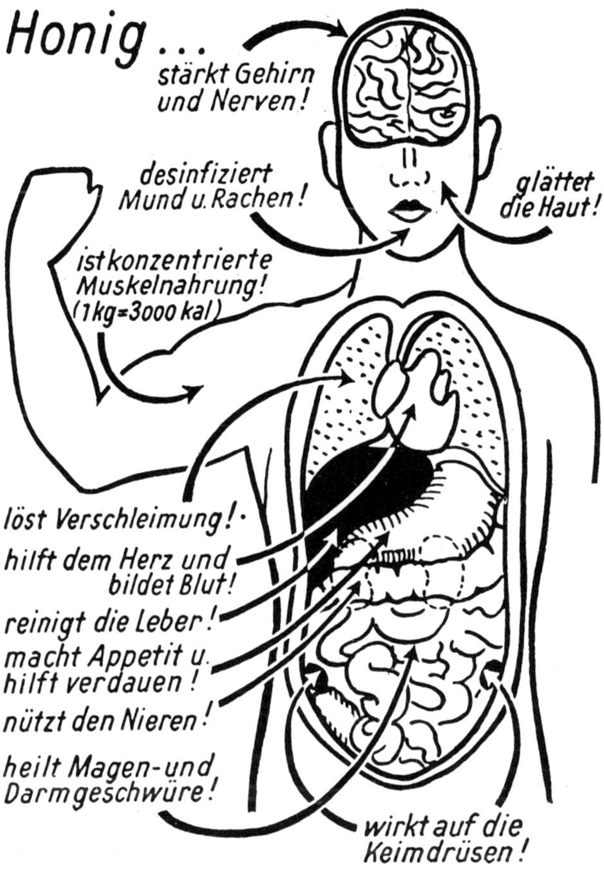

Abb. 7 Honig ist die beste Rohkost.

friedigt, weil er ihm nicht ganz »liegt«. Oder er kommt nicht recht zu Erfolg in seinem Fach, entweder weil die Kräfte nicht ausreichen oder widrige Umstände es verhindern. Anderswo gelingt keine rechte Harmonie zwischen den Menschen, die zusammenleben und zusammenarbeiten. Verdruß, Ärger, Mißgeschick, wirkliche oder vermeintliche Ungerechtigkeit, Feindschaft und Enttäuschung, Sorgen aller Art führen zu seelischer Verkrampfung, nicht selten auch zu nervös bedingten körperlichen Leiden. Das will nicht sagen, daß die Imker eine Versammlung von irgendwie seelisch »angeknackten« Menschen wären. Aber wer das ist oder wer es verhüten will, dem kann man mit gutem Gewissen raten: Schaff dir Bienen an! Sie lassen dich vieles vergessen!

2. *Der Imker ist naturverbunden.* – Die Technisierung des Lebens ist nicht mehr aufzuhalten. Damit ist fast notwendig eine Entfremdung von der Natur verbunden. Irgendwie spürt der Mensch aber noch, daß ihm etwas fehlt. Instinktiv fühlt er die Natur als einen Gesundbrunnen. Er hungert nach Natur. Aber nicht jeder kann den Sturm auf Berge, Seen und Wälder mithalten. Und wer es kann, findet nicht immer das dort, was er sucht, weil zu viele sich um das gleiche schöne Fleckchen reißen und weil sie ihre Unruhe, ihren Lärm und ihre Verkrampfung in die Natur hineintragen. Die Biene ist ein Stück unverdorbener Natur. Wer mit ihr umgeht, erlebt Natur, er bleibt ein naturverbundener und damit innerlich gesünderer Mensch. Und wenn er seine Bienen in der Nähe seiner Wohnung hat, kann er ohne große Kosten immer wieder Einkehr halten bei diesem echten Stück Natur.

3. *Der Imker ist Naturschützer.* – Naturschutz gilt als ideale Aufgabe und ist es auch. Ohne Naturschutz wären viele Pflanzen und Tiere in Gefahr auszusterben. Auch die Biene würde ohne den Menschen heute aussterben. In der Kulturlandschaft findet sie nicht mehr die Wohnungs- und Versorgungsmöglichkeiten, um zu überleben. Dafür sorgt der Imker. Er baut den Bienen Wohnungen für teures Geld und hilft ihnen mit Futter über den Winter und über schlechte Jahre, in denen sie ohne ihn verhungern müßten. Die Erhaltung der Biene ist aber wichtiger als die Erhaltung aller sonst geschützten Tiere und Pflanzen. Denn mit der Biene würden automatisch nicht nur die geschützten Pflanzen aussterben, sondern auch viele andere. Und mit ihnen die Tiere, die davon leben. Man kann sagen, der Imker ist der erste und wichtigste Naturschützer überhaupt, ob er einem Naturschutzverein angehört oder nicht.

4. *Der Imker ist Landschaftsmaler.* – Die insektenblütigen Pflanzen sind es, die Farbe bringen in das einheitliche Grün der Landschaft. Wo etwas Weißes, Gelbes, Rotes oder Violettes aufleuchtet, da hat der Imker es hineingemalt. Die Biene ist sein lebendiger Pinsel, mit dem er unserer Erde all die bunten Farben schenkt.

5. *Der Imker ist Nährvater für Mensch und Tier.* – Die Imker im deutschen Bundesgebiet erzeugen im Jahr etwa 10 Millionen kg Honig. 1 kg Honig hat den Nährwert von 3000 Kalorien. Das ist der Tagesbedarf eines arbeitenden Menschen. Wir ernähren also mit unserem Honig 10 Millionen Menschen für einen Tag, 1 Million für 10 Tage oder 100000 für 100 Tage. Das ist ein schöner Gedanke. Die Biene hat aber durch ihre Befruchtungstätigkeit Anteil an weit höheren Nahrungsmengen für Tier und Mensch. Nicht nur an dem, was wir im Obst- und Gemüseladen holen, steckt die Biene mit drin, auch an der Erzeugung von Fleisch und Wurst ist sie beteiligt. Die Hungernden speisen gehört nach der Bibel zu den belohnenswerten guten Werken.

6. *Der Imker ist Apotheker und Arzt für seine Mitmenschen.* – Man bedenke, was vorhin über den Heilwert des Honigs geschrieben steht. Daß etwas gesundheitlich so Wertvolles aus den Händen des Imkers seinen Weg nimmt in die Hände heranwachsender, arbeitender, geplagter, leidender und alternder Mitmenschen, ist ein berechtigter Grund zu Stolz und Freude. Wer Bienen hat, ist nicht umsonst auf der Welt!

7. *Der Imker bleibt Persönlichkeit.* – Der heutige Mensch ist in Gefahr, zur Masse zu werden. Eine Nummer im großen Haufen. Gleichviel, welchen Beruf er ausübt, ob Bauer, Arbeiter, Beamter, er hat seine bestimmte Aufgabe zu erledigen, die andere neben ihm genauso tun. Er hat sein bestimmtes Wissen und Können, das sich kaum von dem des Nachbarn unterscheidet. Er bezieht auch seine Ansichten großenteils aus den gleichen Quellen wie die andern, von Zeitung, Rundfunk, Fernsehen und Illustrierten. So wird er einer von vielen gleichartig Abgestempelten, Schema, fast könnte man sagen, Fabrikware, Konfektion, Mensch von der Stange. Hat er aber neben seinem Beruf noch Bienen, dann hat er etwas Eigenes, was die andern nicht haben. Er weiß Dinge, die andere nicht wissen. Er kann etwas, was andere nicht können. Das hebt ihn irgendwie heraus aus der Masse. Es hebt ihn in seinem berechtigten Selbstgefühl. Es gibt ihm Mut, er selbst zu sein, ein Eigener, eine Persönlichkeit. Er wird sich nicht kritiklos alles aufschwätzen lassen. Er denkt nicht so, weil »man« so denkt. Er sagt nicht so, weil »man« so sagt. Er tut nicht so, einfach, weil »man« so tut. Er behält seinen eigenen Kopf. Er bemüht sich um sein eigenes Urteil. Er wahrt sein eigenes Gewissen. Mensch, echter Mensch, in sich selber ruhende Persönlichkeit, nicht Schema und nachgemachte Dutzendware.

8. *Die Biene erzieht den Imker.* – Jeder Mensch hat Selbsterziehung nötig, solange er lebt. Die Biene hilft dazu in manchen Stücken. Auf nervös-hastiges Getue, auf grobschlächtiges Zupacken reagiert sie mit ihrem Stachel. So erzieht sie den Imker zu Ruhe und Bedachtsamkeit, zu vorsichtig schonendem Umgang mit Bienen, Dingen und Menschen. – Bei all dem darf er doch kein Volk unnötig lange offenhalten, sonst kommt es zu Unruhe und Räuberei. Also darf er nicht planlos wursteln. Er muß sich vorher überlegen, was er will, was er dazu an Geräten braucht und wie er alles ausführen will. Er lernt planvoll handeln. Das wird ihn auch sonst bewahren vor undurchdachten riskanten Unternehmungen, die leicht zu Mißerfolg und schmerzlicher Enttäuschung führen. – Trotz allem geht es nicht ohne Stiche. Der Imker lernt sie ertragen und kommt so zu einer gewissen Tapferkeit und Überwindung des Schmerzes. Denn mag der Körper sich auch an das Gift gewöhnen, der Schmerz bleibt. Immerhin ist eines tröstlich: Bienen stechen nur in die Haut. Spitze Menschenzungen stechen tiefer.

Die Biene braucht den Imker, seine Fürsorge, seine Pflege, zuweilen seinen lenkenden Eingriff. Vom lateinischen Wort colere – pflegen kommt das Wort – Kultur. Bienenpflege ist ein Stück Kultur. Alles Betreuen fördert edle väterlich-mütterliche Gefühle im Menschen. Nicht nur zufällig nennt man den Imker

Bienenvater. Er liebt seine Bienen. Und Liebe ist das Beste und Höchste, was der Mensch besitzt.

9. *Der Imker kann von seinen Bienen lernen.* – Daß ein Fauler nicht zur fleißigen Biene paßt, ist eine alte Sache. Aber auch ihr Sinn für Ordnung, den sie in der Anlage des Brutnestes und der Stapelung der Vorräte zeigt, sollte sich auf den Imker übertragen. Desgleichen ihr Sinn für Sauberkeit in der Wohnung. Beim Imker soll dieser Sinn für Sauberkeit aber nicht am Äußeren hängenbleiben. Die Sauberkeit der inneren Gesinnung ist noch viel wichtiger. Mit ihrer Blütenstetigkeit lehrt sie Ausdauer in begonnener Arbeit. Beispielhaft ist ihre Treue zum Volk bis zum Einsatz des Lebens. Von der gegenseitigen Rücksicht im dicksten Fluglochverkehr kann sich jeder Autofahrer eine Scheibe abschneiden. Hat sie eine gute Trachtquelle entdeckt, behält sie das nicht neidisch für sich, sondern teilt es kameradschaftlich den andern Stockgenossen mit. Solange sie selber noch etwas im Kropf hat, wird sie von keiner Hungrigen vergebens angebettelt. Das gegenseitige Mitteilen der letzten Nahrungsreste geht so weit, daß ein Volk schlagartig verhungert. Bis zuletzt aber sorgt man noch für die Königin. Sie ist nicht selten die letzte, die noch Lebenszeichen gibt, wenn alles schon am Boden liegt.

An mancher Sparkasse sieht man einen Bienenkorb als Sinnbild der Sparsamkeit. Milligramm um Milligramm sammelt die Biene und legt Vorrat an für den Winter, den sie wahrscheinlich selber nicht mehr erlebt. Sie sammelt nicht für sich allein, sie sammelt für die Familie.

Die Arbeitsbiene, die selber ausgeschlossen ist von aller geschlechtlichen Freude, kümmert sich um die Brut. An ihrer aufopfernden Sorge für die Jugend hängt die Zukunft ihres Volkes. Das Gegenteil von der Einstellung mancher Menschen, die nur die Lust suchen, von der Last der Erhaltung der Menschheit aber nichts wissen wollen. Wenn ich nur mein Leben genießen kann. Nach uns die Sündflut! Die Biene ist anders.

Wirf eine Handvoll Bienen abseits vom Stock. Sobald die erste die Richtung zur Heimat gefunden hat, öffnet sie ihre Duftdrüse und fächelt den Luftstrom ihren Schwestern zu. Und jede, die den Duft aufnimmt, tut das gleiche. Wegweiserinnen im wahrsten Sinne des Wortes. Zweifelnden raten, Irrenden den Weg weisen ist immer eine gute Sache.

Die Biene sucht in allem den Honig. Es gibt Menschen, die aus allen Dingen Essig und Galle saugen. Bedauernswerte Geschöpfe, die sich und anderen das Leben sauer machen. Seht auf die Biene und seid nicht Essigfliegen, sondern Honigbienen! Sucht nach echter Lebensfreude und schenkt sie auch andern! Lachen ist gesund, und andere zum Lachen bringen ist ein gutes Werk.

Die Biene dient von der Pike auf. Die Arbeitsteilung richtet sich nicht nach Ständen, sondern nach dem Alter. Jede kommt einmal zu jeder Arbeit dran. Und keine bildet sich etwas ein, keine erhebt sich über die andere. Wenn es bei den Menschen einmal so ist, daß jeder in Einfalt an seiner Stelle seine Pflicht tut und ohne Dünkel die Leistung der andern achtet, dann ist die soziale Frage gelöst.

Das ganze Leben der Biene ist ein Leben in der Gemeinschaft und für die Gemeinschaft. Außer der Gemeinschaft kann sie nicht existieren. Ob sie Brut pflegt, baut, sammelt oder das Haus in Ordnung hält, alles tut sie für alle. Das Zusammenleben der Menschen ist ein Miteinander und Füreinander denkender selbständiger Persönlichkeiten und darum eine Gemeinschaft höherer Art. Der Mensch kann sein Eigensein nie so aufgeben wie ein sozial lebendes Tier. Dennoch müssen auch wir uns der Gemeinschaft stärker bewußt werden. Die Menschheit wächst, der Raum wird enger, man rückt sich näher auf den Leib als früher. Wir müssen uns an die Nähe anderer gewöhnen. Gelingt es uns nicht, eine freigewollte, auf gegenseitiger Achtung, Liebe und Hilfsbereitschaft gegründete Gemeinschaft aufzubauen, dann wird aus anderem Geist eine Zwangsgemeinschaft entstehen, in der schließlich einer die Hölle des andern wird.

10. *Die Biene ist Wegweiserin zu Gott.* – Über Gott erfahren wir nicht nur etwas aus der Bibel, sondern auch aus dem Buch der Natur. Wo etwas sinnvoll, planmäßig, zielstrebig angelegt ist, muß ein Geist dahinterstehen. Eine Uhr, ein Fernsehapparat entsteht nicht durch 100000 blinde Zufälle, auch nicht in vielen Jahrmillionen. Im kleinsten Lebewesen ist aber mehr sinnvolles Zusammenspiel aufeinander abgestimmter Teile als im kompliziertesten technischen Apparat. Da wir nicht annehmen können, daß die Materie Verstand besitzt, muß irgendwo eine letzte denkende Ursache planend und schöpferisch hinter aller sinnvollen Gestaltung liegen, ein geistiges Wesen, das wir Gott nennen. Die Biene ist ein hervorragendes Beispiel für das Wunder des Lebens und seiner sinnvollen Organisation. Es sei hier verwiesen auf die Ausführung über Körperbau und Leben der Bienen. Wenn Materialisten sich hinter Begriffe wie Kampf ums Dasein, natürliche Zuchtwahl usw. flüchten, schieben sie nur den zureichenden Grund für alles Werden und alle Entwicklung weiter zurück, aber ausgeschaltet ist er damit nicht. Im Gegenteil, auf je wenigere und einfachere Prinzipien man die Gestaltung der Lebewesen zurückführen kann, desto dringender wird die Forderung nach einem allweisen Schöpfer, der soviel sinnvolle Mannigfaltigkeit durch wenige wirksame Kräfte erreichen konnte. Über einem meiner Bienenstände steht das Wort: In minimis Deus maximus: Das heißt: Im Kleinsten ist Gott am größten. Die kleine Biene kann einen Glaubenden in seinem Glauben bestärken, einem Zweifelnden und Suchenden aber helfen, den Weg zu Gott wieder zu finden. – Auch das ist ein Grund, der kleinen Biene mit großer Hochschätzung zu begegnen und sich als Imker mit ihr zu befassen.

Ich habe hier zuerst vom praktischen Wert der Bienenzucht gesprochen und dann vom ideellen. Nach meiner Überzeugung gehört beides zusammen. Man betont heute sehr die materielle Seite, die in Mark und Pfennig ausdrückbare Rentabilität. Man sucht energisch nach Wegen, um diese Rentabilität zu steigern. Nichts dagegen zu sagen. Im Gegenteil: wer mithelfen kann, dieses Ziel zu erreichen, soll dies nicht unterlassen. Auch dieses Buch will dazu seinen Beitrag liefern. Und doch schiene es mir gefährlich – um der Erhaltung der Imkerei willen gefährlich –, wollte man *nur* noch vom materiellen Nutzen reden und alles allein darauf aufbauen. Es war seit alters um die Bienen so ein eigen Ding, etwas, was sich nicht ohne weiteres in das sonstige Schema eines Erwerbsbetriebes einordnen läßt. Diese eigentümliche Mischung von Gewinnstreben und Idealismus – sagen wir schlicht und einfach: Liebe zu den Bienen – sollte erhalten bleiben. Sie wird am sichersten erhalten bleiben bei den kleinen Leuten, bei den Imkern mit verhältnismäßig wenigen Völkern. Als in Amerika nach dem Krieg der Honigpreis stark zurückging, da waren es gerade die in der Konjunktur aufgewachsenen Mammutbetriebe, die sich als Flugsand erwiesen. Der kleine Mann hat standgehalten. Was im Land des Dollars gilt, wird bei uns kaum anders sein: In schwierigen Lagen ist der kleine Mann oft der treueste.

II. Vom Leben der Biene

1. Die Biene – ein Insekt

Über eine Million verschiedener Arten von Tieren bevölkern die Erde. Dreiviertel davon (750 000) sind Insekten. Im Vergleich dazu haben die Wirbeltiere nur 60 000 Arten aufzuweisen. Und darunter wiederum die Säugetiere nur 2500.

Unter den Insekten gibt es 65 000, die man Hautflügler nennt. 12 000 von diesen Hautflüglern zählt man zur Familie der Bienen. Man kennt sie alle an bestimmten Merkmalen ihres Körpers: Vor allem am Giftstachel der Weibchen und an einer Vorrichtung an Hinterleib oder Hinterbeinen, um Blütenstaub zu sammeln für die Ernährung der Brut. Die meisten Bienenarten leben einsam. Nur einige bilden vorübergehend oder dauernd eine Gemeinschaft. Zu den Arten, die nur im Sommer gesellig hausen, gehören die Hummeln. Zu denen, die dauernd als Volk beisammen sind, gehört unsere Honigbiene (Apis mellifica). Sie ist das wichtigste Glied der ganzen Bienenverwandtschaft, ja sie ist das wichtigste Insekt überhaupt. Ein Insekt, das den Pflanzen, von denen es sich nährt, nicht schadet, sondern nur nützt. Neben der Seidenraupe das einzige Insekt, das vom Menschen in seinen Dienst genommen wurde.

Als Insekt ist die Biene in gewissem Sinn umgekehrt konstruiert wie ein Wirbeltier. Das Wirbeltier hat sein Stützgerüst innen. Außen um sein Knochenskelett herum sind alle Muskeln, Gefäße, Drüsen usw. aufgehängt. Die Biene hat ihr Chitinskelett außen. Alle Organe sind von ihm umhüllt. Es erfüllt also zwei Aufgaben. Es gibt dem Körper Halt und Schutz zugleich. Der Panzer ist aber nicht starr, sondern durch Aufteilung in viele elastisch verbundene Einzelabschnitte beweglich. Für kleinere Tiere hat sich diese Anordnung ausgezeichnet bewährt. Für einen Elefanten würde ein solches Außenskelett zu schwer.

Eines kann die Biene wegen dieses Panzers allerdings nicht: sie kann als fertiges Insekt nicht mehr wachsen. Als Larve streift sie die in diesem Stadium noch dünne Außenhaut wie eine Schlange mehrmals ab, wenn sie zu eng geworden ist. Auch die Puppe tut das noch. Wir sehen dann die weißen Fetzen nach dem Schlüpfen der Biene am Grund der Zelle liegen. Zu- und abnehmen können bei der fertigen Biene aber die inneren Organe, Nährdrüsen, Wachsdrüsen, das Speichergewebe für Fett und Eiweiß, das die Bauchorgane umhüllt. Ausdehnen kann sich dank der elastischen Verbindungen natürlich auch die Honigblase, der Darm und das Luftröhrensystem.

Aber damit sind wir fast schon zu weit gegangen in der Betrachtung des Bienenkörpers. Fangen wir noch mal ganz von vorn an.

2. Entwicklung

a) Das Ei

Jedes mehrzellige Lebewesen kommt aus einem Ei. Auch die Biene. Und das Ei kommt aus einem Eierstock. Die Bienenkönigin hat in ihrem Hinterleib einen umfangreichen doppelten Eierstock. Jede Hälfte besteht aus etwa 160–180 feinen Schläuchlein, den Eiröhren. (Abb. 8) Jede Röhre beginnt mit einem haarfeinen Faden, in dem kaum mehr Einzelheiten zu erkennen sind. Anschließend folgt ein Abschnitt, in dem eine lebhafte Zellteilung ahnen läßt, daß hier etwas Wichtiges sich vorbereitet. Noch etwas weiter beginnen sich einzelne Zellen durch stärkeres Wachstum hervorzuheben. Sie sind umgeben von kleinen Nährzellen. Diese schieben der werdenden Eizelle Nahrung zu, Eiweiß, Fett und Kohlenhydrate. In solcher Pflege gedeiht die Eizelle und wird um so größer, je weiter sie im Eischlauch vorgeschoben wird. Zuletzt füllt sie das Ende des Schlauches ganz aus. In diesem letzten Stadium umgibt sie sich mit einer festen, zähen, rauh erscheinenden Membran, der Eihaut. (Abb. 9) Nur an einem Ende bleibt ein winziges Pförtchen offen, durch das im Vorbeigleiten am Samenbehälter ein Samenfaden eindringen kann. Er wandert zum Eikern und verschmilzt mit ihm. Der neue Kern beginnt sich zu teilen. Die Nahrung dafür bezieht er aus der im Vergleich zu seiner Größe riesigen Dottermasse des Eies. Unterdessen aber ist das Ei aus dem Leib der Königin herausgeglitten und steht, mit der Spitze angeklebt, am Boden der Wabenzelle. Drei Tage steht das Ei so da und legt sich

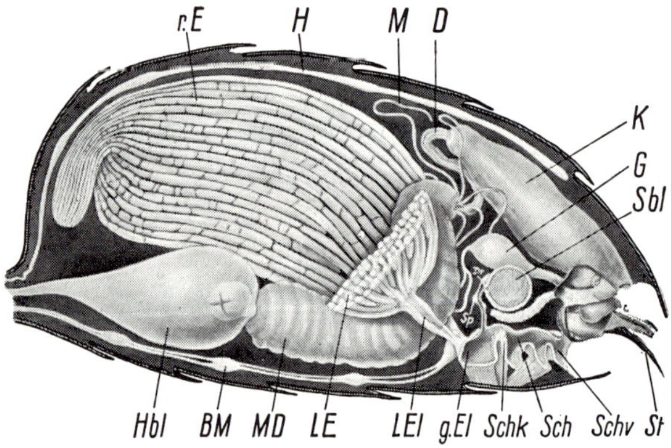

Abb. 8 Hinterleib einer legenden Königin (linker Eierstock teilweise entfernt, Samenblase und Scheide im Schnitt). rE = rechter Eierstock, H = Herzschlauch, M = Malpighische Gefäße (Nierenschläuche), D = Dünndarm, K = Kotblase, G = Giftblase, Sbl = Samenblase, St = Stachel, Schv = Scheidenvorhof, Sch = Scheide, Schk = Scheidenklappe, gL = gemeinsamer Eileiter, L El = linker Eileiter, L E = linker Eierstock, MD = Mitteldarm (Verdauungsmagen), BM = Bauchmark (Nervenstrang), Hbl = Honigblase. In der Zeichnung: Sp = Samenpumpe, Dr = Anhangdrüse

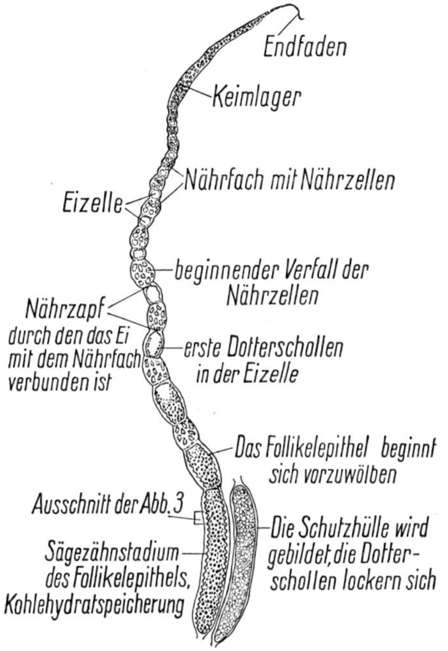

Abb. 9 links = einzelner Eischlauch mit Eiern in Entwicklung, unten = frisch abgelegtes Ei, daneben Samenfaden mit Kopf und Schwanzgeißel

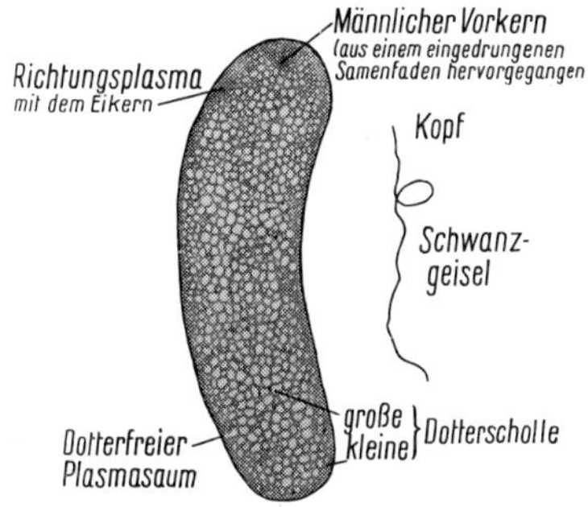

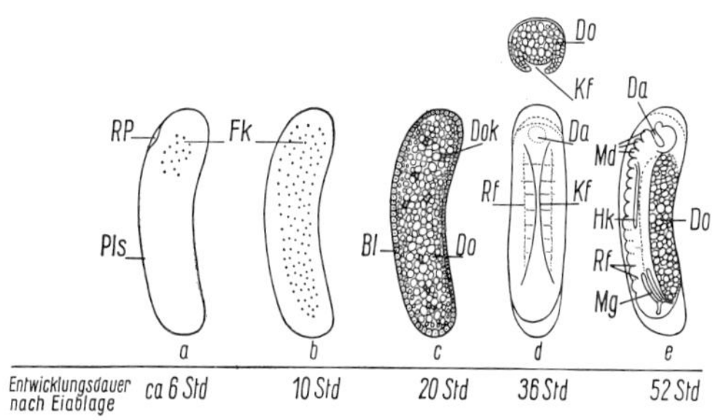

Abb. 10 Entwicklung der Larve im Ei. a aus einem Kern sind 16 geworden, RP = Richtungsplasma, Pls = Plasmasaum, Fk = Furchungskerne, b Kerne vermehrt, c Kerne an die Wand gerückt und zu Zellen geworden, Bl = Blastoderm (erste Haut), Do = Dotter, Dok = Dotterkerne, d beginnende Einfaltung (Bauchseite), oben im Querschnitt, Rf = Ringfurchen, Kf = Keimfurche, Da = Darmanlage, e beinahe fertige Larve vor dem Schlüpfen, Md = künftiger Mund, Hk = Hinterkieferdrüse, Rf = Ringfurchen, Mg = Harnkanälchen. Do = Dotterrest, der von der Larve umwachsen wird

allmählich um. Außen sieht man ihm nichts an. Aber innen hat sich etwas Wundervolles abgespielt. Die Schar der neuen Kerne, die durch Teilung des ersten Kerns entstanden sind, schwärmt aus und legt sich an die Innenwand der Eihaut. Dort umgeben sie sich mit Plasma und werden so zu einzelnen Zellen, die eine zusammenhängende Haut bilden. Dieses Säcklein beginnt sich nach bestimmter Ordnung einzufalten. Und nach drei Tagen ist unter der Eihaut verborgen ein kleines Würmlein geworden, eine Larve mit Mund und Darm, mit Herz und Nieren, mit Atemröhren, Drüsen und Nerven. (Abb. 10)

b) Die Rundmade

Nun öffnet sich die Haut, das kleine Mädlein schlüpft heraus, 1 bis 1,5 mm lang und etwa den dritten Teil von einem tausendstel Gramm schwer (0,3 mg). Wenn die Königin sehr viele Eier legt, werden diese kleiner. Auch bei Ernährung des Volkes mit Pollenersatz statt mit Pollen ist das so. Alsbald spucken die Ammenbienen eine Art Milch neben das neugeborene kleine Ding, so daß es in Seitenlage darauf schwimmt. Es frißt und frißt wie Hans im Schlaraffenland und wächst unglaublich. Am zweiten Tag wiegt es schon elfmal soviel wie bei der Geburt (3,4 mg), am dritten hundertelfmal soviel (33,3 mg), am vierten dreihundertdreiunddreißigmal soviel (100,1 mg), am fünften vierhundertachtundvierzigmal soviel (134,5 mg), am sechsten fünfhundertsiebzehnmal soviel (155,2 mg). Ein menschlicher Säugling mit 7 Pfund müßte dementsprechend am zweiten Tag schon 77 Pfund wiegen und am sechsten Tag 36 Zentner. Wehe den Eltern, die einen solchen Vielfraß ernähren müßten! (Abb. 11)

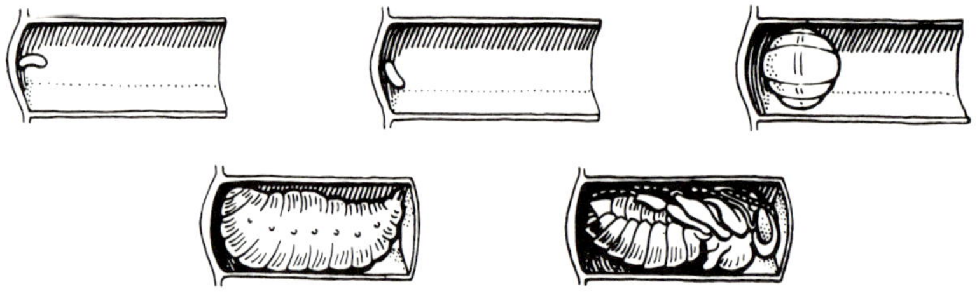

Abb. 11 Stehendes und liegendes Ei, Rundmade, Streckmade und Puppe

c) Streckmade, Nymphe und Puppe

Aber auch bei der Bienenlarve geht diese Schlemmerei nicht ewig so weiter. Nach $5^1/_2$ bis 6 Tagen ist die Made so feist geworden, daß sie nicht länger wie ein Leberwürstlein rundherum in der Zelle liegen kann. Sie muß sich strecken, so daß der Mund zur Zellöffnung zu liegen kommt. Aus der Rundmade ist eine Streckmade geworden. Aber in dieser Lage bekommt sie der Imker normalerweise nicht zu sehen. Denn schon bevor sie sich streckt, hören die Bienen auf zu füttern und deckeln die Zelle. Der Deckel darf nicht luftdicht sein, weil die

Larve ja atmen muß. Trotzdem ist er so fest, daß das junge Leben darunter ungestört seiner weiteren Entwicklung obliegen kann.

Als erstes holt sie ein Versäumnis nach. Solange sie in ihrem eigenen Futter lag, durfte sie dies nicht mit ihrem Kot verunreinigen. Dank der Vorsorge der Natur konnte sie es gar nicht. Der Durchgang vom Darm zum Enddarm war verschlossen. Nun öffnet sich dieses Pförtlein. Der Kot gleitet durch in den Enddarm und wird von diesem auf den Zellboden ausgeschieden. Er enthält auch Reste von Pollen, der dem Futter vom vierten Tag an beigemischt wurde. Die Streckmade spinnt nun einen Kokon um sich herum und deckt damit zugleich ihre Ausscheidungen hygienisch ab. Gut für sie und gut auch für den Honig, der später in die Zelle abgelagert wird.

Innerhalb der Kokons vollzieht sich im Lauf der nächsten Tage ein neues Schöpfungswunder. Aus dem wurmähnlichen Gebilde wird etwas ganz Neues und Andersartiges, das fertige Insekt, die Biene. Vom 15. Tag nach der Ablage des Eies an ist die Biene in Form der Puppe schon zu erkennen. Anfangs ganz zart und weiß, wird der Chitinpanzer immer dunkler und fester. Am 21. Tag nagt die Biene den Kokon-Wachsdeckel über sich durch und schlüpft heraus. Sie ist zum zweitenmal geboren. Bei der Königin dauert es nicht so lang, nur 16–17 Tage, beim Drohn dagegen 24 Tag.

d) Die fertige Biene

So eine frisch geschlupfte Biene müssen wir uns doch ein wenig näher betrachten. Was uns an ihr besonders auffällt, ist das noch ungeordnete und angedrückte *Haarkleid*. Die Neugeborene sieht aus wie eine gebadete Maus. Nicht lange, und sie putzt und bürstet die Haare mit ihren Beinen. Sie stehen auf wie Samt. (Abb. 12) Wir begreifen, daß sie mithelfen, die Einzelbiene und auch die zusammensitzende Bienentraube durch die dazwischen festgehaltene Luft warmzuhalten. Auch der Duft der Blüten wird sich darin halten und daheim Kunde geben, was die Sammelbiene draußen gefunden hat. Die Breite der Filzbinden und die Länge des Überhaares am Hinterleib helfen mit, die verschiedenen Bienenras-

Abb. 12 Königin, Drohn, Arbeiterin

sen voneinander zu unterscheiden. (Siehe Königinnenzucht S. 120ff.!) Desgleichen die Farbe der Brusthaare. Bei Krainer Bienen sind sie grau, bei deutschen braun. Manchmal findet man Bienen, die ganz nackt und schwarz erscheinen. Sie haben ihre Haare verloren, entweder durch die bei Waldtracht auftretende »Schwarzsucht« oder im Verlauf von Räubereien in fremden Bienenvölkern. Solche Räuber sind für normale Sammelarbeit verdorben. Die Katze läßt das Mausen nicht. Man schadet darum seinem Bienenstand nicht, wenn man solche schwarze Teufelchen tötet, wo man sie erwischt. Sie geben keine Ruhe, bis der Ableger oder das Volk, das sie sich als Opfer auserwählt haben, bis zum letzten Tropfen Honig oder Winterfutter ausgeplündert und damit vernichtet ist.

Wie praktisch so ein fester und doch elastischer *Panzer* für ein kleines Lebewesen mit strapaziösem Beruf ist, haben wir schon begriffen. Praktisch ist auch die Dreiteilung in Kopf, Bruststück und Hinterleib. Von diesen Einschnitten haben die Insekten ihren Namen, denn das lateinische Wort »insectum« heißt eingeschnitten. Ein starres System an einem Stück wäre viel unbeholfener. Man muß einer Biene nur zusehen, wie sie auf einer Blüte herumturnt oder sich durch das Gedränge des Volkes schlängelt, oder wie sie mit einer Wespe oder einer räubernden fremden Biene kämpft. Wie ist sie doch so flink und gelenkig! Oder auch, wenn sie auf uns selber losgeht. Bis man sich versieht, hat man seinen Stich sitzen.

In sich am festesten ist die Kopfkapsel. Sie birgt ja das Befehlszentrum des Gehirns und die aus Tausenden von einzelnen Fernröhrchen bestehenden Augen. Und sie muß auch den Mundwerkzeugen und den Fühlern eine feste Verankerung geben. Die Kiefer müssen schon manchmal fest zupacken und brauchen darum auch einen kräftigen Halt. Fest und doch schon etwas weniger starr ist die Brustkapsel. Sie umschließt die kräftige Flugmuskulatur und trägt Flügel und Beine. Sie muß also in besonderer Weise hohe Festigkeit mit einer gewissen Elastizität verbinden.

Am weitesten können sich die Ringe des Hinterleibs gegeneinander verschieben. Das ist notwendig, damit die Biene die pumpenden Bewegungen beim Einatmen durch die Atemlöcher an der Seite des Hinterleibs ausführen kann. Und auch, damit sich die Eingeweide je nach ihrem Füllungsgrad ausdehnen können. Wenn die Bienen mit schwerem, etwas nach unten gebogenem Leib heimkommen, wissen wir, sie haben Tracht gefunden. Und beim Stechen krümmt die Biene den Hinterleib ganz stark ein.

Wer viele Bienenvölker betrachtet, sieht, daß die Bienen nicht alle gleich groß sind und auch nicht ganz die gleiche Form haben. Die Krainer Biene ist etwas kleiner und schlanker und am Ende des Hinterleibs etwas spitziger als die breiter und stumpfer wirkende deutsche Biene.

Auch die Panzerfärbung ist nach Rassen verschieden. Die Italiener Biene ist am Hinterleib weitgehend gelb, Krainer und deutsche Biene sind dunkel. Bei uns findet man öfters Bienen mit 1 oder 2 gelben Ringen. Das kann von einer früheren Kreuzung mit Italienern kommen. Aber wenn es sich nur um gelbe Ecken an den Hüften oder einen schwachen Ring handelt, braucht keine Blutmischung vorzuliegen. Solch leichte Anfärbung soll von jeher vereinzelt auch bei ihnen vorkommen. Doch bei ausgesprochenen »Schecken« muß man an Italienereinschlag denken.

Dies ist kein Buch über Körperbau und Leben der Biene. Aber einen kurzen Überblick über die einzelnen Organe und ihre Tätigkeit müssen wir uns schon gestatten. Das gehört einfach zur »Schule«.

3. Organe des Kopfes

Beginnen wir mit dem Kopf und seinen Organen: Augen, Fühler, Freßwerkzeuge, Drüsen.

Die Augen und ihre Leistung

Die Augen der Biene sind ganz anders gebaut als unsere. Was wir zu beiden Seiten des Kopfes sich als länglichen Wulst herunterziehen sehen, sind die bei den Insekten gebräuchlichen *Facettenaugen* (Abb. 13). Mit der Lupe erkennen wir auf ihrer Oberfläche ein wabenähnliches Sechseckmuster. Würden wir die einzelnen Zellen zählen, kämen wir bei jedem Auge auf knapp 7000 bei der Arbeiterin, auf etwa 8600 beim Drohn. Hinter jedem Sechseck steckt ein fernrohrähnliches Sehstäbchen mit Linse, Farbstoffmantel und Nervenstrang. Das Bild, das die Biene durch diese Tausende von aneinandergefügten Sehstäbchen bekommt, ist viel undeutlicher als das unsere (Abb. 14). Es ist wie durch einen Raster in Einzelpunkte aufgeteilt. Seine Stärke liegt nicht im ruhigen Betrachten eines Gegenstandes, sondern im Sehen bei Bewegung, in erster Linie beim Flug. Dabei werden die Sehstäbchen nacheinander von den Lichtstrahlen eines Ge-

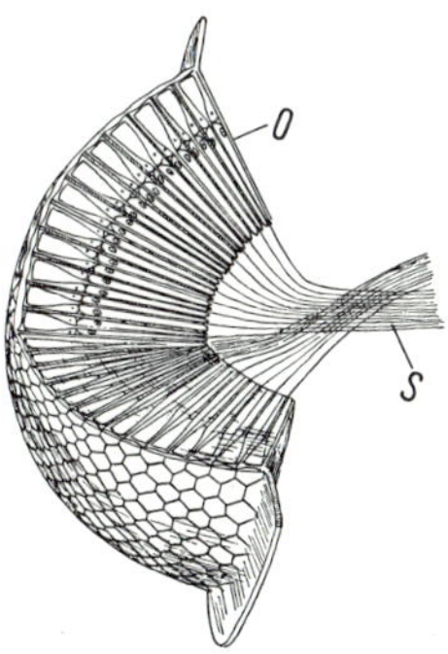

Abb. 13 Facettenauge im Schnitt

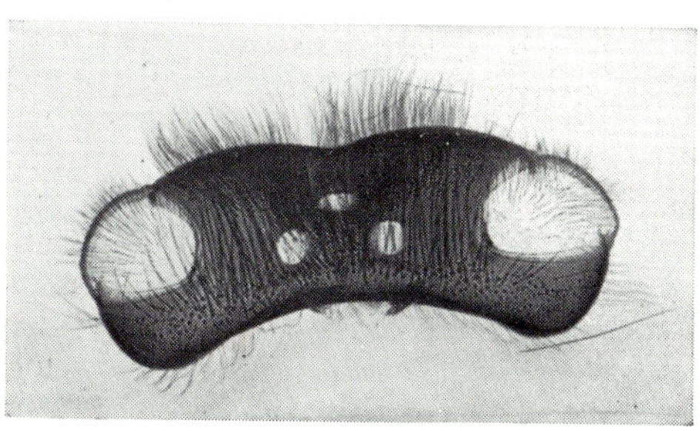

Abb. 15 Bienenkopf von oben mit den drei Punktaugen an der Stirn und den Facettenaugen an den Seiten

Abb. 14 Bild einer Dorfstraße, links, wie wir es sehen; rechts, wie die Biene es sieht.

genstandes gereizt, und ein Reiz vertieft den andern. Der Imker rechnet mit dieser Eigenart des Bienenauges. Er fuchtelt am offenen Bienenstock nicht hastig herum, sondern übt sich in ruhig gleitender Bewegung. Hast bezahlt er mit Stichen. Durch Versuche hat man herausgebracht, daß Bienen am leichtesten reich gegliederte strahlenförmige Figuren unterscheiden. Das entspricht der Gestalt vieler Blüten und Blütenstände.

Außer den Facettenaugen hat die Biene auf der Stirn noch drei kleine einzeln stehende *Punktaugen*. Diese dienen zur Unterscheidung von hell und dunkel (Abb. 15).

Farbensinn

Eigentlich weiß kein Mensch gewiß, ob ein anderer wirklich das gleiche meint, wenn er sagt: Der Himmel ist blau, oder der Klatschmohn ist rot. Von einem Teil der Menschen wissen wir bestimmt, daß sie die Farben anders sehen als die meisten andern. So sind z. B. 4% aller Männer und 0,4% aller Frauen rotgrünblind. Wesentlich weniger Menschen sind gelbblaublind. Andere sehen überhaupt keine Farben, sondern alles nur heller oder dunkler wie auf einem Schwarzweißfoto. Wie steht es bei den Bienen? Man hielt sie eine Zeitlang für farbenblind. Aber Prof. Karl von Frisch konnte nicht glauben, daß die Farben der Blumen sinnlos in der Welt wären. Er ging der Sache nach und fand: Die Bienen sehen Farben. Aber sie sehen sie anders als wir. Wenn man einen weißen Lichtstrahl durch ein Prisma in verschiedene Wellenlängen zerlegt, dann sehen wir die Wellen zwischen 7000 Angström und 4000 Angström als Farben, und zwar als die Regenbogenfarben von Rot über Orange, Gelb, Grün, Blaugrün, Blau zu Violett (1 Angström = ein zehnmillionstel Millimeter). Es sind auch noch Wellen über 7000 da, Ultrarot, und unter 4000, Ultraviolett. Aber die wirken auf unser Auge nicht mehr als Farbe. Bei den Bienen ist der Sehbereich ungefähr ebenso groß wie beim Menschen. Aber die Farbreihe ist vom roten Ende herein und über das violette Ende hinaus verschoben. Rot sehen sie nicht, dafür aber Ultraviolett. Außerdem unterscheiden sie nicht alle Farben innerhalb des Regenbogens so scharf wie wir. Der Wellenbereich zwischen 6500 und 5100, in dem für uns noch Rot, Orange, Gelb und Grün liegt, ist für die Bienen ein nicht weiter unterschiedenes »Bienengelb«. Zwischen 5000 und 4800 kommt für sie – wie für uns – Blaugrün. Von 4800 bis 4000, wo wir Blau und Violett sehen, sehen sie ein »Bienenblau« in verschiedenen Abstufungen. Von 4000 bis 3000 sehen sie Ultraviolett, das wir uns nicht vorstellen können (Abb. 16).

So sieht also die Biene die Welt in anderen Farben als wir. Vor allem sehen viele Blumen, die Ultraviolett ausstrahlen, für sie ganz anders aus. So ist der rote Mohn, der für die rotblinde Biene sonst schwarz wäre, für die Biene ultraviolett. Manche weiße Blüten erscheinen ihr durch die Beimischung von Ultraviolett blaugrün. Und so sind auch andere Farben durch einen für uns unsichtbaren Anteil von Ultraviolett für die Bienen verändert. Praktisch kann der Imker allerlei Farben für seine Kästen verwenden, weil durch die verschiedene Rückstrahlung doch wahrscheinlich noch Unterschiede herauskommen. Ich verwende z. B. die fünf Königinnenfarben: Weiß, Rot, Gelb, Grün, Blau. Rot ist für die Bienen schwarz, für mein Auge aber angenehmer als ein schwarzer Anstrich. Grün und Gelb wird für die Bienen ähnlich sein. Sie kommen aber nicht nebeneinander. Bei Weiß kann ich abwechseln durch Beimischung von etwas Grau oder durch zweierlei Weiß. Bleiweiß wirft Ultraviolett zurück, Zinkweiß verschluckt es. Also sehen die Bienen beide Weiß verschieden.

Orientierung im Raum

Wenn eine Biene zum erstenmal beim sog. »Vorspiel« den Stock verläßt, tut sie das nicht mit dem Kopf voran, sondern mit dem Kopf rückwärts zum Stock hin gerichtet. In Schleifen kurvt sie hin und her und auf und ab und zieht dann immer größere Kreise, immer dem Stock zugewandt. So prägt sie sich den Stock, den Stand und die ganze nähere Umgebung des Standes ein, findet darum auf dem Rückweg wieder hin zum Flugloch, aus dem sie kam. Immerhin kommt es vor, daß Jungbienen sich in andere Stöcke verfliegen. Vor allem bei der Italiener

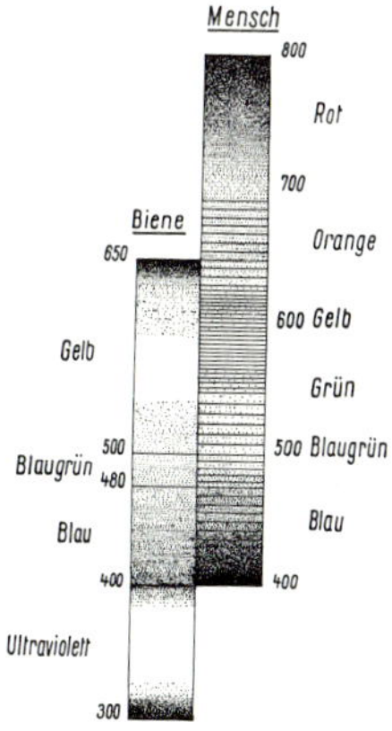

Abb. 16 Der Sichtbereich der Farbenreihe ist für die Biene im Vergleich zum Menschen nach der Seite der kürzeren Wellen hin verschoben. Wellenlänge in millionstel Millimeter.

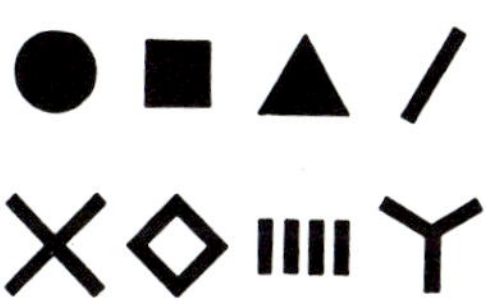

Abb. 17 Das Bienenauge verwechselt die nebeneinander stehenden Formen der oberen Reihe wie der unteren Reihe unter sich. Es kann aber die oberen Figuren von den unteren unterscheiden. Es ist eingestellt auf stark gegliederte Formen (Blüten!).

Rasse. Weniger bei der dunklen deutschen Biene, noch weniger bei der Krainer Rasse. Es ist also gut, daß wir den Bienen die Orientierung durch verschiedene Farben erleichtern. Besser würden wir zur Farbe noch verschiedene möglichst stark gegliederte Figuren aufmalen, noch besser körperliche Gegenstände, Steine, Lattenstückchen usw. anbringen (Abb. 17). Dabei müssen wir bedenken, daß alle Merkmale unterhalb des Flugloches stärker beachtet werden als solche darüber. Der Blick der Bienen geht eben schräg abwärts.

Beim Trachtflug in größere Entfernung richtet sich die Biene nach Merkmalen im Gelände, wie Bäumen, Gebäuden, Wasserläufen usw. Aber über das hinaus besitzt sie einen gut funktionierenden Himmelskompaß. Das hat Prof. v. Frisch mit seinen Schülern in geduldiger Forschungsarbeit herausgeknobelt. Sie merkt sich den Stand der Sonne. Die Sonne bleibt aber nicht stehen. Darum hat sie außer diesem äußeren Kompaß noch einen inneren Kompaß, der ihr anzeigt, wie weit in bestimmter Zeit die Sonne weitergewandert ist. Wenn sie z. B. erst nach einem halben Tag oder am nächsten Morgen wieder ausfliegt, kalkuliert sie den Weg mit ein, den die Sonne inzwischen gemacht hat. So kommt sie ohne neues Suchen auf Anhieb wieder an den Platz, an dem sie eine gute Trachtquelle entdeckt hatte. Wie so etwas möglich ist, wird niemand befriedigend erklären können. Man muß es hinnehmen, es ist einfach so. (Abb. 18)

Eine andere Frage: Was geschieht, wenn die Sonne etwa hinter einem Berg oder durch Wolken verdeckt ist? Auch da ist die Biene nicht hilflos. Solange noch ein Stück blauen Himmels zu sehen ist, dient ihr das als Richtpunkt. Das Himmelslicht ist nämlich polarisiert. Das heißt, es schwingt nicht nach allen Richtungen gleichmäßig, sondern ist an jeder Stelle des blauen Himmels in eine bestimmte Schwingungsebene gedreht, ähnlich wie man es durch eine bestimmte Anordnung von Gläsern oder Folien erreichen kann. Dadurch entsteht eine Felderung des Himmels in helle und dunkle Regionen. Und diese wechseln mit dem Fortschreiten der Sonne. Auch auf diese komplizierte Lichtverteilung ist das Auge der Biene eingestellt und sie »weiß«, welche Felderung zu jeder Tagesstunde und jeder Himmelsrichtung gehört. Wiederum – unglaublich, aber nachgeprüft.

Und wenn der ganze Himmel mit Wolken bedeckt ist? Auch dann ist die Biene nicht ganz verlassen. Durch eine dünne Wolkenschicht vermögen die ultravioletten Strahlen hindurchzudringen. Die Biene weiß dann, wo die Sonne steht. Nur bei dichter Bewölkung ist die Biene ganz auf Landmarken angewiesen. Dann fliegt sie aber auch gar nicht mehr gerne aus.

Zeitgedächtnis

Ein Teil des inneren Kompasses der Biene ist ihr schon vor über drei Jahrzehnten durch Beling nachgewiesenes Zeitgedächtnis. Wenn der Imker seine Bienen im Herbst zum Zwecke der Überwinterung einige Tage zur gleichen Stunde gefüttert hat, dann entsteht um diese Zeit am Flugloch und im Volk eine Unruhe, auch wenn an einem Tag nicht gefüttert wird. Wenn Rindvieh und Schweine sich melden, wenn einmal die Zeit der Fütterung sich etwas verschiebt, versteht man das.

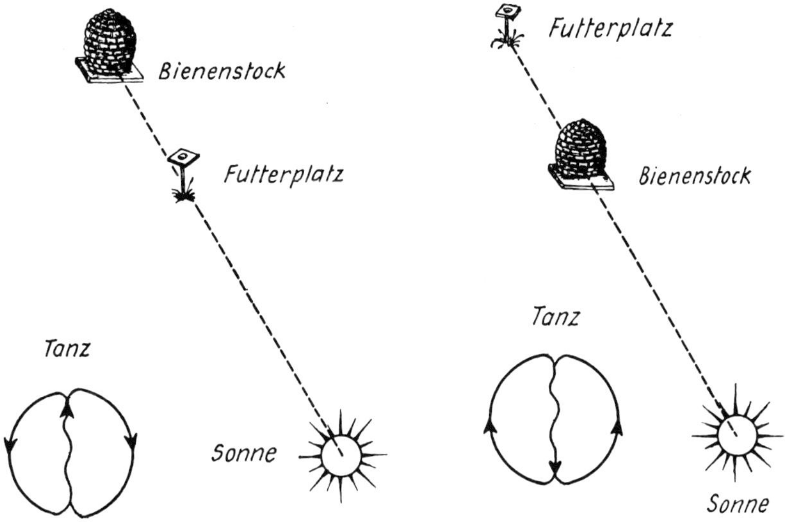

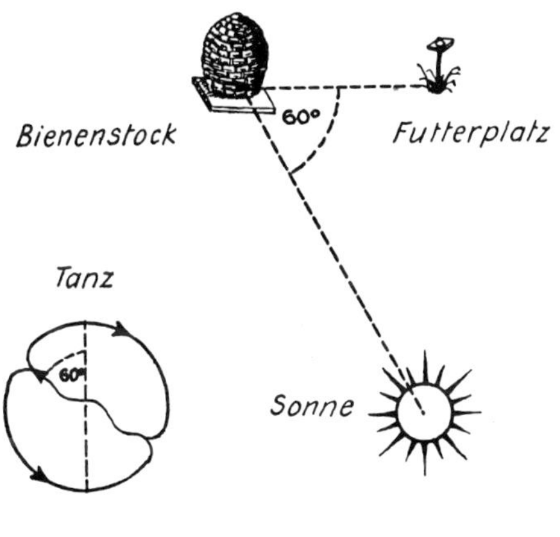

Abb. 18 Schwänzellauf auf der Wabe mit Kopf nach oben heißt: »Sucht in der Richtung zur Sonne!«, 60° nach links: »Sucht 60° links von der Sonnenrichtung!«, Kopf nach unten: »Sucht entgegengesetzt zur Sonnenrichtung!«

Es ist einfach der Magen, der an seine Ordnung gewöhnt ist. Aber die Biene sitzt ja ständig auf ihrem Vorrat und kann ihren Hunger jederzeit stillen, auch wenn von draußen nichts angeboten wird. Die innere Uhr der Biene muß anders konstruiert sein. Aber wie? Tatsache ist, sie hat Zeitgefühl und Zeitgedächtnis. Und es ist gut, daß sie es hat. Denn viele Pflanzen geben nicht den ganzen Tag Nektar, sondern nur zu bestimmten Stunden des Tages. Man hat schon eine ganze Blumenuhr zusammengestellt aus Pflanzen, die nacheinander aufblühen oder zu honigen beginnen. Die Biene merkt sich diese Stunden und vertut so nicht nutzlos Zeit und Kraft durch Herumsuchen zu unrechter Zeit.

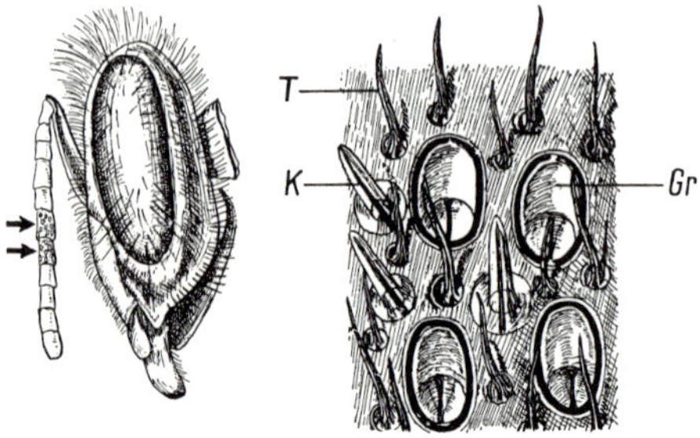

Abb. 19 Die Biene riecht und tastet mit den Antennen. Die einzelnen Glieder sind mit Organen dafür gespickt. Links bei zwei mittleren angedeutet. Rechts Ausschnitt aus einem Glied vergrößert. T = Tasthaare, K = Riechkegel, Gr = Riechgrube

Bei Versuchen im dauernd gleichmäßig beleuchteten Keller und durch den Transport von Bienen, die in Paris auf eine bestimmte Futterzeit dressiert waren, nach New York ergab sich klar: Die innere Uhr der Biene geht im 24-Stunden-Rhythmus. Trotzdem hängt sie nicht am Stand der Sonne. Die 24-Stunden-Uhr steckt ganz in der Biene drin. Die Uhr der Bienen, die von Paris nach New York geflogen wurden, geht auch dort nach Pariser Zeit, nicht nach New Yorker Zeit, die erst früh 7 Uhr zeigt, wenn es in Paris zu 12 Uhr mittag läutet.

Die Antennen

Neben den Augen fallen am Kopf der Biene die Antennen auf. Man nennt sie auch Fühler, obwohl sie nicht nur den Tastsinn beherbergen, sondern auch den Geruch und wahrscheinlich auch noch den Sinn für Wärme und Feuchtigkeitsgehalt der Luft. Den Bau der Antenne zeigen uns die Abbildungen (Abb. 19).

Etwas wie eine kleine Peitsche mit kurzem festem Stiel und einem doppelt so langen beweglichen Anhang, der bei Königin und Arbeitsbiene aus 11, beim Drohn aus 12 Einzelgliedern besteht. Bei Betrachtung unter dem Mikroskop erkennen wir an diesen Gliedern Tausende von winzigen Sinnesorganen, die nach der Spitze immer dichter stehen. Es sind feine Härchen, kegelförmige Gebilde, flache Platten und eingesenkte Zapfen. Von jedem dieser Organe gehen Nerven zum Gehirn. Wir wissen heute schon eine ganze Menge über die Aufteilung der Sinnesfunktionen auf die verschiedenen Arten dieser Organe. Interessant ist es, daß der Fühler des Drohns mit 15000 Porenplatten um ein Vielfaches von diesem eigenartigen Geruchsorgan mehr enthält als der Fühler der Arbeiterin (3000). Für den Drohn ist ein gut entwickelter Geruchssinn bei der Suche nach der Königin auf dem Hochzeitsflug von entscheidender Bedeutung.

Tastsinn und Geruchssinn

Mit den Augen findet sich die Biene im Licht der Außenwelt zurecht. Sie lebt aber die meiste Zeit im Dunkel des Stockes. Da nützen ihr die Augen kaum etwas, außer daß sie sieht, wo das Flugloch den Weg ins Licht bietet. Alles andere müssen die Antennen schaffen. Durch »Riechtasten« wird sie Eier, jüngste, ältere und deckelreife Maden unterscheiden müssen, Pollen, unreifen und reifen Honig, Wachs und Kittharz, Arbeiter-, Drohnen- und Weiselzellen, die Abstände zwischen Waben und Beute, zugige Stellen, die abgedichtet werden müssen, Wachsmotten und sonstige Feinde, Abfall, der hinausgeschafft werden muß, und wer weiß, was sonst noch alles. Für das ganze »Innenleben« des Stockes sind die Antennen das unerläßliche Werkzeug.

Aber auch für den Außendienst spielt namentlich der Geruch eine große Rolle. Schon beim Verlassen des Stockes nimmt die Biene die Erinnerung an einen bestimmten Heimatgeruch mit. Jeder Mensch hat, auch wenn er sich ganz reinlich hält, seinen persönlichen Geruch. Auch jede Wohnung hat ihren besonderen Geruch, der sich zusammensetzt aus dem Duft von Menschen, Möbeln, Tapeten, Farben, Bodenpflegemitteln, Wäsche, Vorräten, Speisen, mehr oder weniger trockenen Wänden usw. Ein Stall, eine Hundehütte, ein Vogelkäfig, alles hat seinen besonderen aus vielerlei Düften zusammengesetzten Geruch. So hat auch jedes Bienenvolk seinen besonderen *Stockgeruch*. Er ist ebenfalls zusammengesetzt aus vielen Düften von Holz verschiedener Herkunft und verschiedenen Alters, von jüngeren und älteren Waben, von der Zusammensetzung der Pollen- und Honigvorräte, Art und Menge des verwendeten Kittharzes, lebenden und eventuell toten und verwesenden Bienen, von der Menge offener und gedeckelter Brut, der Anzahl der Drohnen, vom Alter der Königin, der mehr oder weniger dichten Besetzung des verfügbaren Raumes usw. usw. Diesen Stockgeruch trägt die Biene an sich und wird daran an einem fremden Flugloch als Eindringling erkannt. Sie trägt ihn auch in ihrem Gedächtnis und erkennt bei der Rückkehr ihre Heimat an diesem Geruch wieder.

Draußen braucht die Biene ihren Geruchssinn, um Wasser, Honigtau, Nektar und Pollen als ihre Nahrungsmittel zu erkennen. Dazu kommt noch der besondere Duft der Blüten, der sie neben der Farbe von Blüte zu Blüte der gleichen Pflanze leitet. Daß sie *blütenstetig* sein kann, das heißt nicht von Löwenzahn auf gelbe Osterglocken, von Arabis auf Weichselblüten fliegt, ist nur durch ihren Geruchssinn möglich. Leitet sie das Auge aus der Ferne, so leitet sie der Geruch aus der Nähe.

Blütenduft und Stockgeruch sind der Biene ohne ihr absichtliches Zutun gegeben. Aber zuweilen erzeugt sie selber aktiv einen Duft, um ihre Schwestern anzulocken. Dazu hat sie zwischen den beiden letzten Ringen ihres Hinterleibs eine eigene *Duftdrüse*. Die stülpt sie aus, wenn sie eine reiche Trachtquelle gefunden hat, um auch andere in der Nähe herumfliegende Bienen herbeizurufen.

Sie tut das auch, um beim Schwarm die umherschwirrende Bienenschar auf den Platz zu rufen, an dem sich die Königin niedergelassen hat (Abb. 20). Auch wenn beim *Vorspiel* die Jungbienen zum erstenmal ausfliegen, ist bald das Flugbrett mit einer großen Zahl von Lockbienen bedeckt, die mit ausgestülpter Duftdrüse »sterzelnd« ihren Schwestern den Weg zum heimatlichen Flugloch zeigen. Ebenso ist es, wenn eine junge Königin zur Begattung ausfliegt. Auch wenn Sammelbienen draußen eine lohnende Futterquelle gefunden haben, strecken sie ihre Duftdrüse vor jedem neuerlichen Niedersetzen am Futterort aus, um andere Bienen darauf aufmerksam zu machen. Der Duft der Duftdrüse ist allerdings nicht von Volk zu Volk verschieden wie der Stockgeruch. So locken

Abb. 20 Mit Hilfe ihrer Duftdrüse rufen die Bienen sich gegenseitig zu Volk und Königin.

die Sammlerinnen auch stockfremde Bienen zum Futterort, und auf dem Stand werden durch intensives Sterzeln auf einem Flugbrett nicht selten auch stockfremde Jungbienen und auch ausfliegende Königinnen angelockt. Die fremden Jungbienen werden bei dieser Gelegenheit anstandslos mit aufgenommen. Aber Königinnen kostet es in der Regel das Leben.

Der Sinn für Wärme und Feuchte

In den Antennen müssen wir auch den Sinn für Wärme und Feuchte vermuten. Die Einzelbiene kann ihre Körperwärme nur ganz wenig über der Außentemperatur halten. Bei etwa 6° C erstarrt sie. Das Volk dagegen regelt die Wärme im Brutnest sehr genau auf einen halben Grad über oder unter 35° C, die Luftfeuchte auf etwa 40%. Außerhalb des Brutnestes kann die Wärme geringer, die Feuchte höher sein. Die Biene erhöht die Wärme durch Zehrung und Bewegung, hält sie im Winter möglichst fest durch Zusammenrücken der Bienenleiber, erniedrigt sie notfalls durch Fächeln. Reicht dies nicht aus, holt sie Wasser von draußen und verstreicht es zwischen den Brutzellen, so daß es durch Verdunstung kühlt. Das überschüssige Wasser des Nektars wird ebenfalls durch Fächeln aus dem Stock geschafft. Am Abend nach einem Trachttag erzeugt eine ganze Kette von Fächlern einen kräftigen Luftstrom aus dem Flugloch. Wenn man bei offenem Stock seine Pfeife anzünden will, kann einem durch den Fächelwind aus den Wabengassen das Zündholz ausgeblasen werden. Hier handelt es sich allerdings nicht um einen Kühlversuch, sondern um ein allgemeines Sterzeln, das ja auch mit Fächeln verbunden ist. Es ist die Reaktion auf die Störung. Besonders wenn man Waben abgestoßen hat, beginnen die einlaufenden Bienen zu sterzeln und stecken die übrigen damit an. Es will sagen: Ihr, die ihr durch das Hantieren dieses Grobians etwa den Kontakt mit dem Ganzen verloren habt, kommt hierher, hier ist das Volk, hier ist die Königin!

Die Mundwerkzeuge

Manchmal setzt sich bei der Arbeit eine Biene auf die Hand, sticht nicht, und doch fühlt man einen leichten Schmerz. Sieht man zu, zupft sie an einem Haar. Sie tut es mit den zangenförmigen *Vorderkiefern,* auch Mandibeln genannt. Sie sind neben der Zunge der wichtigste Teil der äußeren Mundwerkzeuge, gleichsam die Hand der Biene, die sie zu vielem braucht, zum Öffnen ihres Zelldeckels beim Schlüpfen, zum Fressen des Pollens, zum Füttern der Larven, zum Bearbeiten und Verarbeiten von Wachs und Kittharz, zum Zwicken und Festhalten feindlicher Bienen oder sonstiger Eindringlinge, zum Abschroten der Honigdeckel, zum Abschleppen von Unrat und toten Kameraden. Mit den Mandibeln zernagt sie auch das Zeitungspapier, das wir zur Vereinigung zweier Völker benützen oder auch Beutenmaterial, das zum Knabbern verführt, wie etwa Weichfaserplatten oder Schaumkunststoff. Eines tut sie nicht, was man ihr manchmal nachsagt: Sie beschädigt keine Äpfel und Birnen. Sie geht nur an Früchte, deren Schale vorher von Wespen aufgenagt wurde. Denn die Mandibeln der Biene sind handförmig. Sie haben nicht die messerscharfen Schneiden der Mandibeln der Königin, ie den harten Kokon ihrer Weiselzelle aufschneiden muß, oder gar der Wespe, die als Räuberin geboren ist. Wenn man ihr – nicht mit Unrecht – nachsagt, daß sie an Himbeeren geht, dann sind es bei genauerem Zusehen doch meist überreife, bei denen der Saft schon zwischen den einzelnen Beerchen hervortritt. (Abb. 21)

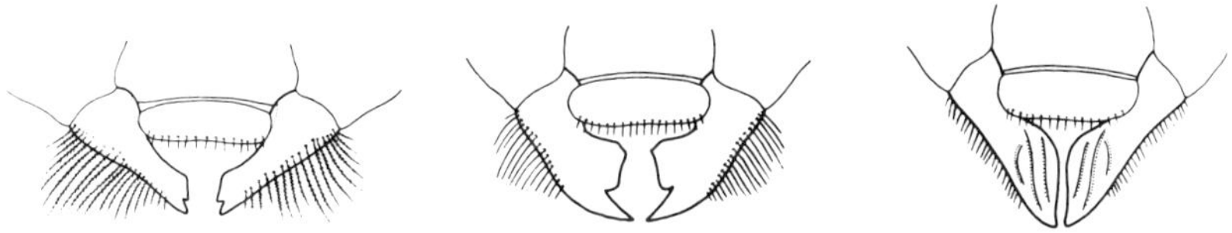

Abb. 21 Handförmig, ohne scharfe Kanten die vielfältig gebrauchten Mandibeln bei der Arbeiterin (rechts), schwach, aber scharf beim Drohn (links), sehr scharf und stark bei der Königin, die mit Nebenbuhlerinnen kämpfen oder Weiselwiegen aufbeißen muß (Mitte)

Weniger wichtig sind die kleine Oberlippe und der darüberliegende Schild. Ihre Aufgabe ist im wesentlichen das Abdecken der darunterliegenden Mundteile. Ebenso wichtig wie das Vorderkieferpaar ist der *Rüssel.* Wenn er nichts zu tun hat, sehen wir ihn gar nicht. Er ist in der Ruhe wie ein Taschenmesser nach hinten eingeschlagen. Zur Arbeit wird er herausgeklappt und in die Blüte oder die flüssige Nahrung versenkt.

Den Urtyp aller Insektenmundwerkzeuge sieht man bei der primitiven Küchenschabe. Bei der Wespe sind diese Teile verändert, aber noch gut in ihrer Herkunft zu erkennen. Bei der Biene jedoch ist ein hochspezialisiertes Werkzeug zum Saugen und Lecken daraus geworden, das verrät, wie eindeutig die Biene auf die Nahrungssuche an Blütenpflanzen ausgerichtet ist.

An den Mundteilen verschiedener Insekten sieht man, wie »die Natur« (was ist das?) von Haus aus gleichartige Organe je nach ihrer Aufgabe völlig umgestaltet. Wie das geschieht, ist – trotz Darwin – eine bis heute ungelöste Frage. Bei näherem Zusehen finden wir den Rüssel zusammengesetzt aus fünf Teilen. Davon schließen sich vier in raffinierter Teilkonstruktion zu einem luftdichten Röhrchen zusammen, das der Biene gestattet, Wasser und Nektar zu saugen, wie wir mit einem Strohhalm Limonade trinken (Abb. 22). In der Mitte dieses Saugröhrchens liegt die Zunge. Sie ragt über das Saugröhrchen noch hinaus, ist dicht behaart, durch Ringelung nach allen Seiten beweglich und kann durch einen sinnreichen Mechanismus im Röhrchen auf und ab bewegt werden. An der Spitze trägt sie noch ein feines Löffelchen. Die Biene pinselt so die kleinsten, vom Saugröhrchen nicht erreichbaren Nektarmengen zusammen, schafft sie durch Zurückziehen der Zunge in den Wirkbereich des Saugröhrchens, von da werden sie durch einen Pumpmechanismus der Mundhöhle aufgesogen und durch den Schlund an die Speiseröhre und den Kropf weitergegeben (Abb. 23).

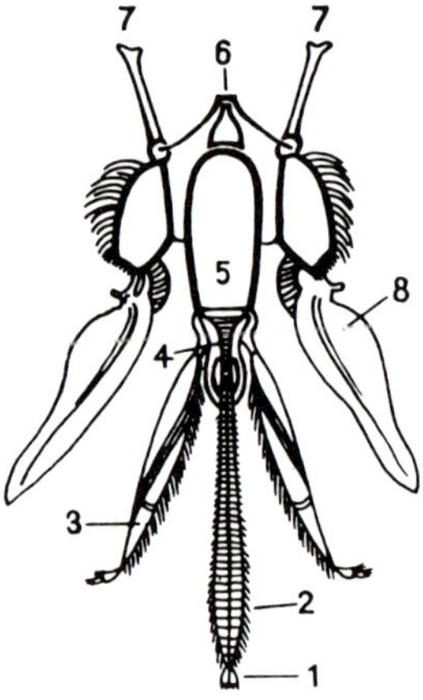

Abb. 22 Zusammensetzung des Bienenrüssels:

1 Die zu einem feinen Löffelchen ausgebildete Zungenspitze
2 Zunge
3 Lippentaster
4 Nebenzungen
5 Kinn
6 Unterkinn
7 Zügel. An ihnen hängt der ganze Rüsselapparat
8 Die zur Bildung der Saugröhre wichtigen sensenförmigen Mittelkiefer

Abb. 23 Die Zunge, haarig wie ein Pinsel, sehr beweglich und an der Spitze mit einem Löffelchen versehen zum Aufnehmen kleinster Mengen

Wichtig für den Honigertrag, vor allem aus dem langblütigen Rotklee, ist die Länge der Zunge. Sie schwankt etwa zwischen 5,6 und etwas über 7 mm. An der untersten Grenze liegt die dunkle Rasse, dann kommt die Italiener, dann die Krainer und zuoberst die Kaukasier Rasse. Unter den Krainer Bienen gibt es viele rotkleefähige Stämme.

Bei der Gestaltung der Zunge ist noch etwas Wichtiges berücksichtigt. Um haltbar zu sein, muß der Honig auf etwa 80% Zucker eingedickt werden. In dieser Konzentration ist er zu zäh, um durch den Rüssel der Biene zu gehen. Er muß darum vor der Aufnahme wieder verdünnt werden. Dazu hat die Zunge im Innern ein feines Röhrchen, durch das Speichel an den Honig oder auch an den Zuckerteig oder Trockenzucker gegeben werden kann.

Geschmackssinn

Natürlich sind die Mundteile auch Träger der Geschmacksnerven. Prof. v. Frisch hat sich auch um den Geschmackssinn der Biene angenommen. Die Biene schmeckt anders als der Mensch. Chinin und manche andere für uns sehr bittere Stoffe stören sie kaum. Für Zucker sind sie weniger empfindlich als wir. Für uns ist eine 2%ige Zuckerlösung noch süß. Die Biene kümmert sich erst um Zuckerwasser von 4 % Zuckergehalt – und das auch nur –, wenn sie gar nichts anderes findet. Wenn die Natur im Nektar und Honigtau mit meist über 20% Zuckergehalt Besseres bietet, nimmt die Biene erheblich dünnere Lösungen im Fütterungsversuch gar nicht mehr an. Das ist auch gut so. Schwächere Lösungen würden mehr Energie beim Sammeln und Eindicken verbrauchen, als sie geben. Zudem würden sie wahrscheinlich gären oder schimmeln, bevor sie eingedickt sind. Würde die Biene jeder dünnen Brühe nachlaufen, so wäre das ihr Untergang. So ist es am besten, sie rührt eine schwache Lösung erst gar nicht an.

Drüsen des Kopfes

Wie bei anderen Tieren und beim Menschen spielen Drüsen auch bei der Biene für Ernährung und Fortpflanzung eine ausschlaggebende Rolle. Im Kopfbereich sind vielerlei Drüsen ganz oder wenigstens mit ihrer Mündung untergebracht.

Da ist zunächst die *Speicheldrüse.* Sie besteht aus fünf reich verzweigten Ästen. Ein Ast liegt im Kopf hinter dem Gehirn, die vier andern liegen über und unter der Speiseröhre verteilt zwischen der Flugmuskulatur der Brust. Die Absonderungen aller fünf Teile fließen zusammen in einen Gang, der oberhalb der Zunge in eine kleine Tasche mündet und von da durch das schon erwähnte Röhrchen innerhalb der Zunge abwärts geleitet wird zu der aufzunehmenden Nahrung.

Über die Zusammensetzung des Speichels gibt es widersprechende Angaben. Sicher liefert er mehr als etwa nur Wasser zum Verdünnen der konzentrierten Zuckernahrung. Vielleicht ist sie an der Fettverdauung (Pollen) beteiligt. Sie könnte auch Zusatzstoffe zur Brutnahrung liefern. Aber all das ist nicht sicher erwiesen.

Interessant ist, daß die Speicheldrüse bei der Larve eine ganz andere Aufgabe hat. Da ist sie nämlich die Spinndrüse, die der Larve das Material liefert, mit dem die Streckmade ihre Zelle auskleidet. In der Entwicklungsgeschichte der Lebewesen stoßen wir immer wieder auf ähnliche Fälle, wo das Leben aus vorhandenen Organen neue Werkzeuge mit ganz anderen Aufgaben schafft.

Das trifft auch für die paarigen *Futtersaftdrüsen* der Biene zu, welche wegen ihrer Ausgänge im unteren Schlundbereich auch als »Schlund« oder »Unterschlunddrüsen« bezeichnet werden, wenn man nicht einfach nur »Kopfdrüse« zu ihnen sagt. Die Drüsen füllen nämlich während ihrer höchsten Entwicklung einen großen Teil des Kopfes zwischen Gehirn und Vorderkopfwand aus. Mehrere hundert Drüsensäckchen sind an einem langen Schlauch aufgereiht wie Zwiebeln an einer Schnur. (Abb. 24) Solange eine Jungbiene, auch die überwinternde, noch keine Brut gepflegt hat, sind sie voll und kräftig entwickelt, sobald sie den Brutpflegedienst hinter sich hat, werden sie dünn und unscheinbar. Bei der Königin sind sie nur spurenhaft vorhanden, beim Drohn fehlen sie.

Die Schlunddrüsen erzeugen bei den Ammenbienen den Hauptteil des Futtersaftes, womit diese die junge Brut und die Königin füttern. Bei den älteren Bienen liefern sie die kohlenhydratspaltenden Fermente, insbesondere das Enzym Invertase, welches Rohrzucker in Traubenzucker und Fruchtzucker umwandelt. Es beginnt schon bei der Aufnahme des Zuckers in der Honigblase zu wirken, und es wirkt nach der Speicherung des Honigs in der Wabe weiter. Normal bleiben höchstens 5% Rohrzucker im ordnungsgemäß verarbeiteten Honig übrig.

Die Maden aller drei Bienenwesen erhalten in den ersten 3 Tagen reinen Futtersaft, die Weiselmaden sogar bis zum Deckeln. Dagegen wird bei Arbeiter- und Drohnenmaden vom 3. Tag an Honig und Pollen beigemischt. Beim Füttern erscheint das Tröpfchen Futtersaft nicht an der Zunge der Ammenbiene, sondern zwischen den Kiefern. Es gilt als sicher, daß im Futtersaft auch noch Ausscheidungen der Kieferdrüsen enthalten sind.

Über den Futtersaft für die Weiselmaden, französisch Gelée Royale, wurde in den letzten Jahren viel geforscht und noch mehr geredet und geschrieben. Man weiß jetzt das Wesentlichste über seine Zusammensetzung. Der Weiselfuttersaft ist reich an Eiweiß, Fetten und fettartigen Stoffen. Die 10-Hydroxy-Δ^2-decensäure ist für den starken Säuregrad des Futtersaftes maßgebend und dürfte ihn in der Zelle vor dem Verderb schützen. Besonders reich ist der Futtersaft an Vitaminen, insbesondere der B-Reihe. Man fand in ihm 1000mal soviel Acethylcholin wie im Honig. Neben einem erheblichen Zuckergehalt hat man noch eine Menge nur in Spuren vorkommende Verbindungen wie Purine, Pyrimidine, Pteridine nachweisen können. Der Futtersaft für Weiselmaden und Arbeiterlarven ist zwar nicht ganz derselbe, doch dürfte er sich hauptsächlich in den Mengenzusammensetzungen der Inhaltsstoffe unterscheiden. Stoffe, die in dem einen Futtersaft enthalten sind und in dem anderen nicht, hat man bisher nicht gefunden. Man weiß derzeit auch noch nicht genau, was eine weibliche Bienenmade veranlaßt, sich einmal zur Arbeiterin und einmal zur Königin zu entwik-

Abb. 24 Der Kopf der Biene trägt nicht nur die Organe für Sinneswahrnehmung und Nahrungsaufnahme, er enthält auch verschiedene lebenswichtige Drüsen. Eine der wichtigsten Aufgaben haben die Futtersaftdrüsen, die den Raum zwischen Stirn und Gehirn der Biene ausfüllen. Sie sind bei der Jungbiene in den ersten Tagen noch unscheinbar, entwickeln sich dann aber mächtig und befähigen die Biene so zum Ammendienst an der jüngsten Brut. Dann gehen sie wieder zurück und machen so die Kräfte frei für Wachstum und Funktion der Wachsdrüsen. Die reduzierten Futtersaftdrüsen geben später Fermente zur Honigbereitung ab.

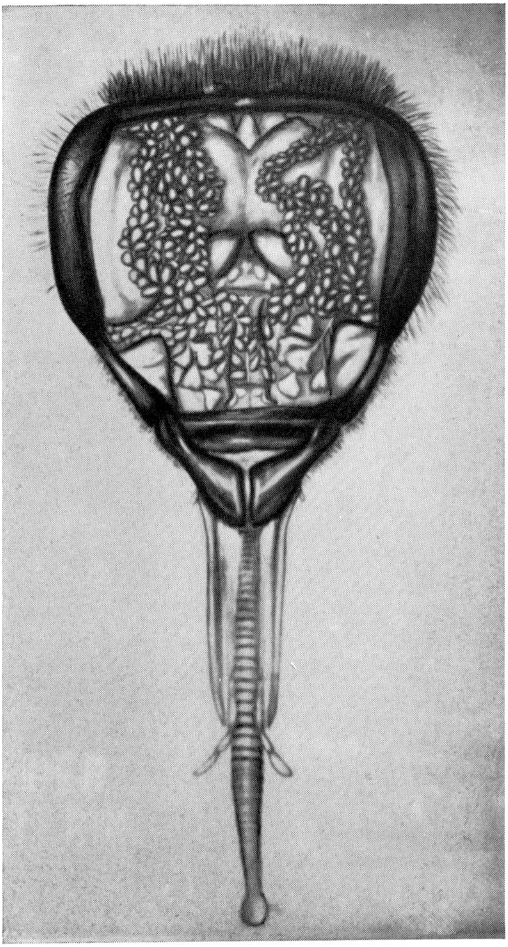

keln. Man weiß nur, daß es nicht allein die unterschiedliche Futtersaftmenge und auch nicht die Umstellung der Nahrung von Futtersaft auf Mischfutter bei der Arbeiterlarve ist. Nach neueren Arbeiten scheint der Zuckergehalt des Larvenfutters für diese Frage eine große Rolle zu spielen, aber auch die Ansicht über die Beteiligung eines besonderen königinnenbestimmenden Richtstoffes, den man nur noch nicht bestimmen konnte, ist nicht widerlegt.

Sicher sind die im Gelée royale enthaltenen Wirkstoffe auch für den Menschen wertvoll, wenn er sie in genügender Menge zu sich nimmt. Ob sie in den gebräuchlichen winzigen Mengen für ein Lebewesen von der Größe und dem Gewicht des Menschen sehr viel bedeuten, kann man bezweifeln. Nur eingehende medizinische Versuche können hierüber Klarheit schaffen.

Bewundernswert ist die Biene, die jederzeit weiß, welches Futter sie den Larven verschiedenen Alters und Standes zu reichen hat.

Der Imker aber muß wissen, daß keine Arbeit soviel Lebenskraft der Biene verbraucht wie die Brutpflege. Ammendienst verkürzt das Leben der Biene weit mehr als Sammeldienst. Weisellose Bienen können fast so alt werden wie die Winterbienen, die ja auch keine Brut zu pflegen haben. Es hat wenig Sinn, alte Bienen, die schon Brut gepflegt haben, in den Winter zu bringen. Nur Bienen, die im Herbst ihre Futtersaftdrüsen nicht verbraucht haben, sind im Frühjahr noch fähig, die neue Brut zu pflegen. Ebenso brauchen Ableger oder Kunstschwärme viele unverbrauchte Jungbienen, wenn sie sich zügig entwickeln sollen.

Die schon erwähnten *Kieferdrüsen* liegen als einfache Säcke über den Vorderkiefern und münden an deren Wurzel nach außen. Sie sind an der Erzeugung des Futtersafts beteiligt. Wahrscheinlich helfen sie auch mit bei der Bearbeitung des Wachses, das ja von den Kiefern geknetet und in kleinen Klümpchen zum Bau der Waben zusammengefügt wird.

Beim Drohn sind diese Drüsen nur angedeutet. Sehr stark entwickelt sind sie dagegen bei der Königin. Man hat lang herumgerätselt, wozu sie die Königin braucht. Zum Bauen jedenfalls nicht. Nun sind sie in den letzten Jahren geradezu berühmt geworden durch die Entdeckung des Engländers Butler. Sie sondern eine »*Köniqinsubstanz*« ab. Diese verstreicht die Königin an ihrem Körper, und die Bienen lecken ihn begierig ab. Solange sie genug von diesem Stoff bekommen, sind sie mit ihrer Königin und ihrem ganzen Volkszustand zufrieden. Wird er knapp, bauen sie Schwarm- oder Umweiselungszellen, und ihre eigenen kleinen Eierstöcke wachsen und erzeugen Eier. Die Knappheit kann von einem Nachlassen der Königin kommen. Das könnte zur stillen Umweiselung führen. Oder es sind auf der Höhe der Volksentwicklung im Frühjahr einfach zu viele Bienen, die sich in die normale Menge des Königinnenstoffes teilen müssen. Das würde den Schwarm auslösen. Die Königinnensubstanz ist also eine Art Regulator der Volksstimmung. Zufriedenheit, Hochspannung, Revolution, alles hängt vom Funktionieren der königlichen Vorderkieferdrüsen ab. Die Königinnensubstanz ist mit ihrer Duftkomponente auch ein Anlockstoff für die Drohnen bei der Paarung (Sexualstoff). Sie wirkt in dieser Weise nur in größeren Höhen. Weiter zum Boden zu wirkt sie anlockend auf heimatlose Bienen. Insbesondere hält sie mit anderen Düften, die die Bienen aus ihrer Sterzeldrüse ausscheiden, den ausziehenden Schwarm als Schwarmwolke in der Luft und auch nach dem Absetzen zusammen. Zwei wichtige Stoffe in der Königinnensubstanz sind die 9-Oxodecensäure und die 9-Hydroxydecensäure, auf welche ein Großteil der Wirksamkeit der Königinnensubstanz zurückgeht. Diese Erkenntnisse verdanken wir einer ganzen Reihe von Forschern, die sich in den letzten Jahren sehr eingehend auf diesem Wissensgebiet betätigt haben. Wenn man auch herausfand, daß offenbar noch andere Drüsen unter der Chitinhaut des Hinterleibs an der Wirkung des Weiselstoffes beteiligt sind, so dürfte doch feststehen, daß die Kieferdrüsen der Königinnen dabei die Hauptrolle spielen.

Der Weiselstoff gehört zu einer Art biologischer Substanzen, die (griechisch) als Pheromone bezeichnet werden. Im Unterschied zu Hormonen, welche im Körper selbst in kleinsten Mengen regulatorisch wirken, üben sie solche Wirkungen auf andere Tiere, mit welchen sie zusammenleben, aus. Die Königinnensubstanz ist geradezu ein Paradebeispiel dieser Pheromonwirkung.

Im Kopf der Biene finden sich noch *andere kleine Drüsen*. Z. B. ist da ein kleiner paariger Gehirnanhang, die sogenannten Corpora allata. Es sind innersekretorische Drüsen, welche Hormone ins Blut ausscheiden. Sie regeln den Wasserhaushalt der Biene, indem sie einmal den Darm für den Übertritt von Wasser undurchlässig, einmal durchlässig machen. Bei der Bienenlarve haben dieselben Drüsen eine andere Funktion. Sie erzeugen das Juvenilhormon, welches zusammen mit einem anderen Hormon aus besonderen Drüsen in der Brust die Larvenhäutungen bewerkstelligt. Die Menge des erzeugten Juvenilhormons entscheidet auch, ob aus einer Larve eine Königin oder eine Arbeitsbiene entsteht.

4. Das Bruststück und seine Organe

Das Bruststück ist Träger der *Bewegungsorgane*, der Beine, der Flügel und der dazugehörigen Muskulatur. Die aus vier Teilen bestehende Brutkapsel ist fast kugelförmig, fest und doch elastisch in sich zusammengefügt. Fest muß sie sein als Träger der kräftigen Flugmuskeln, elastisch, weil sie federnd an der Bewegung der Flügel beteiligt ist. Für Kopf und Hinterleib ist sie gleichsam der solide Mittelpunkt, an dem diese beweglich angeheftet sind.

Der Kragen

Von den Chitinringen interessiert uns praktisch der vorderste. Er bildet einen schmalen Kragen mit zwei seitlichen Lappen, die man mit Achselklappen vergleichen kann. Unter diesen Klappen liegen die beiden größten, mit Reusen umgebenen Atemöffnungen, Stigmen und die zugehörigen weiten Tracheen. Durch diese dringt die Tracheenmilbe ein, vor allem bei Jungbienen, bei denen die Reusenhaare noch weich sind. Sie vermehren sich, schwächen durch Blutsaugen die Biene und können zuletzt die ganze Röhre verstopfen. Wenn man diesen Kragen mit einer scharf greifenden Pinzette abzieht, liegen die Tracheen frei. Man zieht sie mit der Pinzette heraus und stellt dann unter dem Mikroskop fest, ob sie mit Milben befallen sind oder nicht. (Siehe Milbenseuche S. 182)

Die Flügel

Die häutigen Flügel sind geteilt in Vorder- und Hinterflügel. Sie wirken dennoch im Flug als Einheit. Der Vorderflügel hat an seinem Hinterrand eine dachrinnenartige Falte, in der eine Reihe von Häkchen am Vorderrand des Hinterflü-

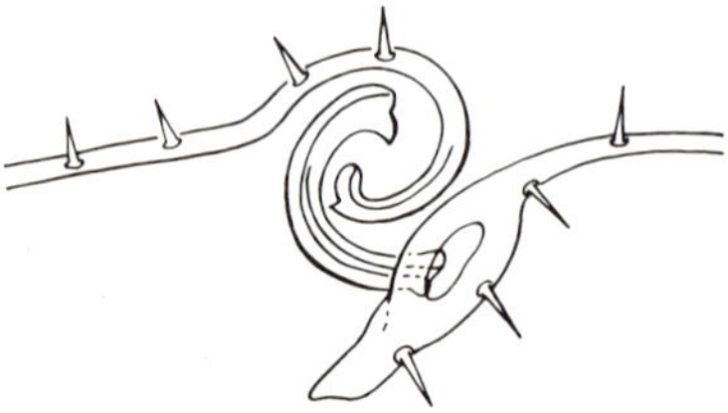

Abb. 25 Die elastisch in den Vorderrand des Hinterflügels eingelassenen Häkchen (unten) greifen in die ebenfalls elastische Rinne am Hinterrand des Vorderflügels ein (oben).

gels sich verankern. In der Ruhe liegen die Flügel getrennt und leicht zusammengefaltet auf dem Rücken. Sobald sie sich zum Flug ausbreiten, verhängen sie sich automatisch wieder miteinander (Abb. 25). Bei einem ganzen Flügelschlag beschreibt die Flügelspitze eine achterförmige Schleife. Im Flug vorwärts wird daraus eine Wellenlinie ähnlich einer im Wind flatternden Fahne, wobei der verstärkte Vorderrand des Vorderflügels gleichsam als Fahnenstange die Führung übernimmt. Es ist im Grunde die peitschenförmige Bewegung, die wir schon an Bakterien und Geißeltierchen im Wasser beobachten. Dabei wird immer etwas von dem umgebenden Schwebemittel – dort Wasser, hier Luft – nach rückwärts gedrängt und dadurch der Körper vorwärtsgestoßen. Wie das durch die verwirrend aussehende Form der Gelenke und die abwechselnde Zusammenziehung der sich kreuzenden Brustmuskeln zustandekommt, muß man sich einmal in stiller Stunde klarzumachen suchen.

Der Flügel macht in der Sekunde 200 bis 250 volle Schläge. (Eine Stubenfliege 330, eine Mücke 1000.) Die Biene legt dabei in der Sekunde 2 bis 14 m zurück, das sind in der Stunde 7 bis 50 km. Der Durchschnitt liegt bei etwa 6–8 m in der Sekunde, 20–30 km in der Stunde, also Radfahrergeschwindigkeit (Abb. 26). Über die Bedeutung des Vorderflügels für die Rassenbestimmung siehe Seite 123.

Die Beine

Alle 6 Beine sind an der Brust angelenkt. Außer dem Gehen und Festhalten haben Vorder-, Mittel- und Hinterbeine noch besondere Aufgaben und sind dementsprechend gestaltet.

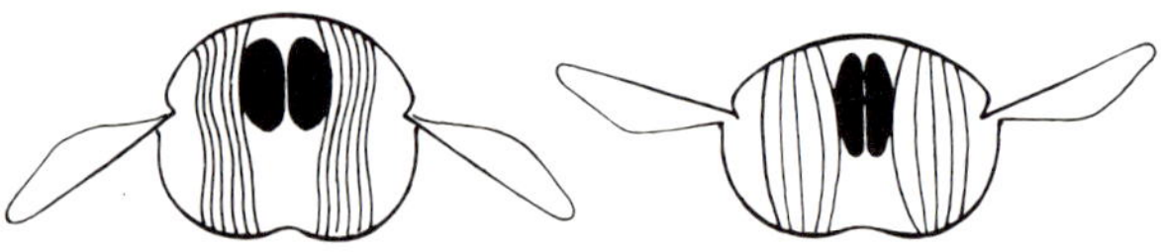

Abb. 26 Die gegeneinander arbeitenden Flugmuskeln greifen nicht unmittelbar an den Flügelwurzeln an, sondern pressen und lockern abwechselnd die Chitinschale des Bruststücks. Die Flügel werden dabei durch sinnvolle Hebelwirkung in eine schleifenförmige Bewegung gebracht.

Der Fuß ist bei allen dreien nach dem gleichen Prinzip gebaut. Er besitzt Krallen für rauhen Untergrund und einen häutigen Teil für weichen. Doch sondert letzterer keinen Klebstoff ab, wie man früher meinte. Die Biene kommt auch ohne ihn zurecht, wie man am Fenster sehen kann. Notfalls hilft sie eben mit den Flügeln nach. Daß die Bienen bei ihrer Arbeit auch schmutzige Füße bekommen können, sieht man am geschwärzten Flugbrett. Darum darf man dieses nicht vergessen, wenn man etwa wegen Faulbrut oder Nosema eine Beute reinigen muß.

Das Vorderbein

Das Vorderbein trägt eine interessante Putzscharte zum Reinigen der Antennen. Man kann besonders Drohnen oft beobachten, wie sie vor dem Ausflug rasch noch mal die Antennen durch diese Putzscharte ziehen. Der Geruchssinn muß bei der Werbung um die Königin in bester Form sein. (Abb. 27)

Die Vorderbeine können zweckmäßig stark nach innen eingebogen werden, wie es zum Zusammenscharren des Pollens in den Blüten nötig ist, oder auch zum Hinausschleppen von Abfall und toten Bienen. Sie vertreten bis zu einem gewissen Grad die Hände, wie das bei vielen Tieren (Eichhörnchen, Mäuse usw.) der Fall ist. Auch beim Bauen und Kitten wirken sie so.

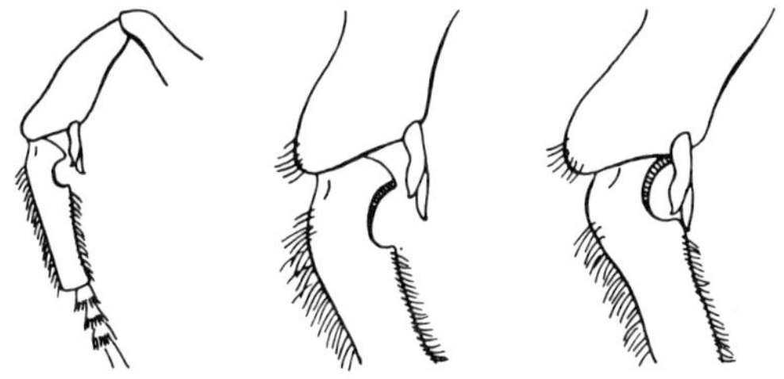

Abb. 27 Fast vor jedem Ausflug werden die Antennen in die Putzscharte des Vorderfußes gelegt, durch eine Klappe angedrückt und durchgezogen. Staubfrei können die Sinnesorgane einwandfrei funktionieren.

Die Mittelbeine

Das Mittelbein ist das neutralste von den dreien. Doch hilft es außer beim Gehen auch noch mit beim Abbürsten und Weiterreichen des am Körper haftenden Pollens und patscht auch seitlich die Pollen- und Kittharzhöschen von außen fest ans Hinterbein, wenn es nötig scheint.

Die Hinterbeine

Das Hinterbein ist ein hochspezialisiertes Organ von einer geradezu verblüffenden technischen Zweckmäßigkeit. Es trägt die Apparatur zum Sammeln des Pollens. Aber nur bei der Arbeitsbiene. Bei Drohn und Königin fehlt sie. Sie besteht aus Bürste, Kamm, Schieber und Körbchen.

Die *Bürste* sitzt an der verbreiterten Ferse und besteht aus etwa 10 Reihen steifer, schräg nach rückwärts gestellter Borsten. In dieser Bürste landet der Pol-

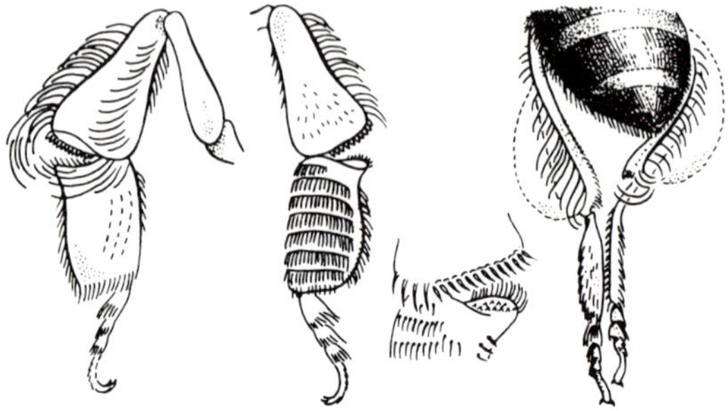

Abb. 28 Der Sammelapparat an den Hinterbeinen. 1 Außenseite des Hinterbeins. Der untere Teil hat beim Sammeln keine Aufgabe. Oben aber liegt das Körbchen an der Außenseite des Beins. 2 Innenseite. Unten die Bürste, in der zunächst aller Pollen aufgenommen wird. 3 Kamm und Pollenschieber. 4 Das gegenseitige Auskämmen des Pollens aus der Bürste und Bildung der Höschen.

len, den das Hinterbein selbst vom Hinterleib abfegt, und auch der, den die Vorder- und Mittelbeine von Kopf und Brust abbürsten (Abb. 28).

Hebt sich eine pollensammelnde Biene von der Blüte ab, dann sieht man, wie die beiden Hinterbeine sich aneinander reiben. Dabei fährt der am Hinterrand der Schiene des linken Beins sitzende kräftige *Kamm* nach rückwärts durch die Bürste des rechten Beins. Nun sitzt der Pollen also in diesem Kamm. Da kann er nicht bleiben. Dafür trägt die Ferse oberhalb der Bürste einen löffelartigen Ansatz mit nach oben gerichteten Zähnen. Nun bewegen sich Ferse und Schiene im Gelenk gegeneinander. Dabei preßt dieser löffelartige *Schieber* den im Kamm angehäuften Pollen durch das Gelenk hindurch von der Innenseite auf die Außenseite des Oberschenkels. Damit er dort nicht abrutscht, bilden lange gebogene Borsten eine Art *Körbchen,* das das wachsende Höschen umschließt, fest genug, daß das kleine Paketchen während des Fluges haften bleibt und doch nicht so fest, daß beim Abstreifen des Höschens im Stock die Borsten mit ausgerissen würden. Das alles geht so schnell, daß es schwer ist, die Einzelphasen der Bewegungen zu beobachten. Wenn man so zusieht, mutet es an wie der Trick eines Taschenspielers.

5. Der Hinterleib

Der Hinterleib besteht aus neun Ringen, von denen allerdings nur 6 nach außen hervortreten. Jeder Ring ist zusammengesetzt aus Bauch- und Rückenteil. Alle greifen sowohl nach unten wie nach rückwärts dachziegelartig übereinander. Einander entgegenarbeitende Muskeln gestatten ein Zusammenziehen, Erweitern und Krümmen des Leibes, wie es zum Atmen, Putzen, Sterzeln, Stechen und zur Anpassung an den verschiedenen Füllungsgrad der Eingeweide nötig ist. Im Innern birgt der Hinterleib die Hauptteile des Verdauungsschlauches, der Organe für Atmung und Blutzirkulation, die Wachsdrüsen, die Duftdrüse, den Stachelapparat, Nerven und einen Mantel aus Zellen zur Speicherung von Fett und Eiweiß.

Der Verdauungsschlauch (Abb. 29)

Die Honigblase

Alle Nahrung der Biene gelangt durch den Mund und die Speiseröhre, die ihren Weg durch die Brust und durch das dünne Stielchen zwischen Brust und Hinterleib nimmt, in die Honigblase, auch Honigkropf genannt. Es ist ein durchsichtiges zähes Hautsäckchen, das im Höchstfall 100 mg faßt. Doch begnügt sich die Biene im Durchschnitt mit 20–40 mg. Ob die Biene mehr oder weniger schwer geladen hat, erkennt der Imker schon am Anflug vor dem Stock und am gesenkten Hinterleib. Ruhen sich die heimkehrenden Sammlerinnen noch dazu an der Standwand sitzend eine Zeitlang aus, bevor sie einmarschieren, dann weiß man, sie kommen aus reicher Tracht. Fehlen dabei Pollenhöschen, dann deutet das auf Blatthonig. Die Honigblase ist umgeben von Muskelfasern, die sich unter Faltenbildung zusammenziehen, wenn sie leer ist. Zum Entleeren des Nektars in die Wabenzellen wird wohl die übrige Bauchmuskulatur mithelfen müssen. Sie zieht den Leib zusammen und preßt so die Flüssigkeit durch die Speiseröhre zum Mund heraus. Will man sich vergewissern, ob eine heimkehrende Biene Nektar oder Wasser bringt, legt man sie auf einen Fingernagel, drückt sie leicht auf den Hinterleib und leckt an dem aus dem Mund hervortretenden Tropfen (Nagelprobe).

Der Ventiltrichter

Es wäre schlimm, wenn die Biene beim Entleeren ihres Kropfes in die Zellen auch Darminhalt mit herausbrächte. Aber das geschieht nicht. Dafür sorgt ein eigenartig gebauter Ventiltrichter, der den Übergang von der Honigblase zum

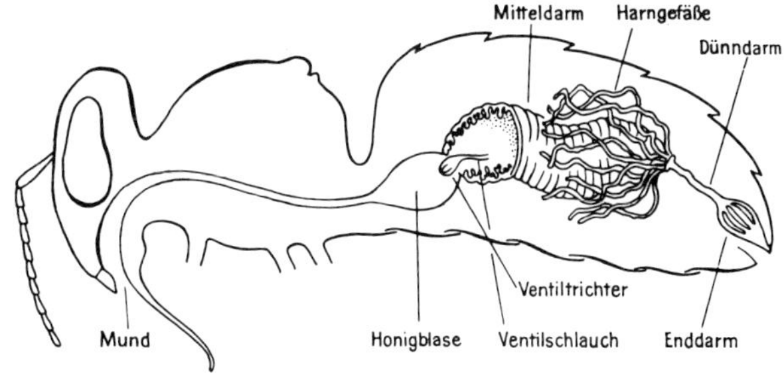

Abb. 29 Der Verdauungsschlauch, bestehend aus Mund, Speiseröhre, Honigblase, Ventiltrichter, Mitteldarm (Magen), Harngefäßen, Dünndarm und Enddarm

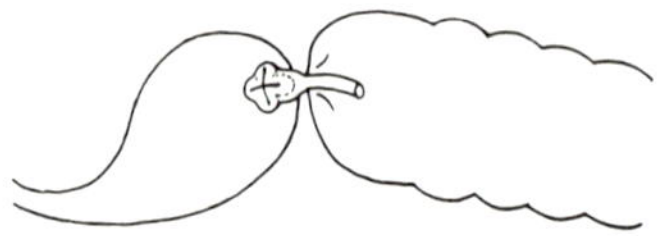

Abb. 30 Verbindung von Honigblase und Darm durch die Einbahnstraße des Ventiltrichters, der jede Vermischung von Darminhalt mit dem Honig absolut sicher verhindert

Magen oder Verdauungsdarm bildet. In den Kropf ragt er hinein als kopfartiger Doppelschnabel, in den Magen mit einem sehr dünnen Schläuchlein. Die vier Klappen des Doppelschnabels machen schnappende Bewegungen und fischen gleich den Enten im Teich die festen Brocken, das heißt den Pollen, aus der Flüssigkeit im Kropf und schaffen ihn in Form kleiner Ballen durch das Ventilschläuchlein in den Magen. Auf dem gleichen Weg gelangt auch der Eigenbedarf an Nektar oder Honig in den Magen. Vom Magen zurück kann nichts, weil das Ventilschläuchlein beim geringsten Rückdruck zusammengepreßt wird. Man könnte bei einem Versuch mit Gewalt eher den Magen zerreißen, als auch nur das geringste vom Magen zum Kropf zurückpressen. Eine sinnreiche Einrichtung, um den Honig von jeder Spur von Verdauungsrückständen frei zu halten. (Abb. 30)

Der Magen (Mitteldarm)

Der Magen ist nicht sack-, sondern schlauchförmig. Darum redet man ihn auch oft als Verdauungsdarm an. Er sieht geringelt aus, ähnlich wie die Luft- oder Speiseröhre eines größeren Tieres. Tatsächlich besitzt er eine Ringmuskulatur, die ihn fortlaufend zusammenzieht ähnlich der Peristaltik des Darmes. Dadurch wird der Speisebrei durchgemischt und gegen den Magenausgang gedrängt. Die Verdauungsfermente werden geliefert von der Innenhaut. Diese befindet sich in stetem Wachstum. Dabei werden immer wieder Zellpartien ins Innere des Magens vorgeschoben und abgestoßen. Sie lösen sich auf und geben damit die Verdauungssäfte frei. Diese dringen durch die Poren der Pollenkörper ins Innere ein und lösen den eiweißhaltigen Inhalt auf. Die leeren Schalen werden durch Dünndarm und Enddarm ausgeschieden.

Für den Imker wichtig ist ein Forschungsergebnis von Haydak: Nur frischen Pollen kann die Biene voll auswerten, von einjährigem nur noch 25 %, von zweijährigem nichts mehr. Es hat also nicht viel Sinn, Pollenwaben lange aufzuheben.

Auf die lebenswichtige Innenhaut des Magens hat es der Nosemaparasit abgesehen. Er dringt in die Zellen ein, vermehrt sich rasch ins Ungezählte, verbraucht dabei den lebendigen Inhalt der Zelle und macht sie krank. Die Biene muß mehr zehren als eine gesunde, leistet trotzdem weniger und stirbt an Entkräftung, wenn sie sich nicht vorher in der Arbeit aufgerieben hat. Und es gehört zum Kampf gegen die Nosemaseuche, durch Fütterung und Wanderung dafür zu sorgen, daß sich die kranken Altbienen zeitig zu Tode arbeiten und damit als Ansteckungsträger ausscheiden. (Siehe Nosema S. 178)

Die Nierenschläuche
Am Ausgang des Magens, an der Ansatzstelle des Dünndarms, sitzt ein Kranz von langen dünnen Schläuchlein, die Nierenschläuche oder Malpighischen Gefäße (nach ihrem Entdecker Malpighi benannt). Sie saugen aus dem Blut die Abbauprodukte des Stoffwechsels gleich unseren Nieren an und lassen sie in den Dünndarm abfließen. Auch für diese Nierenschläuche interessiert sich ein Schädling, ein Einzeller, die Amöbe Malpighamoeba mellificae. Sie ist nicht so häufig wie die Nosema, wirkt aber in Verbindung mit dieser oft gefährlich.

Der Dünndarm
Der Magen hat die Nahrung durch seine Fermente aufgelöst. Der Dünndarm saugt die gebrauchsfertigen Nährstoffe aus dem Speisebrei heraus und liefert sie ins Blut ab, das sie in Muskeln, Drüsen, in den Fetteiweißkörper und die sonstigen Gewebe abliefert. So klein und unscheinbar er aussieht, so wichtig ist er in Wirklichkeit. Er ist der Zapfhahn für den gesamten Bau- und Energiebedarf des Körpers.

Der Enddarm
Der Dünndarm mündet in den Enddarm. Er kann sich noch stärker ausdehnen als der Kropf und kann so eine große Menge Verdauungsrückstände, in erster Linie Pollenschalen, aufnehmen. Das ist wichtig vor allem für den Winter, aber auch für fluglose Zeiten im Sommer. Zuweilen füllt er den ganzen Raum des Hinterleibs so aus, daß alle anderen Organe auf einen kleinen Winkel zusammengedrängt sind. Es kann dann, wenn sie in der höchsten Not loslassen, zu unangenehmen Ruhrerscheinungen kommen. Es kann aber auch vorkommen, daß sie nicht einmal mehr zum Koten die Kraft haben. Vermutlich werden Atmung und Blutumlauf einfach so abgedrosselt, daß die Biene an Sauerstoffmangel und Stillstand des Stoffwechsels eingeht. Dann liegen – etwa in einem allzu langen kalten Winterausgang – die Bienen nicht wie beim Verhungern klein und zusammengezogen in den leeren Zellen, sondern mit vollem Leib neben vielleicht noch reichlich mit Futter versorgten Waben auf dem Beutenboden.

Auf die Aufgabe des Enddarms für den Wasserhaushalt des Bienenkörpers wurde schon im Zusammenhang mit den Corpora allata hingewiesen (S. 47).

Herz und Blutkreislauf
Unser Herz besteht aus vier seitlich zusammengebauten Herzkammern. Das Herz der Biene besteht aus fünf hintereinanderliegenden Kammern, die alle im gleichen Sinn die Blutflüssigkeit aus der Umgebung aufsaugen und durch eine dünne Ader vorwärtspumpen bis in den Kopfraum. Hier endet die Ader. Das Blut tritt frei aus in den Kopfraum und strömt von da langsam wieder frei zurück bis in den Hinterleib. Dabei umspült es alle inneren Organe und ernährt sie. Neuerdings hat man gefunden, daß das Blut auch durch eindringende Bakterien erkranken kann, also eine Art Blutvergiftung, die zum Tode führen kann.

Abb. 30a Links Blutkreislauf, in Richtung zum Kopf in einer Schlagader, nach rückwärts frei im Körper. Rechts oben Ansaugstadium der Herzkammern, unten Druckstadium.

Das Atmungssystem

Bei Mensch und Wirbeltier hat ein kompaktes Organ, die Lunge, die Aufgabe, Sauerstoff aus der Luft aufzunehmen und an das Blut abzugeben, das ihn in alle Organe trägt. Bei der Biene und anderen Insekten verzweigt das Atemorgan selber sich in alle Organe und versorgt sie unmittelbar mit Sauerstoff. Von großen Luftsäcken in Kopf, Brust und Hinterleib laufen ringförmig verstärkte Röhrchen, die Tracheen, aus und bilden ein immer feiner werdendes Netz, das alle Organe durchdringt und umspinnt. Die Säcke erlauben namentlich für den Ausflug die Aufnahme eines gewissen Luftvorrats. Man sieht auf dem Flugbrett auch die Biene oft wie einen Maikäfer vor dem Abflug »pumpen«. Der Hinterleib erweitert und verengt sich rhythmisch nach Länge und Breite. Dabei tritt durch die drei Paare von Atemöffnungen, Stigmen genannt, der Brust und die 7 Paare des Hinterleibs Luft ein. Beim Zusammenziehen des Hinterleibs schließen sich zunächst alle Stigmen. Aber die Stigmen der Brust nur für einen Augenblick, so daß eine gewisse Spannung entsteht, durch die Luft in die feinsten Verzweigungen gepreßt wird. Dann öffnen sich die Bruststigmen, indes die des Hinterleibs noch geschlossen bleiben. Auf diese Weise wird nur durch die Bruststigmen ausgeatmet, durch die Hinterleibsstigmen nur eingeatmet. Die Bruststigmen aber beteiligen sich an beiden Vorgängen. Dank seiner Einteilung in bewegliche Ringe kann der Hin-

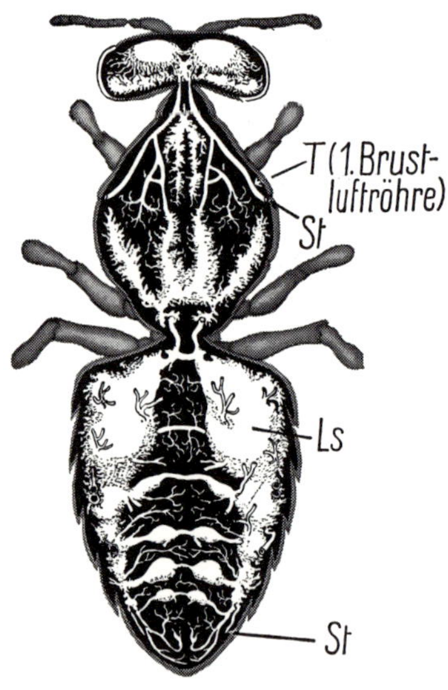

Abb. 31 Das Atmungssystem. St = Stigmen, Ls = Luftsäcke, T = 1. Brustluftröhre, die von der Bienenmilbe befallen werden kann

terleib aktiv als Luftpumpe wirken, was den mehr starren Kapseln von Kopf und Brust nicht möglich ist. (Abb. 31)

Die Stigmen sind verschieden groß, aber ihr Verschlußmechanismus ist bei allen nach dem gleichen System gebaut. Besondere Bedeutung hat das vorderste Stigmenpaar der Brust. Es ist mit einer Achselklappe überdeckt und mit einer Reuse aus steifen Haaren gegen das Eindringen von Fremdkörpern geschützt. Die Tracheenmilbe Acarapis Woodi bringt es aber fertig, sich durch die noch weichen Reusenhaare der Jungbienen durchzuschieben und sich in der dahinterliegenden Trachee als Blutsauger zu betätigen und sich so zu vermehren, daß zuletzt die Luftröhre verstopft ist und die Biene an Entkräftung und Sauerstoffmangel zugrunde geht.

Das Nervensystem

Alle Sinnes-, Drüsen- und Bewegungsorgane der Biene sind mit Nerven versorgt, die in einem Zentralnervensystem zusammenlaufen. Es besteht aus einem Gehirn im Kopf und einem strickleiterförmig angeordneten Bauchmark. Über seine Funktion ist im einzelnen wenig bekannt. Aber wir dürfen es als körperliche Grundlage der psychischen Leistungen wie Wahrnehmung, Orientierung, Gedächtnis usw. betrachten. Daß Bienen auch »nervös« werden können, erleben wir bei jeder Störung, bei der Abhängigkeit ihrer Stechlust von Wetter, Tracht und Behandlung, bei der Panik infolge Luftnot, die zum Verbrausen führt. Auch ihre erblich ruhigere oder gereiztere Veranlagung, ihr verschiedenes Temperament im Bauen, Schwärmen und Sammeln kennen wir alle. An den gelegentlichen steifen Beinen von Königinnen, am gekrümmten Hinterleib und den nachgeschleiften Hinterbeinen einer gestochenen Biene und am Zittern und Torkeln vergifteter Bienen sehen wir, wie es ist, wenn einzelne Nerven geschädigt oder gelähmt werden.

Die Wachsdrüsen

Der Hinterleib ist auch der Sitz der Wachsdrüsen. Die Wespen müssen Baumaterial für ihre papierenen Waben draußen sammeln. Die Bienen erzeugen es selber in ihrem Körper. Über jedem der vier mittleren Bauchringe liegt ein »Wachsspiegel«. Darüber ist je eine Lage von je 10000 bis 20000 Drüsenzellen, die vor und nach ihrer Funktionsfähigkeit bei Jung- und Altbienen flach und niedrig, im Baualter jedoch sehr kräftig und hoch entwickelt sind. Durch den Wachsspiegel hindurch wird das zunächst flüssige Wachs ausgeschieden und erhärtet zu einem Plättchen, das durch Bewegung des Hinterleibs abgelöst und zwischen den Ringen hervorgeschoben wird. Es wird mit dem Hinterbein gefaßt und nach vorn zu den Kiefern gereicht, von denen es zu einem Klümpchen verknetet und in den Bau eingefügt wird. (Abb. 32c)

Das Wachs ist zunächst weiß. Erst bei längerer Benützung durch die Bienen wird es gelb. Sein Geruch wechselt mit der Tracht. Es schmilzt bei 62–64° C, verdampft bei 250° C. Es ist leichter als Wasser und steigt deshalb beim Schmelzen im Wasser nach oben. Chemisch besteht es in der Hauptsache aus Myricin

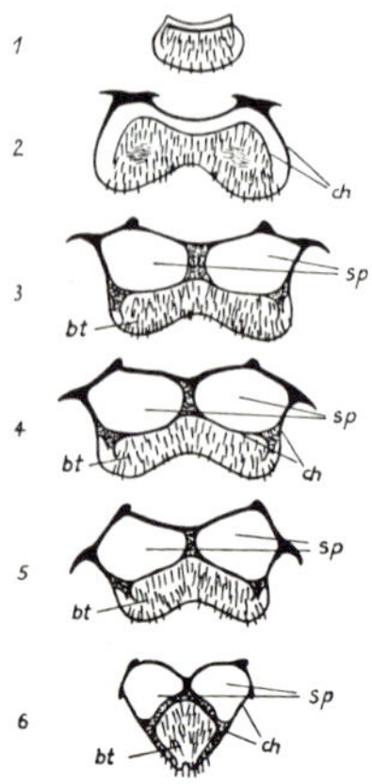

Abb. 32a Die Segmente der Bauchseite mit den Wachsspiegeln

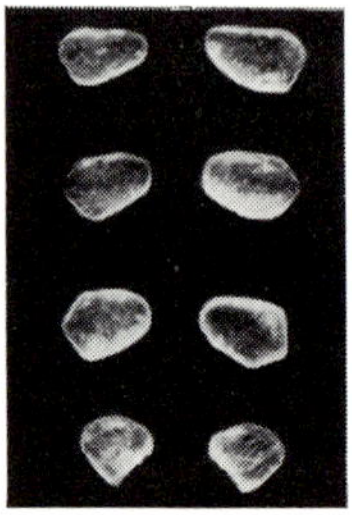

Abb. 32b Einzelne Wachsplättchen

Abb. 32c Die Biene schafft die ausgeschwitzten Wachsplättchen mit den Beinen vor zu den Kiefern, die sie verkneten.

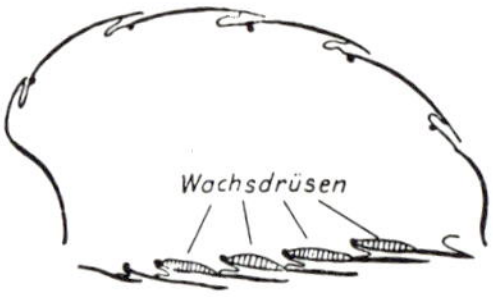

Abb. 32d Schnitt durch den Hinterleib mit den Wachsdrüsen

und Cerin. Es löst sich in heißem Alkohol, Äther, heißen Fetten, ätherischen Ölen, in erwärmtem Benzin, Chloroform, Schwefelkohlenstoff, Terpentinöl. Durch den menschlichen Körper geht es unverdaut. Aber die Larven der Wachsmotten verdauen es.

Der Wabenbau

Die Bautätigkeit der Bienen geht nicht nur mit der Zahl der vorhandenen Baubienen im Alter von 12–18 Tagen, sondern auch mit der Tracht, mit der Jahreszeit (Mai–Juni) und dem Bedürfnis des Volkes. Besonders eifrig bauen Schwärme. Das ist natürlich. Sie müssen sich ja erst eine neue Wohnung schaffen. Im Schwarm beteiligen sich Bienen aller Altersstufen an Wachserzeugung und Bau. Dabei werden die bereits rückgebildeten Wachsdrüsen alter Bienen wieder aktiv. Umgekehrt treten die Drüsen von Jungbienen vorzeitig in Tätigkeit. Auch im Wintergemüll unter den Wabengassen findet man Wachsplättchen.

Die Wabe besteht aus zahlreichen sechseckigen Zellen, welche von einer senkrechten Mittelwand ausgehen und leicht schräg nach oben gerichtet sind. Der Zelldurchmesser beträgt von Wand zu Wand bei Arbeiterbau 5,37 mm, bei Drohnenbau 6,91 mm. Auf 1 qdm Arbeiterwabe gehen beiderseits je 400, zusammen also 800 Zellen, auf Drohnenbau um 550. Eine Brutwabe im Normalmaß liefert also im äußersten Fall, wenn sie, was selten vorkommt, von oben bis unten für Brut ausgenützt ist, 7 × 800 = 5600 Bienen, eine Zanderwabe 6400.

Die sechseckigen Zellen sind in der Regel so angeordnet, daß ein Eck nach unten zeigt, ausnahmsweise können aber auch einmal Seitenflächen des Sechseckes waagrecht verlaufen, ohne daß ein Nachteil für die Brut zu bemerken wäre. Die Stellung der Waben zum Flugloch ist nicht starr festgelegt. Sie kann in Richtung zum Flugloch sein, »Kaltbau«, quer dazu, »Warmbau«, oder in allen möglichen Richtungen, »Wirrbau«. Verhältnismäßig häufig ziehen sie schräg zum Flugloch, also ein Mittelding zwischen Warm- und Kaltbau.

Eine Unterbindung des Bautriebes wäre unnatürlich. Im Mai–Juni gehört Bauen zum normalen Leben des Volkes. Mangel an Baugelegenheit soll die Schwarmlust fördern. Auch der Schwarm will bauen. Man setzt ihn deshalb nicht auf ausgebaute Waben, sondern auf Mittelwände. Doch wäre es unwirtschaftlich, bei unserem Verhältnis zwischen Wachspreis und Honigpreis, die Bienen eigens zum Bauen zu treiben, um Wachs zu gewinnen. Es bedarf 5mal soviel Zucker, um 1 kg Wachs zu erzeugen.

Sechseck und Doppelwabe

Schon viele haben sich ihre Gedanken darüber gemacht, daß die Biene ihre Wabe so zweckmäßig in Sechsecken baut und zweiseitig mit gemeinsamer Mittelwand. Sechseckig baut auch die Wespe, aber ihre waagerechte Wabe hat nur auf der Unterseite Zellen. Tatsache ist, daß das Sechseck die Form ist, die gestattet, auf kleinster Fläche mit dem geringsten Materialaufwand die größte Zahl von Bienenwiegen unterzubringen. Und durch die Zweiseitigkeit ist nur die Hälfte an Material für die Zellböden nötig als bei einer einseitigen Wabe. Auch die Winkel der Bodenflächen und die Art, wie sie gegeneinander versetzt sind, entspricht dem Gesetz äußerster Sparsamkeit. Dabei zeigt die Wabe eine erstaunliche Festigkeit. Das so zart erscheinende Wachsgebilde faßt auf 3 qdm ein kg Honig. Die oberen Zellen einer Normalmaßwabe mit 7 qdm Fläche hat also ein Gewicht von über 2 kg zu tragen. Es gibt aber, in der Natur wie in der praktischen Imkerei, Waben, die wesentlich höher sind und mehr Honig fassen. Man hat berechnet, daß die oberen Heftzellen eine Last von mehr als dem 1300fachen ihres eigenen Gewichtes tragen. Alle bisherigen Versuche, für die Bauweise der Bienen eine mechanische Erklärung zu finden, können nicht befriedigen. Da man den Bienen keine hohe Intelligenz und keine ausgeklügelten mathematischen Kenntnisse zuschreiben kann, muß man ihre Kunst einfach als unbegreifliches Wunder der Schöpfung hinnehmen wie so vieles andere, was man mit dem Wort »Instinkt« bezeichnet, ohne es zu begreifen. Wenn man wenigstens als Maßstab für die Zellgröße den Körperumfang der bauenden Biene

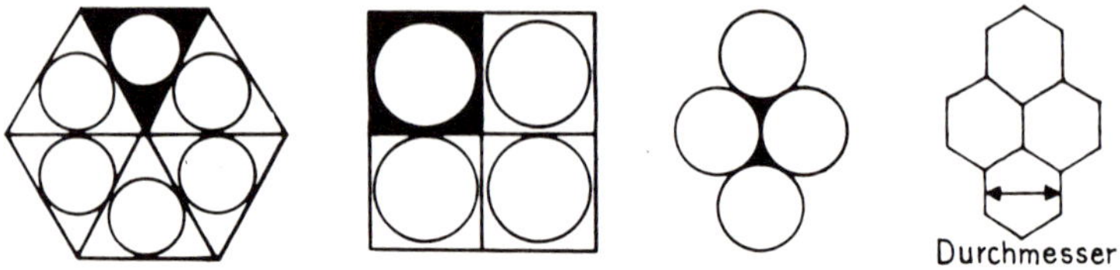

Abb. 33 Beim Aufbau der Wabe aus sechseckigen Zellen wird mit dem geringsten Materialaufwand die größtmögliche Zahl von Bienenwiegen und das höchste Fassungsvermögen für Honig erreicht. Jede andere Gestaltung würde mehr Baumaterial erfordern und auf der gleichen Fläche weniger leisten.

ansprechen wollte, dann versagt das schon beim Drohnenbau und erst recht beim Bau der ganz aus dem Rahmen fallenden eichelförmigen Weiselzelle. Es gibt eben Dinge in der Natur, die der Menschengeist bewundern, aber nicht erklären kann. (Abb. 33)

Das Speichergewebe

Die inneren Organe des Hinterleibs sind eingehüllt von einem Gewebe, das fähig ist, Fett und Eiweiß aufzuspeichern. Das haben viele andere Insekten auch. Sie brauchen es, um die nahrungslose Zeit des Winters und ersten Frühjahrs überstehen zu können. Bei der Biene, die ohne eigentliche Winterstarre und auf genügendem Honigvorrat in Gemeinschaft überwintert, hat dieses Speichergewebe eine andere Bedeutung. Honig hält sich im Winter. Aber der Fett und Eiweiß liefernde Pollen verschimmelt leicht. Wenn das Bienenvolk aber rechtzeitig zum Frühjahr erstarken soll, muß es schon sehr früh mit der neuen Brut beginnen. Das geschieht bei uns schon im Februar. In dieser Zeit ist von draußen nicht genügend Pollen hereinzuholen. Die Biene mästet sich also in diesem Speichergewebe einen inneren Fett-Eiweißmantel an. Aus diesem werden die Futtersaftdrüsen gespeist, die für die erste Brut die Nahrung zu liefern haben. Gleichzeitig hat diese starke Pollenzehrung auch eine Bedeutung für die zehrende Biene selbst. Sie wird dadurch langlebiger. Die Winterbiene hat eine normale Lebenserwartung von etwa 6 Monaten, indes die Sommerbiene nur etwa 6 Wochen lebt. Nur so ist es überhaupt möglich, daß das Bienenvolk den Winter überlebt.

Die Duftdrüse

Sie ist ein kleiner, aber auffälliger Bestandteil des Hinterleibes. Auf der Rückenseite zwischen der letzten und vorletzten Rückenschuppe gelegen, wird sie nur nach Bedarf bei hochgestrecktem Hinterleib und fächelnden Flügeln entblößt. Von ihrer Funktion war schon weiter vorne die Rede. Bei Drohn und Königin fehlt die Duftdrüse. (Abb. 34)

Der Stechapparat

Das »dicke Ende« des Hinterleibs bildet der Stechapparat. Er soll aus einem Legestachel ihrer Ahnen hervorgegangen sein. Er dient aber heute sowohl bei der Königin wie bei der Arbeiterin nur noch zum Stechen. Das starke Geschlecht ist bei den Bienen waffenlos. Man versteht, daß ein so verlockender Schatz wie der Honig gegen die Versuchungen naschhafter Wesen verteidigt werden muß. Die Königin allerdings gebraucht ihn nur im eifersüchtigen Kampf gegen eine Nebenbuhlerin. Ganz selten und wohl mehr aus Versehen bekommt auch ein Imker einmal einen Stich von einer Königin. Man kann sie unbesorgt, etwa beim Zeichnen, mit den Fingern festhalten. Sie macht nicht einmal den Versuch, den Stachel zu zücken.

Abb. 34 Sterzelnde Biene mit aufgestülpter Duftdrüse

Der Stachel ist ein äußerst sinnreich aus etwa 20 Teilen zusammengesetzter Mechanismus. Die Einzelteile muß man sich selber im Mikroskop ansehen. Das Ineinandergreifen der verschiedenen Hebel, Platten und Muskeln, die den Hauptteil, die beiden nebeneinanderlaufenden Stechborsten, in Bewegung setzen, müßte man sich am besten an einem räumlichen Modell klarmachen. Beim Stechen wird erst eine der beiden Stechborsten in den Leib des Feindes gestoßen. Diese bleibt mit ihren Widerhaken darin haften. Nun wird die andere Borste nachgestoßen, dringt über die erste hinaus in den Körper ein, dann kommt die erste wieder usw. Die Biene versucht loszukommen, kann aber nicht. So reißt der ganze Stechapparat samt Giftblase Muskeln und Nerven an vorbestimmter Stelle ab. Die Stoßbewegungen der Stechborsten gehen weiter. Man kann beobachten, wie der Stachel ruckweise immer tiefer einsinkt, bis er durch seine dickere Wurzel nicht mehr weiterkann. Dabei entleert sich die Giftblase durch die Stachelrinnen hindurch in die Wunde. Nur wenn eine Biene eine andere sticht, gelingt es ihr meist, ihren Stachel wieder zurückzuziehen. Das Loch im Chitin

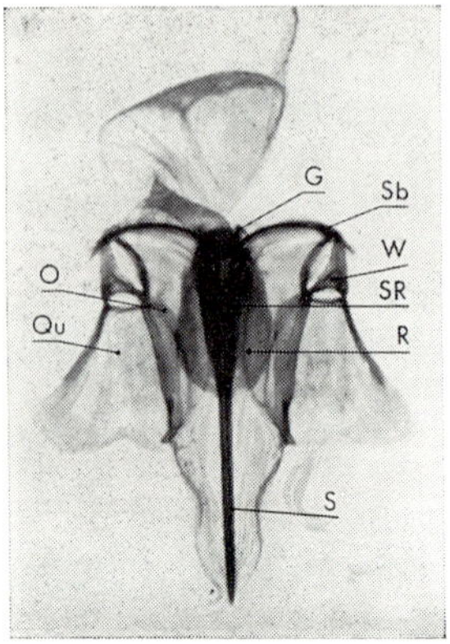

Abb. 35 Links: Gesamter Stachelapparat mit seinen Muskeln und starren Einzelteilen
Rechts: Spitze der nebeneinanderliegenden Stechborsten mit ihren Widerhaken

schließt sich nicht. Die elastische Haut von Mensch, Hund, Pferd usw. aber läßt die Widerhaken nicht mehr los. Wenn auch die einzelne Biene am Stich nach wenigen Tagen stirbt, ist doch dem Volk mit dieser Waffe sehr gedient. Ja, wer weiß, ob die Bienen ohne den Stachel nicht schon längst durch Imker und Nichtimker ausgerottet wären. (Abb. 35)

6. Lebenslauf und Arbeitsteilung

Wir haben uns die Biene, ihre Entwicklung, ihren Körperbau und die Leistungen ihrer Organe vor Augen geführt. Es fehlt uns noch ein Überblick über ihren Lebensablauf. Dieser gibt zugleich Aufschluß über die Arbeitsteilung im Bienenvolk.

Eine neugeborene Biene hat zwei große Lebensabschnitte vor sich: *Drei Wochen Innendienst und den Rest ihres Lebens Außendienst.*

In den ersten Tagen putzt sie sich selber, putzt die Zellenwiegen und poliert sie mit ihrer Zunge, so daß sie glänzen wie lackiert. Sie sind dann bereit zur Aufnahme eines neuen Eies. Im übrigen sitzt sie auf der Brut und hält sie warm. Vom dritten bis fünften Tag füttert sie ältere Larven mit Pollen und Honig. Dabei zehrt sie selber viel Pollen. Durch diese Eiweißnahrung entwickeln sich ihre Futtersaftdrüsen. Nun kann sie mit deren Sekret, dem Futtersaft, die jüngsten Larven füttern. Etwa vom achten Tag an nimmt sie von den Trachtbienen Nektar entgegen und lagert ihn in den Zellen ab. Auch die von den Sammlerinnen nur lose in die Zellen abgestreiften Pollenhöschen stampft sie mit ihrem Kopf fest. Auch der Hofstaat der Königin besteht aus Ammenbienen. Die Sauberhaltung der Wohnung obliegt ebenfalls dieser Altersgruppe. Allmählich läßt die Erzeugung von Futtersaft wieder nach. Dafür entwickeln sich die Wachsdrüsen zu voller Höhe. Die Biene wird vom 12.–18. Tag Baubiene. In den nächsten Tagen fühlt die nun bald »volljährige« Biene eine besondere Bereitschaft zur Verteidi-

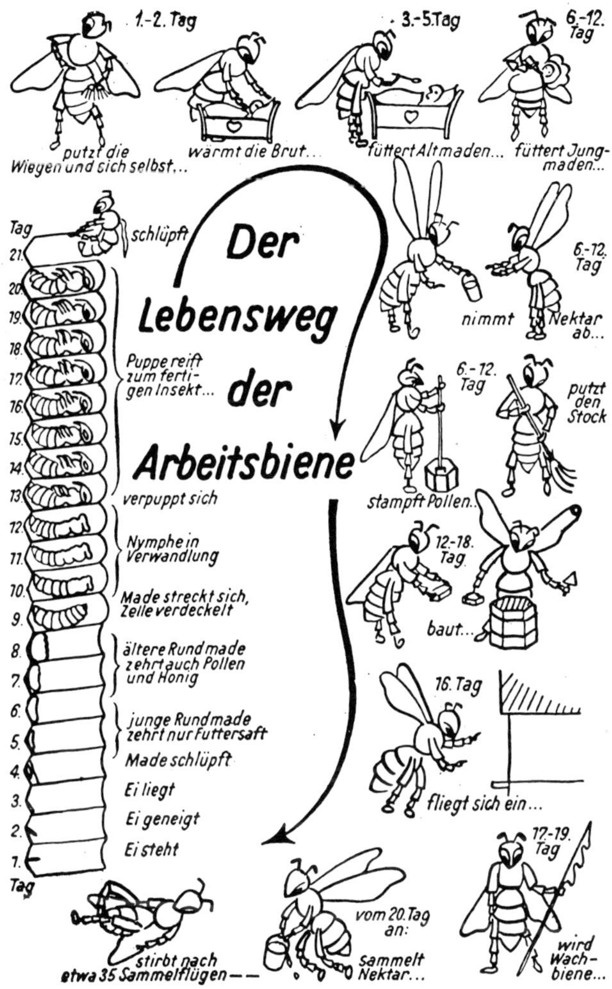

Abb. 36

gung des Volkes. Sie übernimmt die Fluglochwache und hält sich auch sonst gern am Rand des Wabenbaues auf, wo der Kontakt mit der Außenwelt und ihren Gefahren am nächsten liegt. Mit 21 Tagen wird sie zur Sammelbiene. Sie hat aber inzwischen schon einigemal den Stock verlassen, hat dabei ihren Darm entleert und sich, mit dem Kopf zum Stock, ihre Heimat und deren nähere Umgebung angesehen und eingeprägt. Der Imker kennt diesen ersten Ausflug der

Jungbienen als »Vorspiel«. Es erfolgt gern in den ersten Nachmittagsstunden. Dabei geht es so laut und lebhaft vor dem Stand zu, daß man manchmal eilig nachschaut, weil man meint, es ziehe ein Schwarm aus. Besonders nach einer Regenperiode ohne Flug fällt das auf, weil da mehr inzwischen am Ausflug verhinderte Gruppen zusammenkommen. (Abb. 36)

Durch neuere Beobachtungen von Lindauer und anderen hat man erkannt, daß das in den zwanziger Jahren von Rösch aufgestellte Schema der Arbeitsteilung nicht so scharf ist, wie man zuerst meinte. Maßgebend ist nicht nur das Alter der Biene, sondern noch mehr das Bedürfnis des Volkes. Wenn es nötig oder nützlich erscheint, fliegen auch schon jüngere Bienen auf Tracht, und ältere kehren zum Ammen- und Baudienst zurück. Ihre Drüsen werden wieder funktionsfähig. Eine starre Bindung an die Altersgruppen wäre oft ein Schaden, ja manchmal der Ruin des Volkes. Es wäre auch nicht gut, wenn etwa alle Bienen im Soldatenalter von 18–21 Tagen bei jeder Kleinigkeit losgingen wie Blücher. Das Schema gilt also nur ungefähr. Immerhin ist es gut, sich darauf einzustellen, daß die Biene 6 Wochen nach der Ablage des Eies als Sammlerin in Frage kommt. Man soll also nach der »Regel der 40 Tage« rechtzeitig durch Reizfutter für kräftigen Bruteinschlag sorgen, wenn man zu bestimmter Zeit mit einer nennenswerten Tracht zu rechnen hat.

7. Die Sprache der Bienen

In der Schwarmzeit kann man gelegentlich an altem löcherigem Mauerwerk oder an sonstigen Stellen, an denen Hohlräume zu vermuten sind, einige bis einige Hunderte von Bienen beobachten, die eifrig alle Ritzen und Spalten absuchen. Es sind Spurbienen eines Schwarmes, der irgendwo an einem Baumast hängt und eine neue Wohnung braucht. Nicht der ganze Schwarm begibt sich auf Wohnungssuche, sondern nur eine gewisse Zahl von Abgeordneten, eben die Spurbienen. Sie fliegen nach verschiedenen Richtungen aus und suchen nach geeigneten Hohlräumen. Auf irgendeine uns unbekannte Weise beurteilen sie, ob ein Raum als Wohnung für ein Bienenvolk paßt oder nicht. Haben sie etwas Brauchbares gefunden, fliegen sie zum Schwarm zurück und teilen durch bestimmte Tänze ihren Schwestern mit, in welcher Himmelsrichtung und welcher Entfernung die neue Wohnung liegt. Manchmal haben mehrere Gruppen von Suchbienen etwas entdeckt. Alle die verschiedenen Entdeckerinnen werben nun durch ihre Tänze für ihren Platz. Der Schwarm teilt sich aber nicht auf in diese verschiedenen Wohnungen. Sie haben ja nur eine Königin. Es fliegen also zunächst andere Bienen zu den angegebenen Plätzen, kommen zurück und werben mehr oder weniger überzeugend für ihren Platz. Nach und nach gewinnt eine Werbergruppe den alleinigen Anklang im Wettbewerb. Erst wenn es soweit ist, erhebt sich der Schwarm und fliegt unmittelbar zur neuen Wohnung und zieht dort ein. (Lindauer)

Ähnlich wie bei der Suche nach einer Wohnung geht es bei der Suche nach Nahrung. Nicht das ganze Volk strömt wild und ziellos nach allen Richtungen auseinander. Das gäbe viel Leerlauf, viel fruchtlos vertane Zeit und Kraft. Eine kleine Zahl von Spurbienen geht auf die Suche. Wer dann etwas gefunden hat, fliegt heim und meldet, wie beim Schwarm, durch Tänze Richtung und Entfernung für den gefundenen Futterplatz.

Das geht so vor sich: Liegt der Futterplatz in nächster Nähe des Bienenstandes, bis etwa 50 m Entfernung, dann führt die Biene einen Rundtanz auf. Sie läuft einen kleinen Kreis, dreht sich um und läuft ihn wieder zurück. Das bedeutet: »Sucht in der nächsten Umgebung!« Die Bienen laufen dieser Tänzerin nach, nehmen die Art des Tanzes auf und auch den Duft, den sie in ihrem Haarkleid mitbringt. Je reicher die gefundene Trachtquelle fließt, desto eifriger tanzt die Kundschafterin. Desto heftiger fährt es auch den andern in die Glieder. Und dann kann es sein, daß in wenigen Minuten die ganze Umgebung des Standes von suchenden Bienen lebt. Manchmal sehr zum Leidwesen des Imkers und der in nächster Nähe wohnenden Menschen. Wenn er z. B. in trachtloser Zeit, besonders im Spätsommer oder Herbst, eine Honigwabe liegengelassen, ein Fenster des Schleuderraumes offengelassen oder Zuckerlösung verschüttet hat. Die Folge kann sein, daß alle Völker rebellisch werden und sich gegenseitig auszurauben suchen. Das kann für Ableger und schwächere Völker bedeuten, daß sie bis zum letzten Tröpflein ausgeplündert werden und in der Not ihre eigene Brut aufzehren.

Liegt die Trachtquelle 100 m und mehr entfernt, dann wäre ein Absuchen des ganzen Umkreises in dieser Entfernung schon mühselig und zeitraubend. Darum wird hier auch Richtung und Entfernung mitgeteilt. Dies geschieht durch den sog. Schwänzeltanz. Die Kundschafterin läuft eine Figur in Form einer 8. Auf der Mittelstrecke zwischen den zwei Kreisen schwänzelt sie mit dem Hinterleib.

Abb. 37 Links: Rundtanz für Tracht in der nächsten Umgebung
Rechts: Achtertanz für Tracht in größerer Entfernung

Die Richtung dieser Mittelstrecke auf der Wabe zeigt die Himmelsrichtung an. Mittelstrecke mit Kopf nach oben heißt: Sucht in Richtung zur Sonne! Kopf nach abwärts: Sucht in Richtung entgegengesetzt zur Sonne. Winkel 60° nach rechts: Sucht in Richtung 60° rechts von der Sonne! 45° nach links: Sucht in Richtung 45° links vom augenblicklichen Stand der Sonne. Vergeht zwischen der Meldung und dem Ausflug, etwa durch einen einfallenden Gewitterregen, eine längere Zeit, dann können die Bienen den inzwischen von der Sonne zurückgelegten Weg einkalkulieren.

Die Entfernung der Trachtquelle wird durch das Tempo, in welchem die Tanzfigur ausgeführt wird, angegeben. Die Raschheit der Aufeinanderfolge der Tänze, mit anderen Worten, die Intensität des Tanzes, gibt Hinweise auf die Güte der Futterquelle. Für weitere Einzelheiten sei auf die Arbeiten des Erforschers der Bienensprache, Karl v. Frisch und seine Schüler, hingewiesen (»Tanzsprache und Orientierung der Bienen«, K. v. Frisch, Springer-Verlag, Berlin, Heidelberg, New York, 1965). (Abb. 37)

Es ist wirklich etwas Erstaunliches um das Leben der Biene. Schon vor Jahrhunderten haben sich Gelehrte mit der Biene beschäftigt. Heute gibt es in allen Kulturländern Forschungsinstitute, die jahraus-jahrein sich bemühen, in die Geheimnisse des einzelnen Bienenkörpers wie des ganzen Volkes einzudringen. Man sollte meinen, bei soviel gelehrter Arbeit müßte den Leuten längst der Stoff ausgegangen sein. Es müßte alles klar auf der Hand liegen. Und doch läuft die Forschung immer weiter. Immer noch wird Neues entdeckt, und aus jeder neuen Erkenntnis erwachsen wieder neue Fragen. Es war nicht möglich, alle Einzelheiten des bisher Erkannten hier auszubreiten. Aber das, was gesagt wurde, genügt wohl, um zu begreifen, daß dieses einzigartige Lebewesen den schlichten Mann des Volkes wie den hochgelehrten Professor mit Recht zu fesseln und mit Ehrfurcht vor dem Wunder des Lebens zu erfüllen vermag.

III. Grundsätzliches zur Bienenhaltung

1. Der Umgang mit Bienen

Wie es bestimmte Regeln gibt für den Umgang mit Menschen, so auch für den Umgang mit Bienen. Man muß sich an sie halten, wenn man den Verkehr möglichst reibungslos gestalten will.

Der imkerliche Anstand beginnt schon bei der *Kleidung.* Die Bienen wünschen sie möglichst *glatt* und *hell.* Dunkle wollige Röcke, Strümpfe und Filzhüte reizen sie. Also ein weißer Imkerhut, ein heller Arbeitsmantel dient dem Frieden. Am besten ist eine leinene Kombination. Ärmel und Hosenbeine sollten mit Gummizügen versehen sein. Die Bienen laufen gern von unten nach oben und ins Dunkle. Dabei geraten sie leicht unter die Kleidung, werden gedrückt und stechen, ganz gegen ihre Absicht. Das macht nervös. Nervöse Imker machen die Bienen auch nervös. Sie stechen nun mit Absicht. Die Bienen wünschen *ruhiges, gemessenes Verhalten.* Kein Ruckzuck. Keine Ängstlichkeit. Immer wieder beobachtet man, daß Nichtimker, die Angst haben, leichter gestochen werden, auch wenn sie äußerlich ganz ruhig in einiger Entfernung stehen, indes der Imker, der ohne Angst durch den Trubel des Flugbetriebs vor dem Stand geht, verschont bleibt. Man mag hier an die Wirkungsweise des Lügendetektors denken. Angst wirkt auf Haut und Schweißdrüsen. Schweißgeruch reizt die Bienen. Darum ist auch eine Waschschüssel, in der man öfters Gesicht und Hände wäscht, ein nützliches Möbel am Stand. Auch der Atem des Menschen macht die Bienen unruhig. Daran muß vor allem der Blätterstockimker denken, der das Gesicht vor den Wabengassen hat. Er wird nicht pustend, sondern möglichst unauffällig atmen. Er wird auch öfters zum *Gesichtsschleier* greifen müssen als der Oberbehandlungsimker.

Zum Glück für alle Imker lassen sich Bienen durch *Rauch* einschüchtern. Das hatten die Menschen offenbar schon in der Steinzeit herausgebracht. Während im Ausland der Handbläser viel verwendet wird, hat sich in Deutschland die Dathepfeife in verschiedenen Ausführungen überwiegend durchgesetzt. Als Rauchmaterial kann man verwenden: Torf, faules Holz, getrocknete, kleingehäckselte Kräuter wie Rainfarn, Beifuß, Scharfgarbe usw., oder auch billigen Tabak. Man soll die Bienen nicht unnötig mit viel Rauch mißhandeln. Aber man sollte nie ohne Rauch eine Beute öffnen. Ein leichter Rauchstoß nach Entfernung des Fensterkeils oder unter den etwas angehobenen Deckel unterdrückt die erste Angriffslust. Bei nicht sehr stechlustigen Völkern kann man dann oft auf weitere Anräucherung verzichten. Vor allem bei freundlichem Wetter und guter Tracht. Bei Regen und Gewitterstimmung läßt man die Finger am besten von den Völkern. Da sind die Bienen meist so reizbar wie wetterempfindliche Menschen. Beim Schleudern braucht man sich oft den ganzen Tag über nicht zu beklagen. Aber beim Einbruch der Dämmerung hört man besser auf. Denn da werden sie ungemütlich. Vielleicht macht sie das Schwinden des Lichtes unsicher. Vielleicht sind es auch nur die alten Trachtbienen, die jetzt nicht mehr ausfliegen. Bei Trachtmangel sitzen die Sammelbienen arbeitslos zu Hause. Mit ihnen ist nicht zu spaßen. Und bald zeigen sich am geöffneten Stock auch raub- und rauflustige Bienen von den Nachbarvölkern. Das macht die Reizbarkeit noch größer.

Außer dem Rauch gibt es noch andere Mittel, um die Bienen zurückzujagen. Bekannt ist der *Karbol*lappen. Man mischt einen Eßlöffel rohe rote Karbolsäure mit 100 ccm Wasser und spritzt damit ein Tuch ein. Wenn man es bei Oberbehandlung über, bei Hinterbehandlung an die Seite des Wabenkörpers legt, weichen die Bienen zurück. Doch paßt der Karbolgeruch schlecht in die Nähe des Lebensmittels Honig.

In USA hat man mit Erfolg an Stelle der Karbolsäure eine 20prozentige Mischung von *Propionsäureanhydrid* mit Wasser verwendet. Ich konnte die Wirkung bestätigen. Nachteil: Sobald die zunächst trübe Lösung klar wird, hat sich das Anhydrid wieder in gewöhnliche Propionsäure verwandelt. Und diese wirkt nicht mehr. Man muß also nach einer Anzahl behandelter Völker wieder eine frische Lösung machen. Auch reizt der Geruch Augen und Atmungsorgane.

Wirksamer und angenehmer im Geruch ist Benzaldehyd, *künstliches Mandelöl.* Man sprengt es unvermischt auf ein Tuch oder eine Weichfaserplatte. Die Bienen weichen zurück, man drückt also beim Ziehen der Waben keine Bienen. Verwendung hauptsächlich beim Schleudern, zum Zurücktreiben der Fluglochbienen bei der Vorbereitung zum Wandern und zu rascher, aber nur vorübergehender Abhilfe bei Räuberei. Auch während der Wanderfahrt an undicht gewordenen Beuten ausbrechende Bienen, die sonst die Wanderhelfer belästigen, können mit Propionsäureanhydrid oder Mandelöl zurückgehalten werden.

Benzaldehyd verwandelt sich an der Luft nach einiger Zeit in Benzoesäure und wird dadurch unwirksam. Dabei entsteht Wärme. Doch scheint mir die Befürchtung, es könne dadurch ein Brand entstehen, leicht übertrieben.

Handschuhe? Im allgemeinen muß sich der Imker an eine Anzahl Stiche in die Hand gewöhnen. Wer allerdings bei jedem Stich zusammenzuckt oder gar die Wabe fallen läßt, mag im Handschuh das kleinere Übel sehen. Beim Schleudern am Wanderstand oder nach bestimmten erregenden Trachten, z. B. Raps, Luzerne, Edelkastanie, kann es auch dem hartschlägigen gewiegten Imker einmal zu ungemütlich werden. Wenn Handschuhe, dann nur solche aus Leder, mit Stulpen, die über die Ärmel gehen. Durch Gummihandschuhe bohrt sich der Stachel öfters durch. Sie sind auch nicht haltbar genug. Ob man eine *Wabenzange* gebraucht oder nicht, ist Gewohnheitssache. Im allgemeinen sind die eigenen Finger das geläufigste Handwerkszeug. Unentbehrlich aber ist der *Stockmeisel.* Man löst mit ihm verkittete Deckel, Fenster, Putzkeile und Waben.

Daß die Stechlust von Volk zu Volk verschieden ist, merkt jeder bald. Die helleren Krainer, Kaukasier und Italiener sind in der Regel sanfter und sitzen auch ruhiger auf den Waben als die dunkleren Stämme der Nordrasse. Besondere Stechwut ist oft ein direktes Kennzeichen für Kreuzungen zwischen Nord- und Südrassen.

Was tut man *gegen Bienenstiche?* Wo sich das machen läßt, *wischt* man den Stachel rasch ab, bevor die Giftblase sich entleeren kann. Auch an den weichen Lippen und Augenpartien, in denen der Stachel besonders festsitzt, versucht man es zunächst mit dem Fingernagel. Nur wenn es wirklich so nicht gelingt, faßt man mit zwei Fingern zu. Man drückt dann allerdings den vollen Inhalt der Giftblase in die Wunde. Mehr tut der Imker an sich selber nicht. Werden andere gestochen, dann kann man ihnen Erleichterung verschaffen durch Auftupfen von Salmiakgeist oder Auflegen von etwas angefeuchtetem Salz. Bei Stichen in Zunge und Gaumen kann man gefährliche Luftnot verhindern durch mehrmaliges Zergehenlassen von Salz im Mund. Das Salz zieht Feuchtigkeit und damit auch das Gift aus der weichen Schleimhaut heraus.

Gegen starke, auch von der Stichstelle entfernte Geschwülste, Nesselsucht, Übelkeit und Herzklopfen gibt es verschiedene antiallergische Mittel in Form von Salben, Tabletten oder Ampullen zum Einspritzen. Wer überempfindliche Leute in der Umgebung hat oder mit solchen Besuchen rechnen muß, sollte etwas dieser Art im Haus haben. Einige seien hier aufgezählt. Jeder Arzt kennt deren noch mehr.

Synpen (Dragées und Ampullen)
Systral (Salbe, Dragées, Ampullen, für Kinder Systraletten)
Calcistin (Salbe, Dragées, Ampullen)
Sandosten-Calcium (Salbe, Sprayer, Brausetabletten, Ampullen)
Sandosten (Dragées)
Atosil (Salbe, Tropfen, Dragées, Ampullen)
Soventol (Gel-Salbe, Tabletten, Ampullen)
Antistin (Salbe, Tabletten, Ampullen)
Fenistil (Tropfen, Dragées)

Gegen lebensbedrohenden Kreislaufzusammenbruch (Kollaps) sofortige Einspritzung von Adrenalin oder Suprarenin. Solche Fälle sind sehr selten. Leider dürfen Einspritzungen nur vom Arzt vorgenommen werden.

Ich habe fast etwas viel Wesens aus dem Stechen gemacht. Aber das ist nun einmal beim Anfänger die erste Schwierigkeit. Er mag aus all dem ersehen, daß man dem Bienenstich nicht hilflos gegenübersteht. Sehe jeder, daß er sich nicht Stechteufel anschafft, sondern sanfte Völker, wie sie bei der Carnica-Rasse unschwer zu finden sind.

2. Der Anfang mit Bienen

Man beginne mit wenigen Völkern, sonst zahlt man zuviel Lehrgeld. Aber mindestens zwei sollen es sein, eines zum Totgucken und eins für Honig. Kauft man Vollvölker, Ableger, Schwärme oder nackte Heidevölker? Zuweilen kann man günstig Vollvölker von einem verstorbenen Imker bekommen. Man nehme als Anfänger zum Kauf einen erfahrenen Imker mit, damit man nicht sein Geld ausgibt für ausgediente Kästen oder kranke oder schwache Völker. Ableger von Ablegerstationen haben den Vorteil einer jungen Königin. Sie bieten meist Garantie für Gesundheit und sind verhältnismäßig billig. Aber sie bringen meist im gleichen Jahr keinen Ertrag mehr, außer man bekommt sie schon im Mai und hat bis in den Herbst anhaltende Tracht. Ein Maischwarm dagegen kann die Junitracht schon ausnützen und sich bezahlt machen. Doch kann ein Vorschwarm mit zwei- bis dreijähriger Königin aus einem schwarmträgen Volk im Herbst noch still umweiseln und vielleicht weisellos werden. Ein Vorschwarm mit letztjähriger Königin stammt vermutlich aus einem schwarmlustigen Volk. Für Nachschwärme gelten die gleichen Vor- und Nachteile wie für Ableger: junge Königin, aber wahrscheinlich keine Ernte mehr im gleichen Jahr. Mit nackten Heidevölkern im Herbst anzufangen, kann man nicht raten. Der Anfänger hat keine Königinnen und scheut wohl auch die Ausgabe, die Heidekönigin sofort durch eine Rassekönigin zu ersetzen. Im Mai fliegen dann bereits die Heidedrohnen und bringen Schwarmblut in die ganze Umgebung. Der Anfänger würde dadurch zum Schädling für die schon vorhandenen Imker, die sich mit gutem Grund um die Zucht und Erhaltung schwarmträger Linien bemühen.

Bevor einer praktisch mit Bienen anfängt, sollte er sich in ein Bienenbuch vertiefen, damit er schon theoretisch eine möglichst gute Ahnung hat. Und er sollte am Stand eines erfahrenen Imkers öfters zusehen und die wichtigsten Handgriffe lernen und auch noch später sich von seinem »Paten« beraten lassen. Das kann ihm manches bittere Lehrgeld ersparen.

Auf keinen Fall soll er anfangen wollen mit selbst erfundenen neuen Beuten, die alles übrige in den Schatten stellen. Das geht bestimmt nicht gut aus.

3. Wohin mit den Bienen?

Nicht mit der Flugfront in unmittelbare Nähe eines stehenden oder fließenden Wassers, in dem die beladen heimkehrenden Bienen ersaufen können. Nicht gegen einen Hang, an dem die kalte Luft herabfließt in die Fluglöcher. Nicht in eine Mulde, in der die schwere Kaltluft, besonders bei Windstille, stehenbleibt wie Wasser in einem See. Nicht in einen ostwestlich verlaufenden Windkanal, in dem es ständig zieht. Nicht in ein nach Süden offenes Hufeisen von Gebäuden, an dessen östlichem Schenkel sich der Westwind fängt und in einem Wirbel durch die ganze Vierung fährt, so daß die Völker Sommer und Winter nicht zur Ruhe kommen. Nicht so, daß der Lichtschein eines Fensters oder einer Straßenlampe auf die Fluglöcher fällt und die Bienen am Abend in den Tod lockt. Nicht an einen Platz, an dem unregelmäßige Erschütterungen, z. B. durch Holzhacken, auftreten. An Erschütterungen, die nach Art und Stärke, vor allem auch nach Zeit, regelmäßig wiederkehren, wie etwa eine Eisenbahn, gewöhnen sich die Bienen.

Abb. 38 Günstige Lage eines Standes. 1 – Kaltluft fließt ab, 2 – Holzgang vor Flugfront, 3 – Fluglöcher 50 cm über Boden, 4 – vorspringendes Dach, 5 – Dachrinne, 6 – Windschutz, 7 – obere Fluglöcher besonders gut vor Wetter geschützt, 8 – Holzbau nützt die Frühjahrswärme.

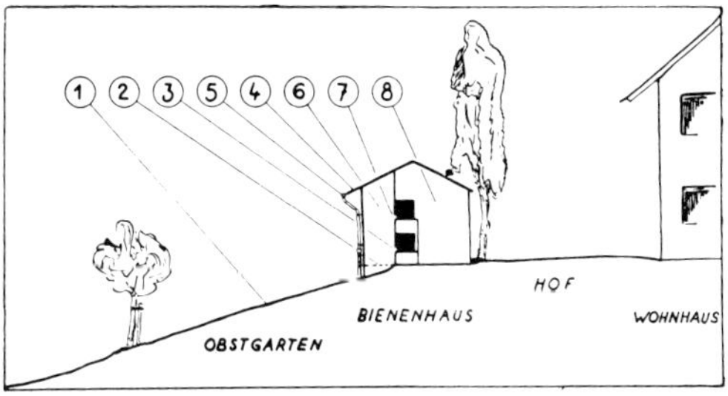

Besser als die reine Südrichtung ist eine leichte Schwenkung der Front nach Südost. Das gibt Morgensonne und hindert zugleich den Westwind, an den Fluglöchern entlang zu streichen und die Wärme daraus abzusaugen. Gut ist ein leichtes Abfallen des Geländes vor der Flugfront, so daß Wasser und Kaltluft von den Völkern wegfließen. (Abb. 38)

Im übrigen kann man nicht immer, wie man möchte. Man sucht sich eben im Bereich der jeweiligen Möglichkeit den Platz mit der relativ besten Lage und sucht Nachteile etwa durch Heckenpflanzung oder Windschutzwände auszugleichen. Im Notfall gehen alle Himmelsrichtungen. Nur möchte ich dringend abraten von einer Nordostlage. Da kann im Frühjahr die Sonne die Bienen an die Haseln, Erlen usw. locken. Der Platz vor dem Stand liegt im Schatten und ist noch gefroren. Die Bienen kehren mit Höschen heim, setzen sich nieder und erstarren in großen Mengen.

Wer kann, sollte an dem in Aussicht genommenen Platz erst einmal ein paar Völker provisorisch aufstellen und beobachten, bevor er sich endgültig zu einem kostspieligeren Bienenhaus entschließt.

Eine Schwierigkeit darf nicht übersehen werden: Die lieben Mitmenschen, die Nachbarn und die hohe Behörde vom Bauamt und von der Landschaftsplanung. Die einen haben ihre Empfindlichkeit, die andern ihre Gesetze und ihre besonderen Ansichten. Wie man mit diesen Schwierigkeiten fertig wird, dafür gibt es keine Generalregel. Am besten, man hält gute Nachbarschaft, hütet seine Zunge und auch die der Frauen, fällt bei den Ämtern nicht unnötig auf. Guter Wille ist immer wichtiger als Gesetze, die im Falle der Bienen sehr unterschiedlich ausgelegt werden können. Wer ein Bienenhaus baut, braucht eine Genehmigung. Aber auch dann setze man es lieber ins Verborgene als prahlend in die Landschaft. Man halte sanfte Bienen, lasse sie so weit als möglich über das eigene Grundstück fliegen, statt über den Garten des Nachbarn, setze 2 m hohe Schutzzäune und geize nicht mit einem über den Zaun gereichten Gläschen Honig.

4. Der Bienenstand

Die Frage Einzelaufstellung oder Bienenstand ist in den deutschsprachigen Ländern fast durchweg zugunsten des festen Standes entschieden. In der übrigen

Welt bevorzugt man weitgehend die Freiaufstellung der einzelnen Völker, mit oder ohne ein eigenes Schutzgehäuse um die Bienenwohnung. Für den festen geschlossenen Stand spricht vor allem die größere Unabhängigkeit von Wind und Wetter bei der Arbeit an den Bienen. Dann die geringere Räubereigefahr bei geöffneter Beute, aber nur wenn der Stand gegen unerwünschten Zuflug von außen abgedichtet ist. Und schließlich die Möglichkeit, Waben, Werkzeuge und alles, was zur Bienenhaltung gehört, in griffbereiter Nähe unterzubringen. Ins Gewicht fällt auch die größere Lebensdauer der Beuten und die gegenseitige Warmhaltung der aneinandergerückten Beuten im Winter und Frühjahr, besonders bei Blätterstöcken. Vorteilhaft ist bei dichter Siedlung der geringe Platzbedarf. Gegen den festen Stand spricht das leichtere Verfliegen und damit die Verbreitung von Seuchen von einem einzelnen angesteckten Volk auf den ganzen Stand.

Das feste Bienenhaus ist hauptsächlich auf Hinterbehandlungsbeuten abgestimmt. Oberbehandlung ist nur in eingeschränkter und keineswegs optimaler Weise im Bienenhaus möglich. Vor allem aber ist der hohe Kostenaufwand ein gewichtiges Argument gegen die Errichtung eines Bienenhauses. Bienenhäuser, wie das in Abb. 39b gezeigte, sind von der Größe her nicht zweckmäßig. In mit-

Abb. 39 Aufstellung der Bienenwohnungen

a) Im Freien, so in den meisten Ländern auf der Erde

b) Im Bienenhaus, hauptsächlich in Deutschland, Österreich und in der Schweiz. Das Bienenhaus eignet sich besonders zur Aufstellung von Hinterbehandlungskästen.

Abb. 39 Aufstellung der Bienenwohnungen

c) Bienenhaus für Oberbehandlungsbeuten

d) Freiständer sind beliebt für die Unterbringung von Trogbeuten.

teleuropäischen Tracht- und Klimaverhältnissen muß die Massierung so vieler Bienenvölker an einem Ort während des ganzen Jahres mit empfindlichen Honigeinbußen bezahlt werden. Mehr als 20–30 Völker sollten nicht beisammen stehen, damit das Pollenangebot im Frühjahr und Herbst für eine gute Entwicklung ausreicht. Je geringer die Völkerzahl, desto größer die anteiligen Bienenhauskosten. Noch ungünstiger wird die Rechnung, wenn sich die Kästen nicht übereinander stellen lassen, was für einen modern geführten Oberbehandlungsbetrieb zutrifft. Dazu kommt, daß der Imker, welcher zur Steigerung seiner Honigernte mehrere Trachten anwandert, das Bienenhaus gar nicht voll ausnützen kann.

Was der Imker wirklich braucht, ist ein Unterstellplatz für Beutenteile und Geräte, für Waben, Honig, Wachs und Zuckervorrat. Wenn man will, auch ein eigener Schleuderraum und ein Werkraum zur Beutenherstellung und für Reparaturen.

Wer sich trotzdem den Luxus eines Bienenhauses leistet, sollte wissen, daß hölzerne Stände wärmer sind als gemauerte. Ein Holzdach mit Dachpappe ist wärmer als ein Ziegeldach, freilich nicht nur im Frühjahr, sondern auch im Sommer, wenn es nicht so sehr erwünscht ist. Ein Ziegeldach ist teuerer, aber wesentlich haltbarer und weniger pflegebedürftig, auch nicht so feuergefährlich. Die Wand vor den Bienenkästen sollte nicht isoliert sein, damit die Frühjahrssonne wirksam werden kann. Für Oberbehandlung ist Oberlicht am günstigsten. Licht von vorn zieht wohl die auffliegenden Bienen vom Gesicht des Behandlers weg, aber man wird krumm und buckelig, wenn man sich ständig über die Wabe hinüberbeugen muß, um Eier und Brut zu sehen. Bei Blätterstöcken am besten Licht von oben und von rückwärts. Viel Licht, damit man nicht mit jeder Wabe vom Kasten weg an Tür oder Fenster laufen muß und dabei Bienen oder gar die Königin verliert. Den Fensterscheiben gibt man unten einen Schlitz zum Abflug der Bienen, ebenso dem Oberlicht. Ein Drahtgitter mit engem Ausschlupf verhindert das Eindringen von Räubern. (Abb. 40) Als Boden ist Lehm ungeeignet. Der Staub verstopft den abfallenden Bienen die Atemlöcher. Ein stets sauber gehaltener Zementboden oder noch besser Holz.

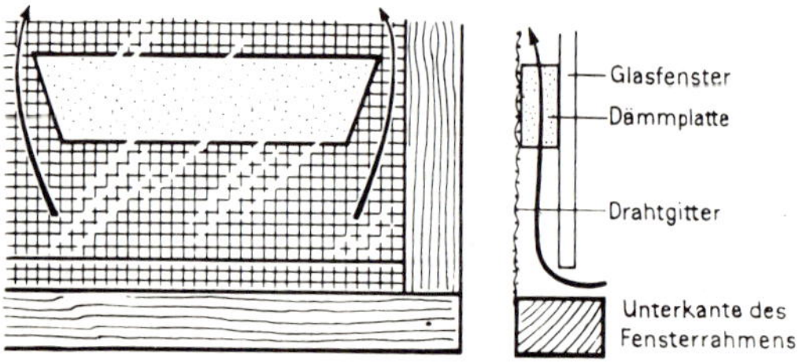

Abb. 40 Fenster mit Abflugschlitz. 2 cm ist die Glasscheibe unten gekürzt. Die Bienen werden durch das Gitter nach oben geleitet. Damit bei Trachtlosigkeit nicht einzelne doch wieder zurückfinden, wird der obere Ausgang, bis auf eine kleine Öffnung rechts und links, durch eine eingeschobene Dämmplatte geschlossen.

Mit der Tiefe des Standes soll man nicht geizen. Die Kriecherei ist vom Übel. 2 bis 2,5 m soll hinter den Kästen Platz sein, möglichst mit einfachem, aber die ganze Standlänge durchlaufendem Tisch zum Arbeiten und Abstellen. Damit kann leicht der Wabenschrank verbunden werden. Bei Oberbehandlung werden hier die Honigräume mit den Waben gestapelt.

Wo es zu machen ist, sollte man sich in einem größeren Stand elektrischen Strom und fließendes Wasser leisten. Füttern, Wabendrahten, Wandern, Schleudern, Wachsauslassen, Zucht, alles wird leichter durch elektrischen Anschluß.

Worauf man im Stand verzichten kann, das sind viele Patentchen und Apparätchen, die sich erfahrungsgemäß dort ansammeln, für kurze Zeit der Wunder viele versprechen und dann verstauben. Eine gesunde Vorsicht spart Geld und Enttäuschung.

5. Welches Wabenmaß?

In Deutschland wurden fünf Rähmchenmaße genormt (Außenmaß):

Normal	370 × 223 mm
Gerstung	410 × 260 mm
Kuntzsch	330 × 250 mm
Zander	420 × 220 mm
Freudenstein	338 × 200 mm

Die Holzstärke der Rähmchen wurde auf 8 mm festgesetzt, die Breite auf 25 mm. Nur das Leistenholz des Zanderrähmchens ist 10 mm stark, dafür aber nur 22 mm breit.

Es ist gewiß eine Verallgemeinerung, wenn man den kleinen Maßen nachsagt, daß die Völker darauf in langen Wintern verhungern können und daß bei zu großen Maßen die vom Bienensitz zu weit entfernten Wabenränder gern verschimmeln. Hier kommt es vielmehr sehr auf den verwendeten Bienenkasten und auf andere betriebliche Maßnahmen an. Heute verzichtet man in Deutschland weitgehend auf das kleinste und das größte genormte Maß. Die beliebtesten Größen sind Normalmaß und Zandermaß. Dabei wird das erstgenannte sowohl in Hinter- und Oberbehandlungsbeuten, das Zandermaß fast nur bei Oberladern verwendet. Trogbeuten benützen gerne das Kuntzschmaß oder verlangen manchmal nicht genormte Sondergrößen. Auch für Aufsätze zu Magazinbeuten werden oft Niedrigmaße verwendet. Man kann aber sicher ohne diese auch auskommen. Es wäre gut, wenn man sich auch in Deutschland immer mehr auf ein bestimmtes Maß einigen könnte, so wie man sich überall auf der Welt ganz vorwiegend auf das Langstrothmaß eingestellt hat. Es kommt in der Wabenfläche dem Zandermaß gleich. Allerdings liegt ihm kein metrischer Maßstab zugrunde, weshalb der Zanderrahmen die klareren Abmessungen aufweist. In der Welt hat man sich auch längst auf einen gleichartigen Bienenkasten, das Langstroth-Magazin geeinigt. Wir sind in Deutschland noch weit davon entfernt.

6. Welche Beute?

Es wäre unmöglich, alle Beutenformen aufzuzeigen, die der Erfindergeist, man könnte auch sagen die Erfinderwut der Imker, seit Erfindung der beweglichen Wabe hervorgebracht hat. Wir müssen uns auf einige zur Zeit gebräuchliche Typen beschränken.

a) Die Magazinbeute

Von den fabrikmäßig hergestellten Beuten ist wohl das amerikanische Magazin das einfachste und billigste. Es ist einfachwandig und verzichtet auf alle Künsteleien. Abgesehen von dem in Deutschland ungewöhnlichen Rähmchenmaß, für das kein Grund zur Übernahme besteht, zumal wir mit dem Zanderrahmen eine klare Alternative besitzen, ist der Langstrothkasten für den deutschen Imker einfach zu unbequem. Mit dem falzlosen und durch keinerlei Verbindungen gesicherten Zargen können bei der Bienenbehandlung und Wanderung zu viele Pannen auftreten. Die zöllige Wandstärke stellt für unsere Klimaverhältnisse die Isolierungsgrenze nach unten dar – sofern der Kasten im Freien stehen soll – und dafür ist das Magazin nun einmal gedacht. So ist die Bienenbeute Nr. 1, als welche man den Langstrothkasten in der Welt ansehen kann, für den deutschen, nach größerer Perfektion strebenden Imker keine Ideallösung. Er sucht nach Verbesserungen. Verbessern heißt aber gleichzeitig auch verkomplizieren und verteuern. Hier das richtige Maß zu finden scheint nicht leicht zu sein.

Eines der besten und auch am weitesten verbreiteten Magazine ist das Zandermagazin. Es wurde von Prof. Zander in den zwanziger Jahren 9rahmig und doppelwandig konzipiert. Am Erlanger Institut und anderswo hat man es im Laufe der Zeit vielfach verändert. Leider sind alle früheren Versionen für das Bienenhaus oder zumindest für den Freistand gedacht gewesen. Nur die Hohenheimer Ausführung ist ohne weitere Hilfseinrichtung im Freien brauchbar. Leider hat auch das allzulange Rähmchenohr der Zanderwabe konstruktive Bedingungen an den Kasten gestellt, die seiner Weiterentwicklung häufig im Wege standen. Die Vorteile des langen Rähmchenohrs bei der Handhabung der Waben wogen die baulichen Schwierigkeiten nicht auf. Auch die Abstandvorrichtung der Zanderwabe, die Kreuzklemme und der abnorme Abstand von 37 mm von Mittelwand zu Mittelwand (gegenüber dem sonst üblichen Wabenabstand von 35 mm), sind nicht jedermanns Sache. So konnte nicht ausbleiben, daß Magazinbeuten auch im Normalmaß auf den Markt kamen. Sie haben sich besonders in Norddeutschland stärker eingeführt. Man kann sie in Kunststoff und in Holz, einfachwandig und doppelwandig bekommen. Längst sind es schon wieder viel zu viele Fabrikate.

Trotz dieses leisen Vorwurfs gegen die Erfinder neuer Beuten ist die Bayer. Landesanstalt für Bienenzucht selbst von neuem an die Umarbeitung und Modernisierung der Zanderbeute herangegangen. Bei der jüngsten Version wurden endlich die Ohren der Waben verkürzt (von 28,5 auf 16 mm). Eine neue Abstandvorrichtung wurde geschaffen. Der Kasten wurde wieder von der zwischenzeitlichen 10rahmigen Vergrößerung auf 9 Waben zurückgenommen, da künftig in verstärktem Maße mit 2 Bruträumen gearbeitet werden soll. Und schließlich sind mit Hilfe eines hohen Unterbodens Wanderung und Fütterungsprobleme besser gelöst worden. Der Beutendeckel, welcher belüftet ist, dient gleichzeitig als Dach, so daß die Beute ohne weitere Abdeckung im Freien aufgestellt werden kann. Für eine Wandersicherung, die gleichzeitig als Kippvorrichtung funktioniert, ist Sorge getragen. (Abb. 41)

Nun hat jeder Beutentyp seine Vor- und Nachteile. Die *Vorteile* des Magazins: Man geht leichter an das Öffnen einer Oberbehandlungsbeute als eines Blätterstocks. (Für einen neugierigen Anfänger mit wenigen Völkern eine Ge-

Abb. 41 Moderne Magazinbeute mit wetterfestem Dach und hohem Unterboden, als Sockel, Wander- und Futterraum

fahr, daß er zu oft darangeht!) Man zieht wegen der guten Übersicht und des kurzen Weges die Waben leicht und ohne Gefährdung von Bienen, Königin und Weiselzellen heraus. Dieser Vorteil wird um so geringer im Wert, je weniger man sich mit den Waben zu schaffen macht. Je mehr man lernt, die Bienen in Ruhe zu lassen oder statt aller Waben nur eine oder zwei zu ziehen, desto besser ist es. – Gut ist weiter, daß der die Bienen aufregende Atem nicht in die Wabengassen, sondern darüber hinweg geht. Auch fallen die Bienen nicht zu Boden, sondern in die Beute. Die Königin ist oft zu sehen.

Ein Vorteil ist auch, daß man nach Belieben Raum geben kann. Man kann starken Völkern zwei Bruträume geben, kann auch, wenn man nicht zum Schleudern kommt, einen zweiten Honigraum unter den vollen setzen. Überhaupt kann man mit dem Magazin sämtliche Betriebsweisen durchführen, die man sich nur ausdenken kann. Es ist so in seinem Einsatz universell. Es macht das Bienenhaus überflüssig und ist deshalb besonders ökonomisch. Seine Konstruktionsweise ist, verglichen mit anderen Bienenwohnungen, sehr einfach. Es eignet sich, wie keine andere Beute, im besonderen Maße zum Selbstbau und darf auch aus diesem Grunde als besonders wirtschaftlich bezeichnet werden.

Nachteile: Man muß die meiste Zeit erst den Honigraum abheben, wenn man ans Brutnest will. Keine leichte Sache für Frauen, Herzschwache und ältere Leute. Das Kippen ist ein Ausweg, aber häufig nur eine halbe Lösung, weil es den Wabenwechsel zwischen Brut- und Honigraum erschwert. Ein ernster Nachteil ist besonders für den Bienenhausimker, daß man Oberbehandlungsvölker nicht aufeinander stapeln kann. Nicht ohne Probleme ist bei den meisten

Magazinen auch das Wandern. Bodenbrett, Zargen und Deckel müssen fest miteinander verbunden sein, wofür es nur wenig wirklich gute Lösungen gibt.

b) Der Blätterstock

Es war ein echter Fortschritt, als Lehrer Adolf Alberti 1873 aus der mit querhängenden Waben ausgestatteten Hinterbehandlungsbeute seinen Blätterstock schuf. Er hat vor allem in der Form der Einheitsblätterbeute große Verbreitung gefunden. Bei Querbau muß man erst alle hinteren Waben herausnehmen und beiseitestellen, um an eine mittlere oder vordere zu kommen. Beim Blätterstock kann man jede einzelne Wabe ziehen. Wenn man will, kann man die beiden Nachbarwaben etwas zur Seite drücken. Aber meist ist das gar nicht notwendig. Erschwert ist das »Blättern« durch Abstandsklammern an den Waben. Auch beim Einschieben kann man an diesen hängenbleiben. Auf jeden Fall muß man erst eine äußere Wabe ziehen, um eine innere entnehmen zu können. Darum ist die Abstandsregelung durch Blechrechen bequemer und auch bei der Wanderung sicherer. (Abb. 42)

Vorteile des Blätterstocks: Man kann ihn zwei- oder sogar dreifach aufeinanderstapeln. Das spart Raum und damit Baukosten beim Bienenhaus. Die Kästen

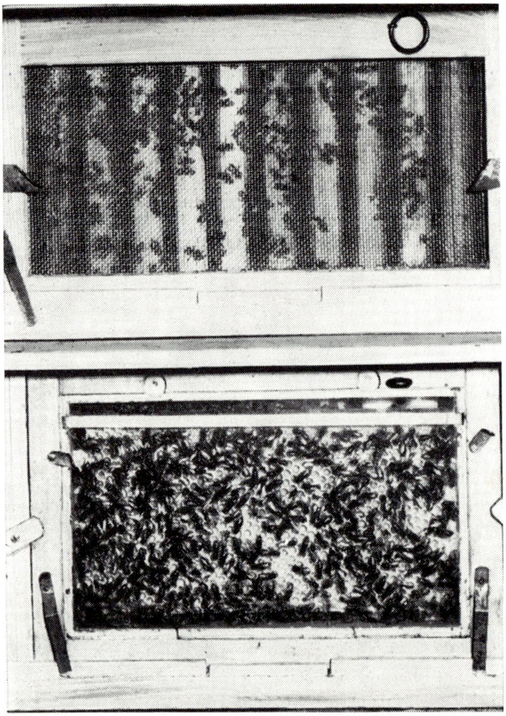

Abb. 42 Einheitsblätterstock. Brutraum doppelwandig, 10 Waben, Honigraum einfachwandig, 12 Waben. Baurahmenfenster, Abstandsregelung durch Rechen, Wandergitter am Honigraumfenster, Flaschenfütterung von unten oder Blechtrog außerhalb des Fensters.

geben sich gegenseitig warm. Man kann jederzeit im Brut- und Honigraum an jede Wabe. Man kann die untere Reihe sitzend, die zweite im Stehen behandeln, ohne sich durch Bücken über die Beute Rückenschmerzen zu holen. Auch ein schwächerer oder älterer oder körperbehinderter Imker kann einen Blätterstock behandeln, weil kein Honigraum abzuheben ist. Bei der Wanderung ist alles beisammen. Fluglochklappe zu, Lüftungsklappe auf. Fertig. Am Wanderplatz umgekehrt. Das geht allerdings nur, wenn das Honigraumfenster mit Lüftungsdraht versehen ist und die Fenster durch Reiber festgehalten sind. Wenn man, wie bei Paschkekästen, erst Fenster vernageln, Scheiben abnehmen, draußen die Bienen wieder zurückjagen und Scheiben wieder einsetzen muß, verdient ein solcher Blätterstock nicht den Namen Wanderbeute. Mit Frontwandergittern ist diese Arbeit erspart.

Nachteile: Der Blätterstock ist nicht erweiterungsfähig. Für sehr starke Völker und Massentracht wäre ein dritter Raum von Nutzen. Tatsächlich werden heute Hinterlader auch in vielen Fällen als 3-Raumbeuten gebaut. Sie sind auch zur Überwinterung von Reserveablegern gut zu gebrauchen. Bei der Arbeit am Hinterlader geht der Atem des Imkers leicht ins Volk und regt es auf. Die Königin läuft auf der Flucht vor dem Licht gern auf die Vorderwand und ist darum seltener zu sehen als bei Oberbehandlung. Die Waben werden auf dem langen Weg gezogen. Das erfordert größere Vorsicht, besonders wenn man Weiselzellen schonen will.

Beim gegenseitigen Abwägen von Vor- und Nachteilen wird das Gesamturteil bei verschiedenen Imkern verschieden ausfallen. Dieses Buch möchte in der Beutenfrage, so gut es geht, neutral bleiben.

c) Die Auszugsbeute

Um Stapelfähigkeit und Oberbehandlung miteinander zu verbinden, hat man verschiedene Auszugsbeuten konstruiert. Die Waben hängen in der Regel quer auf einem Rahmen und werden mit diesem zusammen in einen Anhängekasten herausgezogen und können dann von oben entnommen werden.

Vorteile: Stapelbarkeit und kurzer Weg beim Wabenziehen.

Nachteile: Bei jedem, auch dem kleinsten Eingriff muß das ganze Wabenwerk eines Raumes in Bewegung gesetzt werden, wo sonst oft nur eine Wabe gezogen werden müßte. Starke Völker in guter Tracht verbauen die Waben oft so, daß das Ziehen des Wabenblocks kein Kinderspiel mehr ist.

Gegenüber den nur insgesamt ausziehbaren Tragrahmen hat der von Kuntzsch eingeführte Schlitten den Vorteil, daß man sowohl den ganzen Schlitten wie auch die einzelne Wabe ziehen kann. Er ist aber nur im Brutraum brauchbar. Im Honigraum würde er den Abstand zwischen Brutraum- und Honigraumwaben zu sehr vergrößern. Man muß darum im Honigraum eine andere Lösung suchen. Entweder stellt man sie wie beim Blätterstock in Kaltbaurichtung auf Tragstäbe, oder man hängt sie quer ein wie bei den früheren Dreietagern oder beim Freudensteinkasten.

Abb. 43 Trogbeuten. Links: mit halbhohem Honigaufsatz, rechts: mit rückwärtigen Honigboxen

d) Die Trogbeute

Dieser Beutentyp hat einige lokale Bedeutung in Deutschland erlangt. In den Balkanländern ist er weiter verbreitet. Während dort im Boczonadi-Kasten die relativ großen Waben allesamt im Kaltbau stehen und der Honigraum durch ein vertikales Absperrgitter seitlich abgetrennt ist, sind die deutschen Ausführungen dieses Beutentyps komplizierter gebaut. Entweder sind die Waben in einer langgestreckten Beute im Warmbau angeordnet, dann ist ein aufsetzbarer Honigraum mit etwas niedrigerem Wabenmaß nötig, weil die Bienen sonst das Brutnest allzuleicht mit Honigwaben einengen. Oder die Waben sind ähnlich wie in den Balkanbeuten im Kaltbau untergebracht, wobei die Honigwaben in diesem Fall, durch ein Absperrgitter getrennt, nach hinten anschließen. Die Beute lädt dadurch weder nach der Seite noch nach hinten übermäßig weit aus. Das Brutnest findet keine vorzeitige Einengung durch den Honig. (Abb. 43)

Der *Vorteil* der Trogbeute liegt in der Oberbehandlung, wobei die Schwerarbeit des Magazinbetriebes weitgehend vermieden wird. *Nachteilig* ist, daß sich in dem Kasten nicht alle Betriebsweisen durchführen lassen wie in den Magazinbeuten. Er ist deshalb auch nicht gleich gut für jede Tracht und jedes Klima geeignet. Soweit ein Honigaufsatz verwendet werden muß, kommt man auch nicht ohne Bienenhaus oder schützenden Freistand aus. Der Kasten, gleich welcher Bauart, nimmt einen größeren Platz ein als das Magazin oder eine Hinterbehandlungsbeute.

7. Welche Geräte?

Auf den meisten Ständen liegt viel zuviel an unnötigem Kram herum, der einmal auf einer Ausstellung mitgenommen wurde und dann nach kurzem Versuch wieder außer Dienst kam. Was man wirklich braucht, ist außer *Pfeife, Schleier* und *Schleuder* vor allem ein ordentlicher *Stockmeisel.* Er ist die Hand am Leib. Davon darf man sogar mehrere haben, falls sich einer einmal verkrümelt. Damit er leichter zu finden ist, sollte man ihn leuchtend gelb oder rot streichen. Zum Entfernen der toten Bienen und des Gemülls braucht der Hinterladerimker eine *Reinigungskrücke,* die bis an die innere Stirnwand greifen kann, also etwa 60 cm lang. Zum Abkehren der Bienen eignet sich am besten eine auf die halbe Flaumlänge zugestutzte *Gänsefeder*. Wo es Gänse gibt, kann man eine größere Zahl sammeln oder bekommen. Bekommt man gleich ganze Flügel, soll man sich nicht dazu verführen lassen, den Flügel so zu benützen, allenfalls als Kehrbesen für Schmutz und Gemüll. Für die Bienen wäre er zu grob. Man rupft die Federn aus und verwendet sie einzeln. Wo keine Federn zu bekommen sind, tut es der einreihige Bienenbesen auch. Er muß nur fleißig ausgewaschen werden. Beim Schleudern soll immer ein Eimerchen mit Wasser daneben stehen zum Ausschwenken des Besens.

Etwas Nützliches ist ein *Wabenbock*. Zum Abstellen der Waben bei der Volksdurchschau und beim Schleudern. Den bastelt man sich selbst, für Oberbehandlung zum Hängen, für Blätterstöcke zum Einstellen der Waben. Hier kann sich die praktische Erfindungsgabe des Imkers etwas austoben. (Abb. 44)

Das ist eigentlich alles. Wer sich später statt der Pfeife einen Rauchbläser mit Uhrwerk leisten will, muß wissen, daß es damit im rechten Augenblick Pannen geben kann, wenn das Gehwerk mit Asche und Abfall blockiert ist, was gar nicht selten vorkommt. Ein amerikanischer Rauchtopf (Smoker) ist besser.

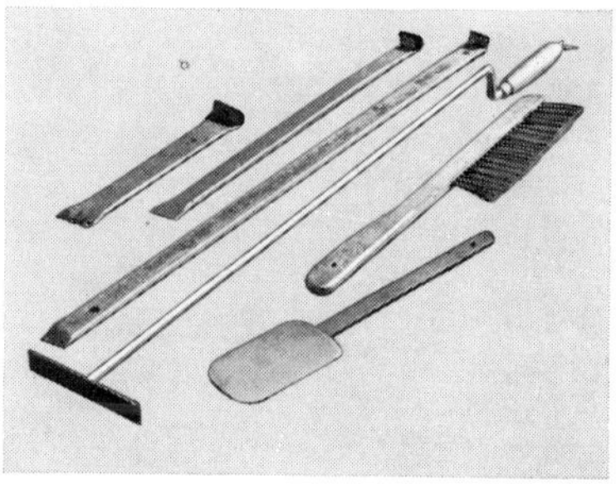

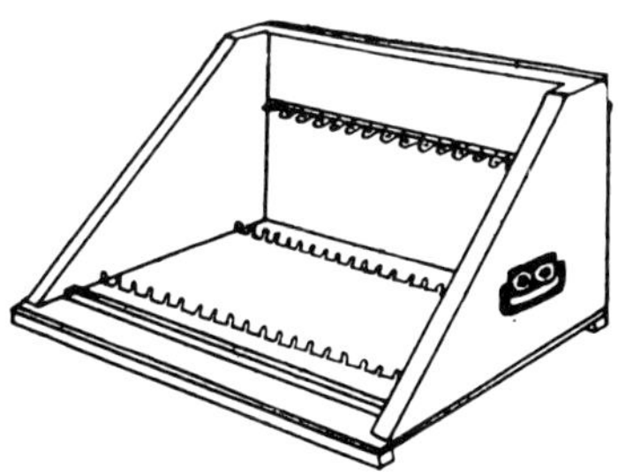

Abb. 44 Einige Imkergeräte
a) Dathepfeife, Rauchmaschine, Wasserzerstäuber, künstliches Mandelöl
b) Stockmeisel, Gemüllkrücke, Besen, Teigschaber mit Stiel für Honigeimer
c) Wabenbock zum Abstellen von Waben bei der Arbeit im Hinterlader

8. Welche Rasse?

An diese Frage ist schon viel Temperament verschwendet worden. Regel muß sein: Der beste Stamm ist für mich jener, der an meinem Ort, in meinem Klima meiner Tracht beim geringsten Aufwand an Geld und Zeit auf die Dauer den größten Ertrag bringt. Heute sind das bei uns in der Regel Bienen, die man züchterisch bearbeitet hat. Von der in Deutschland ursprünglich verbreiteten Nordbiene ist nichts mehr rein vorhanden. Sie mußte hauptsächlich der Stechlust wegen einer Rasse aus dem Süden weichen. Von den hier in Frage kommenden Bienen der »Italiener- und der Carnica-Rasse« hat letztere in den letzten Jahrzehnten eindeutig das Rennen gemacht. Obgleich die Italiener-Biene die weiteste Verbreitung in der ganzen Welt gefunden hat, konnte sie sich in Deutschland nur in klimatisch begünstigten Gegenden durch ihre Leistung im Rotklee Anerkennung verschaffen. Dagegen hat sich die in den Balkanländern bis hinauf nach Südost-Österreich heimische Carnica-Biene besonders in ihren Herkünften aus der Krain, aus Kärnten und Slovenien auf den deutschen Prüfständen und bei den praktischen Imkern als besonders leistungsfähig erwiesen. Sie hat sich vor allem überall dort bewährt, wo es auf die Ausnützung der Früchtracht ankommt.

Die Carnica hat so gute Eigenschaften, daß man sie jedem Anfänger mit gutem Gewissen empfehlen kann: Sanftmut, Findigkeit, Fleiß, Rotkleefähigkeit, Widerstandskraft gegen Brutkrankheiten, sparsamer Futterverbrauch im Winter, rasche Entwicklung im Frühjahr und bei ausgelesenen Stämmen auch leichte Beherrschung der ursprünglich hohen Schwarmneigung. Dem etwas frühen Rückgang der Bruttätigkeit im Spätsommer läßt sich nicht völlig durch Reizfütterung begegnen. Wer mit Bienen beginnt, sollte also gleich mit Ablegern aus dieser Rasse beginnen, besonders da, wo man sich bemüht, in seiner Gegend ein Reinzuchtgebiet zustande zu bringen. Kreuzungen der Carnica mit einheimischen Bienen sind zwar manchmal honigreich, aber oft so stechlustig, daß selbst einem eingefleischten Imker die Lust an den Bienen vergehen kann, erst recht einem Anfänger. Dagegen lassen sich verschiedene Stämme der gleichen Carnicarasse ohne weiteres miteinander kreuzen. Das ist sogar gut, weil sich bei enger Linienreinzucht bald Inzuchtschäden zeigen.

Es sei hier verwiesen auf das Kapitel Zucht, Seite 120.

Wer Imker werden will, gleichviel in welchem Ausmaß, muß von vornherein wissen: Biene ist nicht gleich Biene. Es gibt große Unterschiede in Stechlust, Schwarmlust, Fleiß, Findigkeit, Sitz auf den Waben, Wetterfestigkeit, Anfälligkeit für Krankheiten usw. Wir wollen nicht einfach Bienen haben, sondern *gute* Bienen, die uns Freude machen können. Neben der Tracht sind die Eigenschaften der Biene die wichtigste Grundlage für den Erfolg. Sie sind wichtiger als Beuten und ausgeklügelte betriebliche Finessen. Darum von Anfang an Ausgang von gutem Material, Aufschreibungen, Auswahl und Einstellung auf eigene Königinnenzucht. Zucht lohnt sich und gehört mit zum Schönsten und Interessantesten, was man als Imker tun kann.

IV. Die Führung des Volkes durch das Bienenjahr

Die Lebensgewohnheiten der Tiere sind von Natur aus so, wie sie für die Erhaltung der eigenen Art am besten sind, nicht wie es für den Menschen am angenehmsten wäre. Nimmt sie der Mensch in seinen Dienst, dann versucht er ihre Anlagen und Fähigkeiten und ihren Lebensrhythmus durch züchterische und pflegerische Maßnahmen zu seinen Gunsten zu verschieben. Das gelingt ihm vielfach, auch bei der Biene.

1. Einwinterung

Mit der Sommersonnenwende beginnt die Bruttätigkeit des Volkes abzunehmen. Das hat seinen guten Sinn für das Bienenvolk. Ein Volk von 7000–10000 Bienen braucht wesentlich weniger Winterfutter als ein Volk mit 50000–70000. Es wird gleichsam Ballast abgeworfen, um sicherer zu überleben. Der Imker dagegen, vor allem der Frühtrachtimker, wünscht sich im Frühjahr möglichst starke Völker. Er sucht deshalb den *Volksschwund vor dem Winter zu bremsen,* den *Bienenverlust über Winter auf das Unvermeidliche zu beschränken* und die *Aufwärtsentwicklung im Frühjahr zu begünstigen.*

a) Reizfütterung

Juli und August sind die entscheidende Zeit für das Wintervolk. Herrscht um diese Zeit eine mäßige Tracht mit genügendem Pollenangebot, dann muß der Imker nicht unbedingt mit Reizfütterung eingreifen. Der Brutrückgang erfolgt langsam, und es entstehen genügend Winterbienen. Bei pollenarmer Tracht dagegen, z. B. aus der Tanne, schwindet die Brut so rasch und vollständig, daß es den Ruin der Völker bedeuten kann. Hier kann man helfen durch Zuhängen früher (z. B. in der Rapstracht) entnommener Pollenwaben, durch Pollen, den man mit Hilfe von Abstreifgeräten am Flugloch gewonnen hat, oder durch Zugabe eines Teiges aus Honig, Staubzucker und einem Pollenersatzmittel, am besten einem Gemisch von mehreren dieser Mittel, wie Sojamehl, Höselhefe, Trockenmagermilch. Im Handel erhältliche Mischpräparate sind Sojapoll und Fukopoll.

Nach meiner Erfahrung werden Teige mit mehr als 30% Pollenersatzgehalt nur sehr ungern angenommen. Die käuflichen Teige enthalten etwa 10% Pollenersatz. Zur Selbstanfertigung eines solchen Teiges nimmt man 2 kg Pollenersatz und 10 kg Puderzucker, vermischt beides gut in einem Holz- oder Metallzuber und mengt dann 4 kg flüssigen Honig darunter. Dazu nimmt man einen Spaten und sticht immer im Kreise um, bis ein fester Teig entsteht.

Zucker reizt zur Brut, Eiweiß schafft Bienenfleisch. Viel kann man sich von dem prozentual geringen Eiweißanteil des Teiges nicht ausrechnen. Deshalb gehen auch die Meinungen über seine Wirkung auseinander. Auf alle Fälle muß man einem solchen Teig immer ein Nosemaheilmittel beigeben. Der Teig wird nämlich auch von älteren Bienen gefressen, die das Eiweiß gar nicht mehr zur Bruterzeugung auszuwerten vermögen. Vielmehr muß man befürchten, daß die Eiweißkomponente im Reizfutter zu vermehrter Anfälligkeit der Bienen gegenüber der Nosemakrankheit führt.

Als Gegenmittel kommt Fumidil B in Frage, welches man dem Honig beimengen kann. Man muß aber den durch Erhitzen verflüssigten Honig vor der Zugabe des Mittels erst wieder abkühlen lassen, weil Fumidil durch Hitze zerstört wird.

Als Reizfutter kommt natürlich auch einfacher Puderzuckerteig ohne Eiweißkomponente in Frage. Er wird aus Puderzucker und Honig im Verhältnis 3 : 1 bereitet. Näheres steht auf Seite 148ff.

In den letzten Jahren hat man gute Erfahrung mit dem Verfüttern von Feuchtzucker gemacht, der in verschiedener Sattheit aus Kristallzucker und Honig hergestellt werden kann. Verwendbar ist die Mischung: 10 Teile Kristallzucker und 1 Teil Honig, wobei man den Honig noch mit 1/3 Wasser strecken kann. Besser wird das Gemisch, wenn man nur die halbe Zuckermenge dazu verwendet. Der Feuchtzucker, weniger zutreffend auch oft als Maische bezeichnet, wird den Bienen in eigenen Futtertaschen oder zwischen 2 Glasscheiben im Baurahmenfenster gereicht.

Anstelle von Honig kann man zur Futterteig- und Feuchtzuckerherstellung auch Honigersatz verwenden. Man soll aber Kunsthonig meiden. Auch bei anderen im Handel angebotenen Invertzuckerlösungen muß man vorsichtig sein. Wenn sie unter Zuhilfenahme von Säuren aus Rohrzucker hergestellt werden, entstehen unerwünschte Nebenprodukte, welche den Bienen abträglich sind. Mit Hilfe von Enzymen bereitete Flüssigzucker sind vertrauenswürdiger. Aber auch solche Präparate sollten in Bieneninstituten erst im einzelnen geprüft werden, ehe sie in der Praxis zum Einsatz kommen.

Indessen ist der Imker keineswegs von solchen Handelsprodukten abhängig. Er kann sich einen brauchbaren Honigersatz auch selbst herstellen. Darüber hinaus ist er heute in der Lage, noch viel einfacher nur mit Puderzucker und Wasser unter Zugabe eines Enzyms einen vollwertigen Futterteig zu bereiten. Siehe hierüber S. 150.

Von der Verfütterung von trockenem Kristallzucker als Reizfutter, was vor ein paar Jahren sehr beliebt war, ist man wieder abgekommen. Es scheint, daß die Drüsenarbeit die Lebenskraft der Bienen stärker in Anspruch nimmt als Sammelarbeit. Die Biene löst den Zucker mit Speichel aus ihren Speicheldrüsen. Sie braucht zu 1 kg Zucker *mindestens* 400 g Speichel. Das bedeutet, auch wenn die Drüsenarbeit nichts kosten würde, etwa 7000 Ausflüge nach Wasser, um die verlorene Körperflüssigkeit zu ersetzen. Ich kann mir nicht helfen, Bienenspeichel scheint mir ein teures Lösungsmittel für Zucker. Wasser ist wesentlich billiger. Wer es machen kann, sollte also neben Trockenzucker oder Teig noch Wasser geben in Form einer dünnen Zuckerlösung. Zum mindesten muß in nächster Nähe eine nie versiegende Tränke vorhanden sein.

Jegliche Reizfütterung ist wirkungslos ohne Eiweiß. So problematisch das Angebot von Pollenersatz in Teigform im Bienenvolk ist, so segensreich können sich Pollenwaben auswirken, die man jetzt einhängt. Man muß sie eben nur haben. Oft herrscht im Frühjahr Pollenüberangebot, wovon man Pollenwaben für den Herbst aufheben kann. Allerdings wird auch eine spärliche Pollentracht im Herbst von den Bienen oft besser ausgenützt, wenn man sie mit Zuckerfutter reizt, als wenn man gar nichts tut. Als eine Art Reizfütterung würde auch ein besonders langsames Auffüttern der Bienenvölker für den Winter wirken, etwa wenn man gleich nach Trachtschluß im Juli beginnend bis in den September hinein den Völkern alle 4–5 Tage einen Liter Futterlösung verabreichen würde. Die langsame Einfütterung könnte die Bienen anspornen, die Flur immer wieder nach Pollen abzusuchen. Viel Arbeit! Räubereigefahr!

b) Auffütterung

In der Regel wird jedoch das Winterfutter in wenigen Tagen in die Völker eingebracht. Aufgefüttert wird mit reiner Zuckerlösung. Das Mengenverhältnis zwischen Zucker und Wasser schwankt zwischen 1 : 1, 3 : 2 und 2 : 1. Am besten bewährt hat sich wohl die Mischung 3 kg Zucker auf 2 Liter Wasser. Hierbei wird dem Volk keine übermäßige Arbeit zur Ausscheidung des überflüssigen Wassers zugemutet, und es besteht auch keine Gefahr, daß der Zucker schon während des Fütterns wieder auskristallisiert und als Kruste an Gefäßen und Bienen hängenbleibt, wie dies bei 2 : 1 leicht vorkommt. Man kann sich das Wiegen des Zuckers sparen, wenn man sich als Faustregel merkt, daß 1 kg Zucker etwa den Raum von $^2/_3$ Liter Wasser einnimmt. 3 kg Zucker ergeben also einen Raum von 2 Liter Wasser. 2 Liter Wasser dazu, man hat die richtige Lösung. Man füllt also ein Gefäß, z. B. einen Honigeimer oder besser einen emaillierten Eimer mit Literangabe, zur Hälfte mit heißem Wasser und schüttet so viel Zucker hinzu, daß die Menge sich verdoppelt. Damit ist auf einem größeren Stand viel Arbeit erspart. (Abb. 45) Ich weiß jetzt, daß ich beim Einfüttern mit 4 Liter dieser Futterlösung 3 kg Zucker ins Volk bringe. Genaugenommen sind in 1 Liter Lösung (3 : 2) 750 g Zucker und 500 g Wasser enthalten.

Je nach der Überwinterungsart rechnet man 10–15 kg Zucker auf das Volk, wenn es keine nennenswerten Eigenvorräte hat. Das entspricht etwa 13–18 Liter Zuckerlösung.

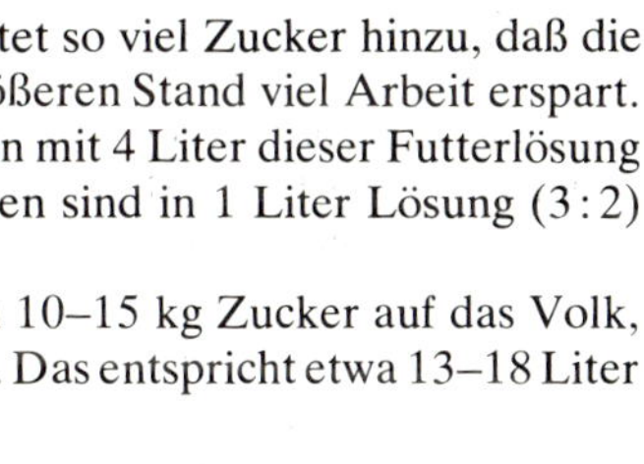

Abb. 45 Wenn man in eine bestimmte Menge Wasser so viel Zucker gibt, daß die Raummenge sich verdoppelt, dann hat man eine Lösung, die etwas stärker ist als 3 : 2.

Als langjähriges Mittel für den Futterverbrauch können folgende Zahlen gelten: Oktober 655 g, November 537 g, Dezember 554 g, Januar 658 g, Februar 951 g, März 1791 g; insgesamt 5146 g. Es wäre aber falsch, wenn man deshalb einen Wintervorrat von 5–6 kg Futter für genügend ansehen würde. Der Verbrauch im September und erst recht im April mit seiner starken Bruttätigkeit ist wesentlich höher und schwer zu kontrollieren, weshalb es immer gut ist, mit dem Futter nicht zu knausern.

Beim Einwintern haben die Völker aber in der Regel noch einen gewissen Eigenvorrat an Honig. Zum Teil sind auch vom Reizfutter Überschüsse abgelagert worden. Vor dem endgültigen Auffüttern schaut man deshalb nach, wie groß diese Vorräte sind. Man kann sich zum Abschätzen eine Wabe in dm^2 eingeteilt vorstellen. 1 dm^2 beidseitig gedeckeltes Futter sind 1/3 kg. Der geschätzte Eigenvorrat des Volkes wird von der beabsichtigten Einfütterungsmenge an Zucker abgezogen. Diese Rechnung ist sehr sinnvoll: Für 1 kg fertiges Futter verbrauchen die Bienen nämlich etwa 1 kg Zucker. Die 20% Wasser, die im fertigen Futter enthalten sind, entsprechen dem Energieverbrauch, der mit dem Invertieren und Eindicken der Zuckerlösung verbunden ist.

c) Futtergeräte

Es gibt vielerlei. (Abb. 46) Jedes hat Vor- und Nachteile. Bei Oberbehandlung gab es früher nur den *Ballon* für 1 oder 2 Liter. Man rühmt ihm und allen oben aufgesetzten Futtereinrichtungen nach, sie seien hygienischer als andere. Bewiesen hat es noch niemand. Dagegen scheint ein Vorteil der Obenfütterung zu sein, daß das Futter den Bienen besonders nah ist und damit von ihnen leicht gefunden und abgenommen wird. Nachteil: Es geht während der ganzen Futterzeit leicht Wärme nach oben verloren. Weiterer Nachteil der Ballone wie aller Glasgefäße: Sie zerbrechen leicht und sind etwas mühsam zu reinigen. Und das Füllen der Flaschen kostet Zeit.

Besser als Flaschen sind *Futtertröge* im Deckel. Sie können aus Blech, Kunststoff oder gut verleimter Kombination von Holz und Hartfaserplatten sein. Vorteil: rasche Arbeit mit Gießkanne. Nachteil: eigentlich keiner. Man kann die über einen Aufstiegsschlitz zum Futter gelangenden Bienen entweder durch eine senkrechte Barriere vom übrigen Trograum fernhalten, oder man überläßt ihnen den ganzen Trog, in den man einen Holzschwimmer einlegt.

Unter bestimmten Voraussetzungen ist auch die Dosenfütterung vorteilhaft. Die Dosen oder Eimer aus Blech oder Kunststoff fassen gewöhnlich 5 Liter. Man füllt sie zunächst halb mit kaltem Wasser und schüttet grob kristallierten Zucker nach, bis sie voll sind. Es gehen 3 bis 4 kg Zucker hinein. Man drückt den scharf schließenden Deckel darauf und befestigt ihn bei Kunststoff mit Metallklammern. (Der Rand muß von Zuckerkörnchen frei sein!) Man stellt die Dose auf den Kopf und schüttelt etwas herum, daß kein Zucker mehr oben anhängt, und stellt die Dose so über das Volk, daß das feine Gitter im Deckel genau über einer entsprechenden Öffnung in der Abdeckung des Volkes liegt. Vorteile: Man braucht den Zucker nicht aufzulösen, er löst sich durch das durchströmende

Abb. 46 Fütterungsvorrichtungen

a) Deckelfuttertrog für Magazinbeuten

b) Bodenfuttertrog neuerer Art

c) Flaschenfütterung im Blätterstock

Wasser, während die Bienen saugen, von selber. Und man kann gleich 3 bis 4 kg Zucker auf einmal geben. Nachteile: Man verschüttet beim Umdrehen fast unvermeidlich Futter. Es geht unweigerlich Wärme verloren. Bei Blätterstöcken muß man im Winterabdeckschied eine Öffnung anbringen, die nicht leicht wieder ganz dicht zu schließen ist. Und die Dose ist da auch etwas ungeschickt hineinzubalancieren. Einlaufende Klagen von Benützern: Wenn der Deckel nicht scharf schließt, läuft alles aus. Das Gitter wird gern von den Bienen zugekittet. Das Futter wird gern von einem Pilz befallen, der es in einen Schleim verwandelt. Es bleiben auf dem Deckel Zuckerreste liegen, die man am Schluß doch wieder auf andere Weise verfüttern muß. Es ist Ansichtssache, ob man hier die Licht- oder die Schattenseiten stärker sehen will.

Das Gegenstück zur Obenfütterung ist die Fütterung von unten. Es gibt sie in verschiedenen Anwendungen: Einmal als Teller- oder Pfannenfütterung in Verbindung mit umgekehrt aufgesetzten hohen Flaschen. Diese Fütterung ist besonders bei Blätterstöcken üblich, wobei die Flasche außerhalb des rückwärtigen Fensters steht. Die Bienen finden das Futter in den flachen Einschiebegefäßen besonders schnell und nehmen es rasch ab. Nachteilig ist die Zerbrechlichkeit der Flaschen und das zeitraubende Füllen. Die andere Art der Untenfütterung geschieht wieder über große Tröge. Sie ist im Zusammenhang mit dem hohen Unterboden im Magazinbetrieb eingeführt worden. Leider ist sie bei den meisten Beutenkonstruktionen noch nicht einwandfrei gelöst. Man sollte beim Füttern nicht mit den Bienen in Berührung kommen. Schwimmer sind bei dieser Art der Futtergabe in jedem Fall von Nutzen.

Letztlich kann man das Futter bei Hinterladerkästen auch noch hinter dem Wabenwerk abnehmen lassen. Dazu eignen sich besondere Kästen aus Holz oder Blech, die in oder hinter dem Abschlußfenster angebracht werden. Eine Spalte zur Futteraufnahme für die Bienen trennt diese vom Einfüllraum. Die bienennahe Fütterung ist ein Vorteil. Aber Holzkästen werden leicht undicht. Die Durchlaufschlitze im Trennschied können verkrusten.

Der Vollständigkeit halber darf auch noch die Fütterung im Seitenwandfuttertrog genannt werden. In manchen Beuten ist diese Einrichtung von vornherein eingebaut. Ob und wie gut sie funktioniert, hängt von Konstruktionsbesonderheiten ab.

d) Der Wintersitz

Noch vor dem Auffüttern muß man die Völker für den Winter auf eine bestimmte Raumgröße bringen. Bis vor einigen Jahren kannte man in Deutschland ausschließlich die Überwinterung nur in einem Raum bzw. Beutenstockwerk, wenn man so will. In der Regel wurde parterre im Brutraum überwintert. Entsprechend der Größe des Volkes engte man diesen Raum auch noch mehr oder weniger ein, indem man Waben entnahm und Wärmeschiede aus Holz oder Stroh an ihre Stelle setzte. Dadurch versuchte man zu verhindern, daß das Futter zu fern vom Wintersitz der Bienen aufgespeichert wurde und die Bienen nicht vorzeitig in ihren Wabengassen durchzehren und inmitten ihrer Vorräte verhungern konnten. Sie wechseln in der Kälte nicht gerne in andere Wabengassen.

Das Einengen durfte aber nicht so weit gehen, daß am Schluß kein futterfreier Raum mehr für den Wintersitz des Volkes übrig blieb. Auf restlos vollen Waben säße das Volk zu kalt. Ein normales Bienenvolk muß unter den heutigen Halte- und Zuchtbedingungen mindestens auf 7 Zander- oder 8 Normalmaßwaben gesetzt werden. Nur Reservevölker und Ableger gehen auf einer geringeren Wabenzahl in den Winter.

Beim Magazinbetrieb bürgert sich seit einigen Jahren immer mehr die Überwinterung in 2 Räumen ein. In Magazinen lassen sich größere Völker führen als in Hinterbehandlungsbeuten. Dennoch füllen sie unter unseren Klimaverhältnissen im Winter nicht beide Räume aus. Sie sitzen nach der Einfütterung je nach Futtermenge im oberen oder zur Hälfte im oberen und unteren Raum. Es ist wichtig, daß der Abstand zwischen den oberen und unteren Rähmchen nicht über 8 mm groß ist. Sonst könnten die im unteren Raum sitzenden Bienen den Anschluß verlieren und verhungern. Insgesamt füttert man bei der 2-Raumüberwinterung mehr als bei der Überwinterung in einem Raum. Man darf es aber auch nicht übertreiben, sonst muß man im Frühjahr überschüssiges Futter herausnehmen, um es nicht in den Frühjahrshonig zu bekommen. Der Vorteil der 2-Raumüberwinterung ist ein geringerer Arbeitsaufwand. Was man im Herbst nicht an Waben wegnimmt, braucht man im Frühjahr nicht erst wieder ins Volk zu geben. Man kann das Volk niemals überfüttern. Es wird immer genügend Raum für die erste Frühjahrsbrut finden. Auch wird es im Winter niemals auf kalten Futterflächen sitzen müssen.

Als Nachteil mag man werten, daß Magazinvölker, insbesondere solche auf 2 Überwinterungsräumen, etwas kälter sitzen als Hinterladervölker. Sie stehen ja auch im Freien. Die Zehrung ist infolgedessen größer. Daß Randwaben und untere Waben verschimmeln, muß nicht sein. Dazu ist wichtig, daß sich in dem sonst gut isolierten Deckel eine vordere Öffnung zum Abzug der Feuchtigkeit befindet. Sie kann im Sommer außer der Lüftung auch dem Abflug der Drohnen dienen.

e) Keine Krüppel in den Winter!

Ein Volk, das im Herbst weniger als 5 Waben besetzt, ist kein richtiges Volk mehr. Es ist in Gefahr, den Winter nicht zu überstehen. Solche kleinen Einheiten zehren nicht in die Tiefe der Wabengassen hinein, sondern der Wärme nach schräg aufwärts, kommen an den Oberrand und verhungern im Nachwinter neben und über dem Futter.

Solche Völker vereinigt man mit dem Nachbarn oder mit Ablegern, welche nicht vorankommen. Man wirft die Königin des schwachen Volkes heraus und hängt es dem Nachbarn oder dem Ableger zu. Wenn die Ableger abgesondert stehen, geht es auch umgekehrt. Für den Fall, daß das zu vereinigende Volk noch stark ist – es könnte aus einem anderen Grund nicht befriedigt haben –, vollzieht man die Vereinigung über dem Honigraum.

Man legt ein Zeitungspapier über das im Brutraum zusammengedrängte Volk, stößt mit der Feder einige Löcher hinein und hängt den Ableger unter Auffüllen des übrigen Raumes mit Waben darüber. Haben Volk und Ableger in einem Raume Platz, so wird der Ableger als geschlossener Block an das zusammengedrängte Volk gehängt. Man achte darauf, daß sich die Königin nicht gerade auf der Anschlußwabe befindet. Man kann beide Volksteile mit etwas Thymianwasser besprühen und so für gleichen Volksgeruch sorgen. Das verhindert Beißereien. Wer ganz vorsichtig sein will, käfigt die Königin in einem Zusetzkäfig mit Futterteigverschluß, bis die Vereinigung vollzogen ist (s. S. 95). Diese Vereinigungsmaßnahmen haben vor der Auffütterung zu geschehen.

Weisellose Völker, die vielleicht schon buckelbrütig sind, schließt man und stößt den Kasten ein paarmal kräftig auf. Nachdem sich die Bienen mit Futter vollgesaugt haben, kehrt man sie vor dem Stande ab. Wenn sie an ihrem ursprünglichen Platz keinen Kasten mehr vorfinden, gesellen sie sich den Nachbarvölkern zu. Wenn man Angst haben muß, daß die überalteten Bienen Nosematräger sind, sollte man das Volk aber lieber gleich abschwefeln. In einem solchen Fall muß die Vernunft stärker sein als die Barmherzigkeit.

f) Wie steht es mit der Winterverpackung?

Warme Völker zehren weniger als kalte. Der Bienenhausimker mit Hinterbehandlung packt denn auch seine Völker gut ein, indem er hinter das Abschlußfenster Wärmepolster anbringt. Man verwendet Kissen aus Wellpappe, Filz oder Schaumkunststoff. Seitlich stehen die Beuten in der Regel so nahe beieinander, daß keine Isolierung nötig ist, nur die Randvölker erhalten einen Wärmeschutz. Die nur im unteren Raum sitzenden Völker werden im Honigraum mit passenden Wärmematten abgedeckt. Notfalls tun es auch mehrere Lagen Zeitungspapier.

Oberbehandlungskästen im Bienenhaus und im Freistand werden mit Decken und Säcken abgedeckt. Ihr Deckel besteht aus Holz oder aus Weichfaserplatte. Es ist auf alle Fälle falsch, im Winter eine Wachs- oder Azellafolie über den Waben zu belassen. Besser sind ein paar Lagen Zeitungspapier, wenn es überhaupt einer solchen Zwischenschicht bedarf. Auf alle Fälle muß die Feuchtigkeit nach oben abziehen können. Der Hauptfeind der Bienenvölker im Winter sind kalte Ecken, wo sich Nässe bilden kann.

Kalter Sitz ist besser als feuchter Sitz. Das wissen vor allem die Magazinimker, die ihre Völker im Freiland überwintern. Ihnen scheinen all diese Vorkehrungen der Wärmedämmung stark übertrieben. So überwintern wenig oder überhaupt nicht eingeengte Völker und das noch häufig in einfachwandigen Kästen. Man könnte fast sagen, daß sie luftig überwintern, da sie sogar noch ein Dampfabzugsloch im Deckel offen halten. Gerade das ist aber außerordentlich wichtig. Wer gut überwintern will, schütze seine Bienen weniger vor Kälte als vor Nässe.

Manche Imker legen vor oder nach dem Auffüttern auf das Bodenbrett noch eine »Winterwindel«. Das ist ein zugeschnittenes Stück ungesandeter Dachpappe. Sie ist an der Stelle, wo sie ans Flugloch anstößt, etwas ausgeschnitten, damit sie den Ausgang nicht verlegt, falls sie sich werfen sollte. Beim Reinigungsausflug zieht man sie heraus und entfernt so Gemüll und tote Bienen. Das bedeutet eine große Arbeitsersparnis für das Volk. Man sieht zugleich, wie weit das Volk ins Futter hineingezehrt hat, ob Hunger droht oder nicht.

g) Keine Störung

Ein gut versorgtes Wintervolk will jetzt nur noch in Ruhe gelassen werden. Schnee am Flugloch kann nicht stören. Selbst das völlige Einschneien der Beuten ist nicht schädlich. Vielleicht aber schadet es, wenn die Fluglöcher vereisen. Stören können Mäuse und Spitzmäuse, die im Volk Behausung und Futter suchen. Da Spitzmäuse überall eindringen können, wo das Flugloch höher ist als knapp 6 mm, bringt man am besten einen Streifen Absperrgitter über die ganze Breite des Flugloches an. Es muß so fest sitzen, daß Spitzmäuse es nicht zur Seite schieben und Vögel (Spechte, Meisen) es nicht herunterreißen können. Tote Bienen, die im Gitter hängen bleiben, entfernt man von Zeit zu Zeit, damit keine Luftnot und bei überraschendem Reinigungsflug keine Hemmung entsteht. Eine gut befestigte, nicht scheuernde Schutzwand aus engem Drahtgeflecht, Rohrmatten, oder auch die jetzt von Gärtnern viel verwendete Kunststoff-Folie tut gute Dienste gegen Vögel und Schneewehen.
Zu achten ist auf lose Bretter, schlagende Äste, undichte Stellen, durch die Regen und Pulverschnee eindringen können.

2. Beim Reinigungsflug

Wenn die Bienen längere Zeit nicht ausfliegen konnten, fühlen sie beim Ansteigen der Außentemperatur auf 8 bis 12° C im Januar, Februar oder auch später den Drang, sich zu reinigen. Wenn das auf Grund der Wetterlage vorauszusehen ist, zieht man womöglich schon vor Beginn des Reinigungsfluges die Bodeneinlagen oder holt mit der Reinigungskrücke Gemüll und Tote heraus, notiert, was man fand, verbrennt das Gemüll, trocknet die Windeln, um sie am Abend wieder einzuschieben. Das gleiche geschieht mit den Kissen. Liegt vor dem Stand Schnee, oder haben sich Pfützen gebildet, so kann man manches Bienenleben retten durch Ausbreiten von Säcken oder einer Lage Stroh. Besteht wegen erhöhten Totenfalls ein Seuchenverdacht, oder muß im Hinblick auf Zucht- oder Wanderpläne untersucht werden, dann benützt man die gefundenen Toten gleich zur Einsendung an die zuständige Stelle.

Vielleicht lag die eingegangene Königin auf der Windel. Was dann? Sitzt zufällig ein Ableger mit junger Königin im Honigraum, genügt ein Schlitz als Verbindung. Bei geeignetem Wetter zieht das weisellose Volk nach oben. Hat man anderswo einen Ableger, so hängt man ihn dem weisellosen Volk zu, oder man holt dort die Königin heraus und setzt sie im Käfig unter Zuckerteigverschluß auf die mittlere Wabe des weisellosen Volkes. Den entweiselten Ableger hängt man einem Volk zu, das Verstärkung brauchen kann. Fehlt eine Ersatzkönigin, wird das weisellose Volk dem weiselrichtigen Nachbarvolk zugehängt oder einfach vor dem Flugloch abgestoßen. Das eigene Flugloch wird verschlossen. Die Bienen laufen dem Nachbarvolk zu. Die freigewordenen Futterwaben können später im April kräftig wachsenden Völkern guttun. Oder man schleudert sie aus und verwendet das Futter statt Honig zur Herstellung von Zuckerteig. Bekleckerte Waben sollte man aber vorher abwaschen und eine Woche lang mit Essigsäuredämpfen behandeln (siehe Kapitel Nosema S. 180).

Abgesehen von diesen Notstandsarbeiten läßt man die Völker jetzt noch in Ruhe. Wenn während des Reinigungsausfluges nicht für mehrere Stunden wirklich schönes Wetter herrscht, unterläßt man selbst diese Arbeiten. Man stellt sie für den März zurück, wenn man die Völker zum erstenmal durchsieht.

3. Das neue Brutnest und seine Förderung

Je nach Witterung entsteht Ende Januar–Februar das erste kleine Brutnest innerhalb des Zentrums der Wintertraube. Die Nährdrüsen der dazu nötigen Ammen werden, auch ohne augenblicklichen Pollenvorrat, gespeist aus dem Fetteiweißpolster, das sie sich im Herbst angezehrt haben. Es wäre sinnlos, ja gefährlich, diesen ersten Brutsatz fördern zu wollen. Ruhr und verkühlte Brut wären bei den sicher noch zu erwartenden Kälteperioden die Folge.

a) Frühjahrsreizung

Erst wenn gegen Mitte März warme Tage aufkommen, darf der Imker dem Drang, seinen Bienen zu helfen, nachgeben. Wer nicht mit Frühtracht zu rechnen hat, begnügt sich auch jetzt noch mit der Aufstellung einer *Tränke* und dem *Eng- und Warmhalten* seiner Völker. Der Frühtrachtimker dagegen sucht die Ausdehnung des Brutnestes zu beschleunigen. Das erreicht er am besten durch

Abb. 47 Besser als nur eine Sorte von Kätzchenweiden ist ein Sortiment von Weiden, die nacheinander aufblühen, so daß man mit ihrem Pollen möglichst an die beginnende Obstblüte heranreicht. Eine solche Reihenfolge wäre: Medemsweide (salix medemi), Küblerweide (salix smithiana), Salweide (s. caprea), Reifweide (s. daphnoides), Balsamweide (s. balsamica), Purpurweide (s. pupurea), Lorbeerweide (s. pentandra), Bruchweide (s. fraglis). Es gibt noch viele andere Arten und Kreuzungen.

Abb. 48 Höselhäuschen abgedeckt mit Glas oder durchsichtiger Kunststoffplatte. Praktisch als Einlage sind die bekannten Formen, in denen Eier versandt werden.

Futter von außen. Dabei hat das Eiweißfutter entschieden den Vorrang, also Pollen und Pollenersatz. Die verschiedenen Pollenarten sind nicht gleichwertig. Pollen von Haseln und Erlen wirken nicht mehr als die Pollenersatzmittel. Eigene Anpflanzung lohnt sich kaum. Dagegen lohnt sich die Anlage von Kätzchenweiden in Standnähe. Statt der schwer vermehrbaren Saalweide nimmt man die leicht und rasch wachsende Küblerweide, Salix Smithiana. Als 6 m hohe Hecke bietet sie zugleich Windschutz für Garten und Bienenstand (Abb. 47). Wer eine größere Rasenfläche oder Wiese kräftig mit Krokus durchsetzen kann, tut seinen Bienen einen Gefallen. Doch hat Krokuspflanzung keinen Sinn, wenn nicht zugleich die Mäuse bekämpft werden! Sonst wundert man sich, wie wenig davon übrigbleibt. Gegen Mäusefraß wird empfohlen, die Zwiebel vor dem Setzen anzufeuchten und in Mennige zu wälzen. Der angetrocknete Überzug soll jahrelang halten.

Die 8 bis 10 milden Tage, die meist zum Aufblühen der ersten Kätzchen nötig sind, benützt man, um *Pollenersatzstoffe* im Freien anzubieten. (Abb. 48) Bewährt haben sich Sojamehl (vorteilhaft in Mischung mit Bierhefe als Sojapoll), Höselhefe und Fukopoll. Trockenmagermilch wird für sich allein kaum gehöselt und wirkt auch nicht so gut. Die Zugabe von 10–20% Staubzucker zu diesen Ersatzmitteln scheint die Lust der Bienen zum Höseln und Aufspeichern zu steigern, doch erhöht es auch die Neigung zur Verkrustung der Oberfläche in feuchten Nächten.

Die Bienen höseln den Pollenersatz, solange sie zuwenig Naturpollen haben. Steht davon genügend zur Verfügung, beachten sie die Ersatzmittel nicht mehr. Immerhin kann man durch diese Art der Eiweißfütterung für fluglose Tage vorsorgen, die sicher kommen werden.

Die Frage, ob man bei länger anhaltendem Schlechtwetter Eiweiß in Form eines Teiges aus Puderzucker, Pollenersatz und Honig bieten solle, ist nach wie vor umstritten. Nach langjährigen Erfahrungen an der Bayerischen Landesanstalt für Bienenzucht ist damit im Durchschnitt der Jahre kein Vorteil verbunden gewesen. Vorübergehende bessere Brutpflege der gereizten Völker während des Schlechtwetters wird mit raschem Bienenverlust nach der Wetterbesserung erkauft. Die Bienen sind dann auch nicht trachtstärker. Man hat aber viel Zeit und Kosten in die Reizfütterung gesteckt. Für die meisten Stände ist die Innenreizfütterung mit Pollenersatzteigen nicht ratsam. Wer es dennoch tut, muß zumindest bereits sehr starke Völker besitzen. Meist ist diese Maßnahme auch mit der Durchführung besonderer individueller Betriebsweisen verknüpft.

Zu den Pollenersatzmitteln selbst ist zu sagen, daß es von vornherein höchst unwahrscheinlich ist, mit einem einzigen Mittel den Eiweißbedarf der Biene befriedigen zu können. Alle Eiweißarten sind aus einzelnen Bausteinen zusammengesetzt, den Aminosäuren. Davon gibt es etwa 30. Die Art und Weise, wie und in welcher Menge die einzelnen Bausteine zusammengesetzt werden, ist bei jedem Lebewesen anders. Anders beim Menschen, anders bei der Kuh, beim Hund, beim Fisch, anders auch bei der Biene. Alles fertige Eiweiß, sei es pflanzlich oder tierisch, muß erst wieder bei der Verdauung in seine Bausteine zerschlagen werden. Aus diesen Teilen setzt der verdauende Körper sein ihm eigentümliches Eiweiß neu zusammen. Dabei gilt wie beim Kunstdünger das Gesetz des Minimums. Die Aminosäure, die unbedingt benötigt wird und im Verhältnis zum Bedarf in der geringsten Menge vorhanden ist, bestimmt, inwieweit ein Körper das angebotene Bausteingemisch auswerten kann. Man spricht deshalb von der »Wertigkeit« des Eiweißes. Die Aussicht, daß die Biene die speziell für sie nötigen Aminosäuren findet, ist bei einem Gemisch verschiedener Eiweiße größer als bei nur einer Eiweißart.

Nach den Untersuchungen von Wahl sind die bei uns im Handel angebotenen Mischpräparate Sojapoll und Fukopoll für die Aufrechterhaltung des Brutgeschäftes gut geeignet.

Auch die flüssige Reizung wird am besten wirken, wenn sie außen erfolgt. Erfahrungsgemäß entsteht im Frühjahr bei Darbietung auch in Standnähe keine große Gefahr für Räuberei. Die Lösung kann dünn sein, etwa 5 : 1 oder 10 : 1. Sie kann neben dem Zucker auch etwas Honig und vielleicht auch Bienentee enthalten. Sklenar hat eine Zusammensetzung empfohlen aus Kamille, Melisse, weißer Schafgarbe, Poleiminze und Orangenschalen. Poleiminze hält sich nach meiner Erfahrung nicht lange auf dem gleichen Platz. Will man sie erhalten, muß man sie alle paar Jahre versetzen. Es geht aber statt dessen auch Pfefferminze. Orangenschalen sind heute meist mit Gift behandelt. Solche darf man nicht nehmen. Es gibt jetzt auch einen Extrakt aus Bienentee.

Verbindet man mit der Reizfütterung zugleich die Bekämpfung der Nosema, so darf man nicht vergessen, daß das quecksilberhaltige Nosemack nicht mit Metall in Berührung kommen darf. Blechfuttertröge streicht man also mit Ölfarbe oder Bootslack gut aus. Fumidil B verträgt keine Hitze. Man muß also heiße Lösungen erst abkühlen lassen, bevor man es beigibt. Fumidil wirkt eindeutig besser als Nosemack.

b) Die große Frühjahrsnachschau

Erst wenn das Thermometer 16 bis 20° C zeigt, schaut man einmal alle Völker genauer durch. Man tut aber dabei nicht mehr, als nötig ist, um über jedes Volk Bescheid zu wissen. Man muß durchaus nicht jede Wabe des Brutnestes gesehen haben. Man sieht von den Außenwaben her nach dem Restbestand an Futter, bis man an die erste Brut kommt. So von beiden Seiten her. Dann kennt man den Umfang des Brutnestes, nimmt Waben weg, wo zuviel sind, notiert alles auf.

Normale Völker bleiben innen unberührt bis zum ersten Aufsetzen. Nur, wo mir etwas nicht gefällt, öffne ich das Volk. Schlechter Flug, wenig kleine Höschen, Unruhe, zerstreuter Sitz, viel Totenfall sind Dinge, die Verdacht erregen. Hier zeigt die Nachschau, was los ist. Minderwertige Königin oder gar keine, Buckelbrut, Nosema, Spitzmausbesuch, Ruhr durch versäumten Reinigungsflug, Milbe.

Es hat keinen Sinn, buckelbrütige Völker jetzt etwa anderen Völkern in den Honigraum zu hängen. Die Buckelbrut würde weiterlaufen und noch Bienen des weiselrichtigen Volkes zur Pflege mitbeanspruchen. Abschwefeln oder vor dem Stand abkehren. Dabei taucht vielleicht die Königin auf, die keinen Samenvorrat mehr hat. Sie hätte beim Vereinigen vielleicht die gute Königin noch in Gefahr gebracht.

Die Besuche auf dem Bienenstand werden nun häufiger. Der Blick auf die Notizen der Stockkarten zeigt, wo am ehesten an eine Erweiterung zu denken ist.

4. Das wachsende Volk

a) Erste Erweiterung

Im März hielten sich schlüpfende Jungbienen und absterbende Altbienen die Waage, vielleicht überwog sogar der Abgang. Im April merkt man die Wirkung des verstärkten Bruteinschlags der ersten warmen Märztage. Soweit man die Völker im Herbst eingeengt hat, müssen sie jetzt erweitert werden. Das geschieht am besten zunächst mit ausgebauten Waben, die während des Winters mit Essigsäuredämpfen desinfiziert wurden. Der rechte Platz ist zwischen einer Außenwabe und der letzten Brutwabe. Besonders geeignet sind mäßig gefüllte Futterwaben, die man aufreißt und mit warmem Wasser bespritzt. Wer Zeit hat, öfter nach seinen Bienen zu schauen, kann schrittweise erweitern. Wer seine Völker nur ab und zu besuchen kann, wird notgedrungen gleich mehr Erweiterungswaben auf einmal geben. Zeitgerecht erweitert man, wenn auch die äußeren Wabengassen sich mit Bienen füllen. Wer wartet, bis alles vor Bienen platzen möchte, treibt seine Völker schon frühzeitig zum Schwärmen.

An Stelle von Erweiterungswaben können zuletzt auch Mittelwände verwendet werden. Früher ist der letzte Platz im einstöckigen Brutraum mit dem sog. Baurahmen ausgefüllt worden. Ihn kennt eigentlich nur noch der Hinterladerimker, welcher ein rückwärtiges Fenster in seinen Beuten hat. Beim Blätterstock ist der Baurahmen mit dem Fenster verbunden. Hier kann er leicht kontrolliert und von Zeit zu Zeit ausgeschnitten werden. Auf diese Weise kann er für den gewitzten Imker ein Barometer für das Schwärmen abgeben.

Der Baurahmen, welcher nach jedem Herunterbauen ausgeschnitten wurde, kostet viel Bienenfleisch. Man schnitt ja nicht nur die Jungfernwabe, sondern eine Menge Drohnenbrut mit heraus. Sein Gebrauch war mit viel Zeit und Arbeitsaufwand verbunden. Dabei ist seine schwarmanzeigende Wirkung nicht einmal sicher. Zur Wachslieferung rentiert er sich nicht, und schwarmverhindernd wirkt er auch nicht.

Die meisten Imker verwenden den Baurahmen heute als Drohnenwabe, d. h., sie belassen ihn den ganzen Sommer über im Volk, so daß einige Drohnengenerationen darin zur Entwicklung kommen. In der Regel entsteht er in einem gedrahteten Rähmchen, das man mit einem fingerbreiten Mittelwandstreifen versehen hat, oder auch nur in einer alten Wabe, die bis zu einem oberen Randansatz ausgeschnitten wurde. Der Drohnenrahmen hat seinen Platz unmittelbar hinter einer Randwabe im Brutnest.

Es versteht sich von selbst, daß der Magazinimker, welcher in 2 Räumen überwintert, während all dieser Zeit überhaupt noch nichts zu tun hat. Seine Völker haben ja genug Raum und Zeit, um sich auszudehnen. In der Regel hat er auch bereits eine ausgebaute Drohnenwabe während des Winters im Volk belassen. Wenn er will, kann er sie jetzt ausschneiden und neu bauen lassen.

b) Die Freigabe des Honigraums

Je nach Frühjahrswetter füllen die besseren Völker zu Beginn, die anderen im Verlauf der Obst- und Löwenzahnblüte den Brutraum so sehr, daß der nächste Erweiterungsschritt die Freigabe des Honigraums bedeutet. Ganz Vorsichtige geben den Honigraum nicht auf einmal. Sie hängen etwa 2–3 gedeckelte Brutwaben nach oben und dazu 2 Deckwaben. Der übrige Platz des Honigraums wird mit Holzkissen ausgefüllt. Die Brutraumwaben werden so zusammengerückt, daß Brut über Brut steht. Für die nach oben umgehängten Brutwaben erhält der Brutraum Leerwaben oder Mittelwände außen an das Brutnest. Auch die nächsten Erweiterungsschritte erfolgen auf gleiche Weise, bis der Honigraum gefüllt ist. Doch kann man es bei dem anhaltend warmen Wetter und der kräftigen Entwicklung nun auch wagen, Mittelwände zwischen die Brutwaben zu hängen. Man muß das im Gefühl haben, was man dem einzelnen Volk zumuten kann, ohne daß man es zurückwirft.

Durch das Umhängen von gedeckelter Brut schafft man unten Platz für Eier, entlastet zugleich den Brutraum vom Gedränge der Jungbienen und wirkt so dem Schwarmtrieb entgegen. Auch das Ausbauen von Mittelwänden wirkt dämpfend auf die Schwarmlust. Volkserstarkung, Schwarmverhinderung und Bauerneuerung gehen also Hand in Hand.

Zwischen Hinterbehandlung und Magazinimkerei muß kein grundsätzlicher Unterschied bei diesen Eingriffen bestehen, vorausgesetzt, daß man in einem einzigen Raum überwintert hat. Magazinimker, die in 2 Räumen überwintern, finden jetzt in der oberen Zarge die Hauptbrutmenge. Auch sie geben jetzt schon den Honigraum als 3. Zarge, obgleich das Volk noch in den beiden Überwinterungszargen Platz hätte. Dabei gehen sie am besten wie beim klassischen Aufsetzen vor. Sie hängen aus der 2. Zarge 3–4 Brutwaben in die 3. Zarge um und ergänzen die 2. Zarge dafür mit Mittelwänden. Diese werden hier am schnellsten ausgebaut. In den Honigraum über das Absperrgitter kommen außer den Brutwaben nur ausgebaute Waben.

Das Umhängen der Brutwaben in den Honigraum hat zur Folge, daß dieser Raum rasch von den Bienen angenommen wird und Frühtrachthonig aus Obst, Löwenzahn und Raps auch wirklich hierher gelangt. Wenn man die Honigzarge ohne Brut aufsetzen würde, wie es dem Zargenimker vorschweben möchte, kann es passieren, daß die Bienen den Frühjahrshonig unter dem Absperrgitter über und seitlich der Brut ablagern, anstatt ihn nach oben zu tragen. Selbstredend wird die umgehängte Brut genau über den unten zusammengeschobenen Brutwaben plaziert. Das Bienenvolk hat im Notfall in dem für seine Stärke etwas zu groß geratenen Kasten nur den Brutbereich zu erwärmen. Das fällt ihm bei Vertikalanordnung der Brut besonders leicht. Mit dem Wachsen der Bienenzahl wird schließlich auch der unterste Raum bevölkert und allmählich bebrütet. Das Volk behält den ganzen Sommer über die beiden Bruträume. Damit die Königin auch ungehindert von einem zum anderen Raum hinauf und hinunter wechselt und beide Räume mit Brut versieht, darf der Abstand zwischen den oberen und unteren Waben nicht zu groß sein. In einem solchen Fall müßten erst überall Wachsbrücken die Verbindung schaffen, und das könnte bei mäßiger Tracht auf sich warten lassen. 8 mm aber überwindet die Königin leicht. Dieser Abstand bewirkt gleichzeitig, daß keine zu festen Wachsbrücken entstehen und die Zargen bei Bedarf leichter voneinander zu trennen sind.

Dasselbe, was hier für den Betrieb mit Magazinen gesagt wurde, gilt auch für die Dreiraum-Hinterbehandlungsbeuten, die in den letzten Jahren von den Bienenhausimkern gerne verwendet werden. Diese Beuten stellen einen Versuch dar, die bequemen Betriebsformen der Zargenwirtschaft auf die Hinterbehandlungsimkerei zu übertragen.

c) Verstärken und Vereinigen der Völker

Trotz aller Bemühungen, starke Völker einzuwintern und die Entwicklung im Frühjahr zu fördern, steht der Frühtrachtimker in einem angespannten Wettlauf mit der Natur. Ein Weg, wenigstens mit einem Teil der Völker schlagfertig für die Ausnützung der Tracht aus Obst, Löwenzahn und Raps bereitzustehen, ist das Verstärken und Vereinigen der Völker. Dabei ist Grundsatz: *Nimm von den Schwachen und gib es den Starken!* Der umgekehrte Weg würde zu einem Versagen aller Völker führen. Etwa 10 bis 14 Tage vor dem vermutlichen Trachtbeginn entnimmt man den schwächeren Völkern, die ohnehin den Anschluß an die Frühtracht nicht erreichen würden, Waben mit altgedeckelter, am besten schon auslaufender Brut samt Bienen und hängt sie in den Honigraum der starken Völker. Man füllt den Honigraum nicht ganz auf, um noch Platz zu haben für das Umhängen von Brutwaben aus dem eigenen Volk. Die geschwächten Völker werden gut warm und eng gehalten und laufend gefüttert, damit sie für die Junitracht wieder stark werden. Sie können dann umgekehrt von den bis dahin überstark gewordenen Bestvölkern, die in Schwarmgefahr kommen, wieder gedekkelte Brutwaben zurückerhalten. Das nützt dann beiden Teilen.

Beim sogenannten Zweivolkbetrieb, richtiger *Vereinigungsbetrieb,* werden die Honigräume schon im Herbst nach Trachtschluß mit Ablegern oder Völkern mit abgehender Königin besetzt und, vom Brutraumvolk getrennt, eingewintert. 10 bis 14 Tage vor Trachtbeginn wird die Königin des Honigraums getötet, wenn von ihr nicht mehr viel zu erwarten ist. Macht aber die Königin des Brutraums einen schlechteren Eindruck, so wird diese entfernt und das Brutraumvolk nach oben gesetzt, das Honigraumvolk nach unten. Dazwischen Absperrgitter und durchlochte Zeitung.

Sind beide Königinnen noch gut, wird mit der Königin des Honigraums ein Kleinableger in einen anderen Kasten gemacht. Er wird gepflegt und kann, nach und nach mit Waben aus zu üppigen Völkern verstärkt, noch zur Ausnützung späterer Trachten taugen. Oder er kann nach Trachtschluß wieder in einen Honigraum wandern für den Vereinigungsbetrieb des kommenden Jahres. Oder die Königin kann willkommen sein, um eine versagende Königin auf eigenem oder fremdem Stand abzulösen. Das Zusetzen ist im Frühjahr ja ungefährlicher als später. Zum Vereinigungsbetrieb gehören geräumige Beuten, am besten eignet sich wieder der Magazinbetrieb; auch Dreiraumbeuten sind gut verwendbar.

Sämtliche Völker auf Vereinigungsbetrieb (Zweivolkbetrieb) einzurichten wird sich nur empfehlen, wo die Frühtracht die einzige Tracht ist, aus der man etwas zu erwarten hat. Allenfalls auch noch da, wo nach der Frühtracht eine große Trachtpause folgt und erst der Herbst noch eine Ernte etwa aus dem zweiten Luzerneschnitt oder der Heide erwarten läßt. Dann reicht die Zeit zum Wiederaufbau der Zahl der Leistungsvölker. Kann man aber noch mit Sommertracht am Heimstand rechnen oder will man eine solche anwandern, muß man sich sehr überlegen, inwieweit die Verminderung der Völkerzahl für die spätere Tracht durch den Mehrertrag aus der Frühtracht wettgemacht wird. Man wird am besten das Risiko teilen. Mit einem Teil der Völker durch Vereinigung eine Ernte aus der Frühtracht sichern und doch die Völkerzahl nicht so verringern, daß man sich beim Einfallen einer folgenden Tracht ins eigene Fleisch geschnitten hätte. Ein eindeutiger sicherer Rat für alle Verhältnisse läßt sich hier nicht geben, weil die Trachtlage von Ort zu Ort, oft schon auf geringe Entfernung, so verschieden ist.

d) Bruteinschränkung

Ganz ähnlich wie mit dem Vereinigungsbetrieb verhält es sich mit der Bruteinschränkung für eine bestimmte Tracht. Sie ist nur da angebracht, wo es gilt, alles auf eine Karte zu setzen, wo also nicht mit der Verminderung der Bienenzahl eine spätere Tracht weggeworfen wird. Und sie darf nicht so spät im Jahr liegen, daß man das Brutgeschäft zur Erzeugung der Winterbienen nicht mehr genügend in Gang bringen würde. Bruteinschränkung lohnt sich also da, wo sich der Vereinigungsbetrieb lohnt, der richtig gesehen auch eine Bruteinschränkung bedeutet. Denn die getötete Königin erzeugt keine Brut mehr, die im Kleinableger fährt mit wesentlich verminderter Geschwindigkeit voran.

Die Bruteinschränkung kann sehr verschiedene Ausmaße annehmen, Absperrung der Königin in einem Käfig, auf einer einzigen Wabe oder auf mehreren. Sie ist keine Sache für den Anfänger, sondern allenfalls für den gewiegten Imker, der seine Tracht und seine Völker kennt und Vor- und Nachteile gegeneinander abzuwägen weiß.

Der Königinnenzüchter wird bei Völkern, die ihn zur Zucht interessieren, grundsätzlich auf alles Verstärken und Schwächen verzichten. Diese müssen zeigen, was erbmäßig in ihnen steckt an Entwicklungsfähigkeit, Schwarmlust, Sanftmut, Honigleistung und Einheitlichkeit im Äußeren. Er darf diese Völker auch nicht liebevoller behandeln mit Füttern, Warmhaltung usw., um sein Urteil nicht zu fälschen.

5. Schwarmarbeiten

a) Schwarmverhinderung

Schwarmvorbeugend wirkt das Umhängen von gedeckelten Brutwaben in den Honigraum. Man kann es wiederholen, sooft man am Volk zu tun hat, auch beim und nach dem Schleudern. Es hilft aber nur in schwarmarmen Jahren und bei Völkern, die ohnehin nicht schwarmlustig veranlagt sind. Das Umhängen ist eine Domäne besonders des Hinterladerimkers. Er bekommt dadurch stets starke, für jede Heim- oder Wandertracht schlagkräftige Völker. Aber auch der Magazinimker kennt das Umhängen. Er geht damit aber in der Regel viel sparsamer um. Wer in einem Raum überwintert, hängt das erstemal beim Aufsatzgeben um. Je nach Volksstärke kommen 3–6 Brutwaben über das Absperrgitter nach oben. Die restliche Brut wird darunter zusammengeschoben. Dazu kommen ausgebaute Waben und Mittelwände in den Brutraum. Sobald hier wieder genügend Brut vorhanden ist, wird eine Zarge, hauptsächlich mit Mittelwänden, zwischen Honigraum und Brutraum als 2. Brutraum eingeschoben. Damit die Bienen diesen neuen Brutkörper schneller annehmen, hängt man noch einmal 2–3 Brutwaben von unten in den mittleren Raum um. Darüber liegt das Absperrgitter. Bei sehr starken Völkern und bester Tracht kann man in diesem Stadium auch untersetzen. In der Regel ist jedoch der erste Weg für die Weiterentwicklung des Volkes zuträglicher. Bei 2-Raumüberwinterung hängt man beim Honigraumgeben ebenfalls um, und zwar Brutwaben aus dem zweiten Raum über das Absperrgitter in die als Honigraum dienende dritte Zarge. Im mittleren Raum wird die verbleibende Brut wieder in der Mitte zusammengedrängt und mit Mittelwänden ergänzt. Die Völker sollen so stark sein, daß diese Arbeiten zu Beginn der Obstblüte durchgeführt werden können. Der moderne Magazinimker arbeitet heute mit zwei Brutzargen, wenn diese nur nicht zu groß sind. Das bringt stärkere Völker und beugt dem Schwärmen vor.

Schröpfen: In manchen Jahren, in manchen Gegenden und bei manchen Völkern reicht das Umhängen zur Schwarmverhinderung nicht aus. Dann schröpft man die Völker, indem man ihnen Brutwaben mit oder ohne ansitzende Bienen entnimmt. Mit den Waben verstärkt man schwächere Völker, oder man stellt sie zu Ablegern zusammen, die dann eine Weiselzelle oder eine unbegattete Königin bekommen.

Zwischenableger: Er wird in verschiedener Weise gehandhabt. Meist setzt man den Honigraum des schwarmlustigen Volkes anstelle des Brutraums. Den Brutraum gibt man an einen neuen Platz oder setzt ihn bienendicht über den Honigraum. Die Altbienen und bereits eingeflogenen Stockbienen kehren aus dem verstellten Brutraum zurück in den Honigraum. Hier muß eine offene Brutwabe eingehängt werden, damit die Bienen nicht ausziehen. Der Wochenendimker nimmt die Wabe mit den Nachschaffungszellen nach 8 Tagen heraus und ersetzt sie durch eine neue offene Brutwabe. Erst nach weiteren 8 Tagen ist die Schwarmlust im abgeflogenen Brutraum so weit abgeklungen, daß man ihn nun mit dem Honigraum zurückvereinigen kann. Vorher muß man die Nachschaffungszellen an der Bannwabe im Brutraum ausbrechen.

Bei schlechtem Wetter kann sich der zu Beginn des Verfahrens verstellte Brutraum nicht abfliegen. Während sonst die Bienen die hier vorhandenen Schwarmzellen abtragen, muß man es in diesem Fall nach 2–3 Tagen Regenwetter selbst tun. Sonst kann es passieren, daß der verstellte Brutraum einen Schwarm abgibt.

Durch das Zerreißen des Volkes leidet der Honigertrag. Die in den Honigraum zurückkehrenden Trachtbienen sammeln zwar weiter, aber nach unseren Erfahrungen doch mit verminderter Lust. Besser ist es, wenn man schon früher einen Teil des Brutnestes auf den Honigraum am alten Platz zurückgibt. Das ist bei der Verwendung von 2 Bruträumen auch leicht möglich. Beim Verstellen des 2-zargigen Brutraums legt man ein Absperrgitter zwischen die beiden Räume. Schon nach 4 Tagen sieht man, wo sich die Königin aufhält. Das ist die Zarge mit den Eiern. Die andere setzt man dem Honigraum auf. Der Wochenendimker kann das auch nach 8 Tagen tun. Weitere 8 Tage später kann dann die Rückvereinigung mit der Königinnenzarge erfolgen.

Diese Methode des Zwischenablegers ist aber mit keiner Vermehrung verbunden. Die alte Königin kommt wieder ins Volk zurück. Häufig schickt sie sich im Spätsommer oder Herbst zur stillen Umweiselung an.

Es wird wohl selten vorkommen, daß man zur Schwarmzeit schon Ableger mit einer diesjährigen begatteten Königin hat. Aber vielleicht hat man kleinere Reservevölker mit vorjähriger Königin, etwa dadurch, daß man solche Völker im Frühjahr laufend durch Entnahme von Brutwaben geschwächt hat, um damit andere Völker zu verstärken. Wenn man bei der Bildung des Zwischenablegers ein solches Restvolk mit junger Königin gleich unter den am alten Platz verbleibenden Honigraum des schwarmlustigen Volkes stellt, arbeiten hier die Bienen fleißig weiter, und bei noch hinzukommender nachfolgender Teilverstärkung aus dem verstellten Brutraum bleibt der Honigverlust durch die so geheilte Schwarmneigung gering. Aus dem weggestellten Brutraumteil mit der alten Königin kann man noch 1–2 Ableger herausmachen und auf diese Weise für die Vermehrung der Völker sorgen.

Königinnenableger: Wenn man es von vorneherein auf die Vermehrung der Völker abgesehen hat, kann man anstelle des Zwischenablegers auch den »Königinnenableger« zur Schwarmverhütung durchführen. Dabei muß man aber die Königin suchen, um mit ihr einen kleinen Ableger mit 1–2 Brutwaben zu machen. Im Restvolk muß man alle Zellen bis auf 1 oder 2 ausbrechen, damit es nicht mehr schwärmen kann. Die Wabe mit diesen Zellen sollte man kennzeichnen. Nach 8 Tagen bricht man noch einmal alle inzwischen angesetzten Nachschaffungszellen aus. Es ist zu hoffen, daß das Volk in Bälde eine junge begattete Königin haben wird. Sollte das nicht der Fall sein, hat man immer noch den Königinnenableger zum Rückvereinigen.

Flügelstutzen: Wer nicht wöchentlich auf seinen Stand kommt, tut gut, seinen Königinnen einen Flügel zu stutzen. Man schneidet mit einer feinen Schere die Spitze, das ist etwa $1/3$ des Flügels, ab. Die Königin ist dann nicht mehr in der Lage zu fliegen, sie fällt zu Boden. Die Schwarmbienen verlassen sie und kehren in die Beute zurück. Wenn man dabei auch in manchen Fällen der Königin verlustig geht, so bleiben doch die Bienen zurück, und das ist in dieser Zeit die Hauptsache. Kommt man dann mit 8 Tagen Verspätung auf den Stand, findet man bei der Durchsicht der Völker die Schwarmzellen und kann durch Ausbrechen derselben bis auf eine oder zwei oder durch Teilung evtl. Nachschwärme verhüten.

b) Vorwegnahme des Schwarmes

Wegnahme der Brut: Eine besondere Form der Schwarmverhinderung ist die Vorwegnahme des Schwarmes. Sämtliche Brutwaben werden entfernt bis auf die Wabe mit der Königin. Für die Waben gibt man Mittelwände. Manche entnehmen mit den Waben auch alle daraufsitzenden Bienen. Dann ist der Eingriff sehr grob. Es dauert länger, bis die Mittelwände ausgebaut werden. Denn die zur Königin zurückfliegenden Flugbienen sind ja zum großen Teil über das Baualter hinaus. Die Schwächung kann so stark sein, daß man den Honigraum wegnehmen muß. Man tut besser, wenigstens einige der Brutwaben in den alten Brutraum abzustoßen und die leeren Brutwaben andern Völkern zu geben.

Kunstschwarm: Eine elegante Form der Schwarmvorwegnahme wurde von *Taranov* entwickelt. Sie hat den Vorteil, daß die Bienen tatsächlich mit ihrer Königin zur Bildung einer Schwarmtraube kommen und damit eine gewisse Befriedigung ihres Schwarmtriebes erleben. Vor das schwarmlustige Volk wird ein

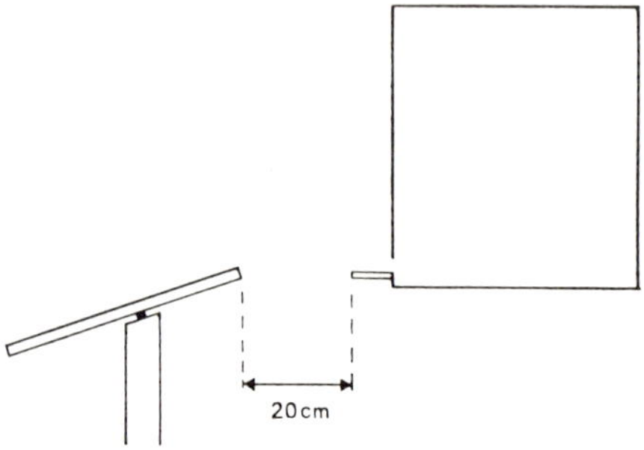

Abb. 49 Vorwegnahme des Schwarmes durch Freiluft-Kunstschwarm vor dem Flugloch. Vorteil, man kann den Kunstschwarm bilden, wenn man Zeit hat, und braucht nicht um die Mittagszeit dem natürlichen Schwarm aufzulauern. Praktisch vor allem für Berufstätige, die viel abwesend sind.

schräges Anlaufbrett gestellt, dessen oberes Ende sich auf 20 cm dem Flugbrett nähert. Darauf wird das ganze Brutnest samt Königin abgestoßen. Die Flugbienen kehren in den Stock zurück, der seine Brutwaben wieder bekommt. Die Weiselzellen werden bis auf eine schöne ausgebrochen. Die Jungbienen laufen am Brett hoch und sammeln sich mit der Königin als Traube unter dem Oberrand des Anlaufbrettes. Der »Naturkunstschwarm« wird weiter behandelt wie ein Schwarm. Hier ist die größte Annäherung an das natürliche Geschehen erreicht. (Abb. 49)

c) Schwarmförderung

Der Fall, daß ein Kastenimker von einem bestimmten Volk gern einen Schwarm will, ist selten. Man hat ein schwarmträges gutes Leistungsvolk. Die Königin ist schon im dritten Jahr. Man möchte ohne große Zuchtkünste natürlich und gut aufgezogene Königinnen davon haben. Das Volk wird eng und warm gehalten und noch mit gedeckelten Brutwaben von anderen Völkern verstärkt. Nicht mit offenen! Man will ja nicht Weiselzellen von anderen Völkern. Und Brutpflege hemmt auch den Schwarmtrieb. So kann man ein Volk mit mehrjähriger Königin zum Schwärmen treiben. Und das ist die für den einfachen Imker am meisten zu empfehlende Art, zu Königinnen zu kommen, die von der Mutter gute Erbanlagen mitbringen und auch so kräftig gebaut sind, daß man von ihnen eine große Legeleistung erwarten kann.

d) Der Baurahmen als Schwarmbarometer?

Ich habe schon gesagt, daß der Baurahmen keine Methode der Schwarmverhinderung darstellt und sich nicht einmal sicher zur Erkennung der Schwarmlust eignet. Trotzdem ist er bei den deutschen Imkern so eingefleischt, daß man um seine Erwähnung nicht herumkommt. Er ist also ein ungedrahtetes leeres Rähmchen, das nur einen fingerbreiten Streifen Mittelwand als Bauanfang hat. Bei Blätterstöcken ist gewöhnlich das untere Fenster so breitrahmig, daß er darin Platz findet. Er ist eine typische Erfindung des Hinterladerimkers und ist, wenn überhaupt, so nur in diesem Zusammenhang gerechtfertigt. Wenn das Volk an ihm baut, ist es in Ordnung. Wenn nicht, kann es schwarmlustig sein. Falls alle Völker nicht bauen, wird aber nur die fehlende Tracht daran schuld sein. Der Baurahmen ist eine große Plage. Wenn er funktionieren soll, muß man ihn alle paar Tage ausschneiden. Man entzieht dadurch dem Volk mit der Drohnenbrut viel Kraft, die sonst in Arbeiterfleisch umgesetzt werden könnte. Man braucht einen Sonnenwachsschmelzer, in dem die gebratene Drohnenbrut einen abstoßenden Eindruck hinterläßt. Die Wachsgewinnung mit dem Baurahmen lohnt sich bei den niedrigen Wachspreisen ebenfalls nicht. Man sollte allmählich von ihm loskommen. Vor allem der Oberbehandlungsimker, der seine Völker nicht durch ein Fenster kontrollieren kann, sollte ihm ein für allemal Lebewohl sagen. Anstelle des Baurahmens wird ein Drohnenrahmen verwendet. Er bleibt als Drohnenwabe den ganzen Sommer über im Brutnest. Wie sich herausgestellt hat, schmälern Drohnen den Honigertrag der Bienenvölker nicht, sondern helfen ihnen im Gegenteil ihre größte Leistung zu entfalten. Nur wenn man aus züchterischen Gründen von bestimmten Völkern keine Drohnen wünscht, wird man die Drohnenwabe entfernen. Dafür hängt man aber dann gerne eine hochwertige Drohnenwabe aus einem anderen Volk an ihre Stelle.

e) Schwarmlocker

Es ist nicht angenehm, wenn sich ein Schwarm in großer Höhe oder außer Sichtweite des Imkers ansetzt. Eine Reihe Beerensträucher, z. B. schwarze Johannisbeeren 5 bis 10 m vor dem Stand, veranlaßt viele Schwärme, sich daran niederzulassen. Auch die rauhe Rinde von Weinstöcken ist beliebt. Auch an nicht zu hohen Obstbäumen ist das Einfangen nicht allzuschwer. Empfohlen wird das Aufhängen eines alten bodenlosen Weidenkorbes oder eines Brettstückes, das

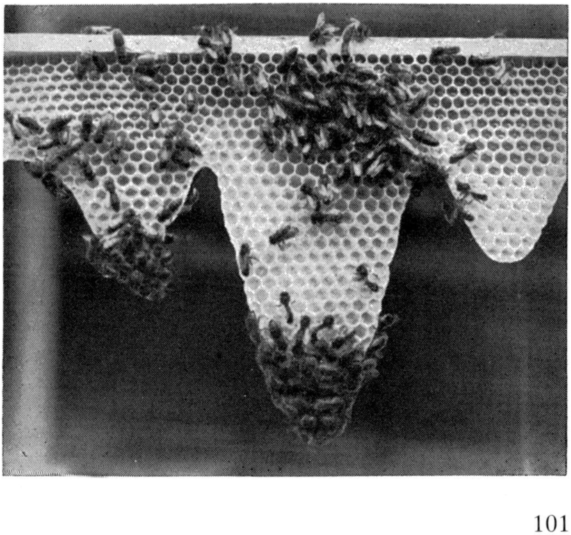

Abb. 50 Dieser Baurahmen zeigt deutlich, daß sich am gleichen Rahmen mehrere Bautrupps betätigen können, deren Teilwäbchen dann zusammenwachsen.

auf seiner unteren Seite mit Eichenrinde benagelt ist. Es ist gut, etwas Wachs hineinzugießen.

f) Der Schwarm ist da

Um die Mittagszeit meldet ein außergewöhnliches Gesumm und Bienengewimmel vor dem Stand den Auszug eines Schwarmes. Wie ein Sturzbach quillt es aus dem Flugloch. Wer rasch vors Flugloch tritt und flink und doch nicht zu grob zugreifen kann, dem kann es glücken, die Königin aus dem Trubel auf dem Flugbrett herauszufangen. In einem geruchfreien, nicht zu engmaschigen Drahtkäfig an einem Ast aufgehängt, zieht sie den Schwarm an. Es kann aber auch sein, daß es zu lang dauert, bis eine genügende Zahl von Bienen die durch den Käfig immerhin behinderte Witterung aufgenommen hat. Dann kehrt der Großteil des Schwarmes ins Muttervolk zurück. Das geschieht auch, wenn man die Königin ganz entfernt oder wenn sie, z. B. wegen eines abgeschnittenen Flügels, vor dem Stand zu Boden fällt. Auf Außenständen, die man nicht laufend kontrollieren kann, mag das Abschneiden eines Flügels das geringere Übel sein. Statt des ganzen Schwarmes, der nach ein paar Stunden das Weite sucht, verliert man nur die Königin. Aber wenn man nicht ein paar Tage später doch zur Nachschau kommt, ist auch mit der Rückkehr des Vorschwarmes nichts gewonnen. Der Nachschwarm mit einer jungen flugtüchtigen Königin zieht wahrscheinlich in größere Entfernung.

Der Normalfall ist der Vorschwarm mit Königin an einem Ast. Für Nichtimker ist das immer ein Ereignis. Der Imker bewahrt die Ruhe, sucht Fangkorb oder Siebkasten, Gänsefeder, Pfeife und Schleier zusammen und wartet, bis der

Abb. 51 Trotz aller Bemühungen zur Schwarmverhinderung bleibt ein schöner Schwarm immer noch ein Erlebnis für Bienen, Imker und naturfreundliche Nichtimker, leider nicht immer für den Besitzer des Nachbargartens. Auch ein Grund, mit der Umgebung, notfalls mit Hilfe einer Honigspende, ein gutnachbarliches Verhältnis zu pflegen.

Abb. 52 Das beste Gerät zum Schwarmfang ist ein Siebkasten. Er ist leicht, am Stiel gut zu fassen, der Schwarm kann nicht mehr ausziehen, wenn die Königin dabei war. Und wenn man seine Königinnen mit Nummern zeichnet, kann man sofort feststellen, aus welchem Volk der Schwarm kam. Das ist bei einem größeren Stand sehr wesentlich.

Schwarm sich ganz gesammelt hat. Der Schleier ist zwar in den meisten Fällen nicht nötig, denn Vorschwarmbienen pflegen sanft zu sein. Aber man kann nie wissen, was beim Abschlagen etwa an einem höheren Ast passiert. Man sollte nicht unnötig riskieren, die ganze Ladung ins Gesicht zu bekommen. Nachschwärme mit mehreren Königinnen sind zuweilen stechlustig. Darum den Schleier zur Vorsicht. Die Pfeife kann man brauchen, wenn der Schwarm sich auf kleinere Zweige verteilt oder in einem Astwinkel, Zaun und dgl. festgesetzt hat, daß man die Hauptmasse des Schwarmes nicht mit einem Faustschlag in den Fangkasten befördern kann. Eine kleine Dusche mit einer Gießkanne oder Spritze kann das Stillsitzen des Schwarmes beschleunigen, wenn man Eile hat.

Der eingeschlagene Schwarm wird unter dem Baum oder neben der sonstigen Ansatzstelle schattig aufgestellt. Fehlt der Schatten, so kann man sich durch Überhängen eines nassen Sackes über das Fanggerät helfen.

Hat man die Königin miterwischt, dann zieht sich im Lauf etwa einer Viertelstunde der ganze Schwarm in das Fanggerät. Andernfalls beginnt nach einiger Zeit eine Unruhe, und der Schwarm zieht aus und sucht die Königin, die sich anderswo niedergelassen hat. Der Schwarm muß noch mal gefaßt werden.

Sobald der Schwarm bis auf einige wenige Bienen ins Fanggerät eingezogen ist, schiebt man diese letzten mit der Feder auch noch hinein, schließt das Flugloch und stellt den Schwarm bis zum Abend kühl und dunkel.

g) Der Schwarm wird aufgestellt

Nicht immer ist man so zeitig da, daß man noch sehen kann, aus welchem Volk der Schwarm kam. Dann kann der auffallend dünne Fluglochbetrieb einen Anhaltspunkt geben. Wenn aber mehr als ein Volk geschwärmt hat, gibt auch die Nachschau keine Sicherheit. Die hat man nur, wenn alle Königinnen mit Jahresfarbe und Nummer gezeichnet sind und diese Zeichen nicht verlorengingen. Kann man keine Klarheit gewinnen, dann stellt man den Schwarm da auf, wo man ihn brauchen kann. Man stattet eine Beute mit so vielen Mittelwänden aus,

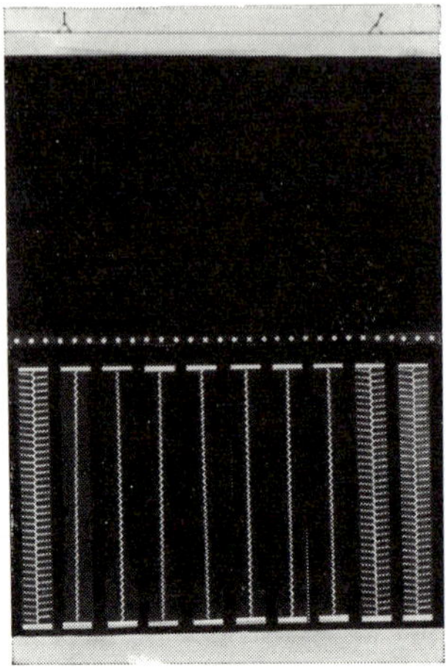

Abb. 53 Einen starken Schwarm kann man auf lauter Mittelwände setzen. Einem Durchschnittsschwarm von 3–4 Pfd. gibt man am Rand besser ein paar ausgebaute Deckwaben.

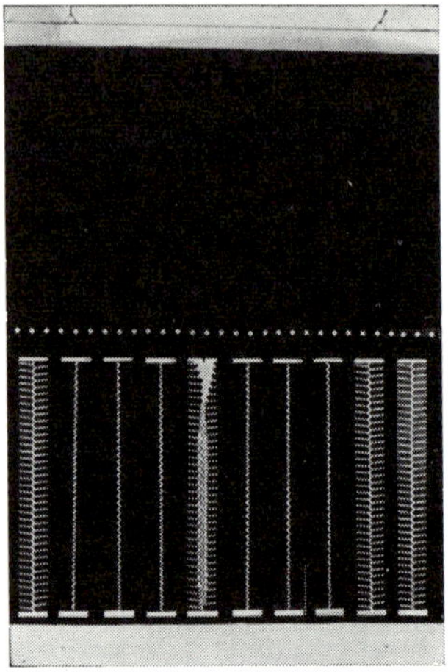

Abb. 54 Nachschwärme ziehen leicht wieder aus. Man hält sie durch eine Wabe mit offener Brut als »Bannwabe« in der neuen Wohnung fest. Weiß man nicht sicher, ob Vorschwarm oder Nachschwarm, gibt man sie auch. Ich tue es immer.

als der Schwarm halbe Pfund wiegt. In der Mitte läßt man eine Wabe frei. In diese Lücke wird kurz vor dem Einschlagen des Schwarmes eine Wabe mit offener Brut ohne Bienen aus irgendeinem Volke gehängt. Der Schwarm wird je nach Beutenart von oben oder hinten eingeschlagen. Die Beute wird geschlossen. Erst nach zwei Tagen gibt man dem Volk ein paar Flaschen Futter zum raschen Ausbau der Mittelwände. Gäbe man vorher Futter, könnte er wieder ausziehen. Die Brutwabe allerdings regt sofort den Pflegetrieb der Ammen an und hilft so den Schwarm in der Beute festhalten.

Ein Schwarm kann eine gute Gelegenheit sein, ein kümmerndes Volk mit versagender Königin noch nutzbar zu verwenden. Man setzt den Schwächling über den Schwarm, entweder in seiner Beute oder in den zunächst abgesperrten Honigraum, und drückt die Königin tot. Nach neun Tagen entfernt man die Weiselzellen und gibt das Absperrgitter frei. Der Schwarm hat so in Kürze wieder einen Honigraum und Jungbienen, Ausgleich für die drei Wochen, die er braucht, um wieder eigenen Nachwuchs zu haben.

Weiß man, woher der Schwarm kam, dann stellt man ihn am besten an die Stelle des Restvolkes, aus dem er kam. Das Brutnest des Restvolkes (Muttervolkes) wird für neun Tage anderswo untergebracht – beim Magazinbetrieb etwa durch Fliegengitter getrennt obenauf. Zur Sicherheit schaut man nach ein paar Tagen nach, ob die Weiselzellen des verstellten Brutnestes ausgebissen sind. Nach 9 Tagen wird der Brutraum wieder mit dem Honigraum vereinigt. Das macht man wieder mit einer Zeitung, die man über das Absperrgitter legt und an mehreren Stellen mit Hilfe des Federkiels durchlöchert. Man erhält ein Volk, das hohe Volksstärke mit dem Fleiß des Schwarms verbindet und eine Tracht mit Vollkraft ausnützen kann.

Nebenbei: Man kann von einem entweiselten Schwarm auch sehr gut eine Serie Königinnen aufziehen lassen. Im einfachsten Fall entfernt man nach einem Tag die Königin und hängt an Stelle der Bannwabe einen Zuchtrahmen ein. Nach 11 bis 12 Tagen werden die Zellen ausgeschnitten, und der Schwarm wird auf die Zuchtkästchen verteilt.

Imker mit viel Bienen und wenig Tracht verschaffen sich durch den Verkauf der Schwärme eine willkommene Einnahme. Schwärme in guter Trachtzeit zu verkaufen ist ein Verlustgeschäft. Jedoch einem jungen interessierten Menschen in einem guten Jahr einen Schwarm günstig überlassen kann die beste Nachwuchswerbung sein.

h) Weitere Sorge um Schwarm und Muttervolk

Der Vorschwarm baut vielleicht gut aus und entwickelt noch ein schönes Brutnest. Dennoch kann die Königin, für den Imker unmerklich, etwas an sich haben, was ihr das Vertrauen ihres Volkes raubt. Dann kommt es noch im August–September zum Ansetzen von einigen Umweiselungszellen. Es ist zwecklos, diese auszubrechen. Sie kommen wieder, und dann gerät die Jungkönigin vielleicht so spät ins Jahr, daß sie nicht mehr begattet wird. Am besten läßt man dieser stillen Umweiselung gleich beim ersten Versuch ihren Lauf. Doch behält man das Volk im Auge. Liegt eines Tages die alte Königin vor dem Stand, dann ist wahrscheinlich schon Brut von der jungen da. Fehlt aber nach einigen Wochen alle Brut, dann macht man die Weiselprobe mit einer offenen Brutwabe. Erscheinen auf dieser Weiselzellen, dann gibt man dem Volk eine begattete Jungkönigin aus der Zucht oder einem Ableger. Erscheinen keine Weiselzellen, tut man gut, nach der Königin zu suchen. Sie hat, wenn nicht das Wetter eine Begattung verhindert hat, wahrscheinlich einen Fehler, der sie zu Flug oder Begattung unfähig macht. Sie wird durch eine andere ersetzt. Nicht immer sind Königinnen aus stiller Umweiselung so tüchtig, wie man oft behauptet. Nicht so selten folgt auf eine Umweiselung eine zweite im gleichen oder im nächsten Jahr. Vielleicht hat das Muttervolk eine Woche nach dem Vorschwarm noch einen *Nachschwarm* abgestoßen. Damit zeigt es, daß seine Schwarmfreudigkeit nicht sehr gering ist. Man wird deshalb nur mit Vorsicht mehrere der freiwerdenden Jungköniginnen zur Begattung in Einwabenkästchen zulassen. Leicht kann man so eine unerwünschte Schwarmfreudigkeit auf dem Stand ausbreiten. Es genügt, wenn eine Königin des Nachschwarms und eine im Restvolk zur Begattung kommen. Und auch diese wird man im nächsten Jahr im Auge behalten. Schwärmen auch die einjährigen Königinnen schon wieder, ist es besser, sie durch Jungmütter aus einem anderen, schwarmfauleren Leistungsvolk zu ersetzen.

Nachschwarm und Restvolk werden nach 14 Tagen auf Eier kontrolliert. Fehlen sie, wird die Weiselprobe mit einer offenen Brutwabe gemacht.

i) Schwache Schwärme

Kleine Schwärmchen, die nur einige Waben besetzen, kann man nach und nach mit überschüssigen gedeckelten Brutwaben aus anderen Völkern verstärken und so bis zum Herbst winterständig bringen. Man kann sie aber auch vereinigen. Dabei gilt die Regel: Nur Vorschwarm mit Vorschwarm und Nachschwarm mit Nachschwarm. Sonst kann es ziemlich viel Tote geben.

k) Riesenschwärme

Bei gleichzeitigem Schwärmen mehrerer Völker können durch Zusammenfliegen Riesenschwärme entstehen, die nicht zu bewältigen sind. Bei genauem Absuchen kann man vielleicht eine Königin, oder auch einige, aufgeregt an die Oberfläche der Traube kommen sehen, sie abfangen und in geschlossenem Schutzkäfig an ein Ende der Traube hängen. Durch langsames Abrücken kann man eine Trennung der verschiedenen Heerhaufen bewirken. Andernfalls wirft man Teile der Riesentraube in mehrere Fangkästen und hat dann wahrscheinlich das Glück, daß man da und dort eine Königin miterwischt hat. Oder man wirft die ganze Gesellschaft auf ein großes weißes Tuch, sucht nach Königinnen und stellt sie in nicht zu engmaschigen Käfigen an verschiedenen Stellen auf das Tuch. Wenn man Glück hat, erreicht man damit eine Trennung.

l) Weiselzellen im Honigraum

Enthalten Brutwaben, die man in den Honigraum umgehängt hat, noch Stellen mit offener Brut, können als Folge des vorübergehenden Trennungsgefühls, das durch das Absperrgitter bewirkt wird, oben Weiselzellen entstehen. Immer wieder liest man die Mahnung, man müsse nach acht Tagen sich nach diesen Weiselzellen umsehen und sie ausbrechen. Diesen Rat sagt einer dem andern nach, aber er stammt nicht aus wirklicher Erfahrung. Diese Nachschaffungszellen sind gänzlich ungefährlich. Um ihretwillen schwärmt kein Volk, außer es wäre schon in Schwarmstimmung. Was vorkommen kann, sind zwei Dinge. Wenn man aus Versehen ein Honigraumflugloch offen läßt, kann eine geschlüpfte Jungfer ausfliegen und oben ein Brutnest anlegen. Und wenn man beim Abnehmen der Honigräume oder schon vorher aus den Honigraumbienen Kunstschwärme bildet, kann eine Jungfer mit hineingeraten. Dann kann es die zugesetzte Königin kosten. Darum läßt man die Bienen durch einen Siebkasten gehen.

6. Künstliche Vermehrung

a) Brutableger

Zu einem gesunden Betrieb gehören mindestens 10% Ableger, besser 20% und mehr. Es gibt immer wieder weisellose oder in Entwicklung oder Honigleistung versagende Völker. Da hilft der Ableger aus der Verlegenheit. Voraussetzung zur Bildung eines Ablegers ist eine junge begattete Königin oder mindestens eine reife Weiselzelle. Ein Ableger aus Brutwaben ohne Weiselzelle bedeutet

Verschwendung von Zeit und Bienenkraft, besonders, wenn er auch noch die nachgezogene Königin beim Hochzeitsflug verliert.

Zu einem Brutableger nimmt man mindestens drei Waben mit möglichst gedeckelter, am besten auslaufender Brut samt den daraufsitzenden Bienen. Je später im Jahr, desto stärker muß der Ableger sein, um durch den Winter zu kommen. Dic Waben können alle aus dem gleichen oder aus verschiedenen Völkern stammen. Sie werden mit zwei Deckwaben, die Honig, Pollen und etwas Wasser enthalten, in einen Ablegerkasten oder eine saubere Beute gehängt, am besten an einem warmen Flugtag mit Tracht, damit die der Königin gefährlichen Flugbienen vollzählig abfliegen. Nach 2 Stunden gibt man eine junge begattete Königin im Ausfreßkäfig zu. Am nächsten Tag entfernt man den Käfig vorsichtig und füttert.

Nach Möglichkeit bildet man den Ableger aus dem Honigraum heraus, in den man wenigstens 9 Tage vorher Brutwaben umgehängt hat. Wenn sich keine offene Brut im Ableger befindet, wird die Königin am sichersten angenommen. Füttern kann leicht zum Ausrauben führen. Auf jeden Fall muß man mit der Gabe von Flüssigfutter warten, bis die Altbienen abgeflogen sind. Futterteig kann man sofort geben. Man sollte den Ableger möglichst nicht mit Futterwaben aus einem anderen Volk versehen, aus dem nicht auch die Bienen und die Brut stammen. Allzuleicht merken sich das die älteren Sammlerinnen und kommen dann nach dem ersten Heimflug zurück, um den Ableger auszurauben. Dabei merkt man gar nichts von dieser Räuberei. Die Räuber haben ja denselben Geruch wie der Ableger. Auffällig ist nur, daß der Ableger ungewöhnlich stark fliegt. Das sollte er die ersten Tage nicht tun.

Um die Gefahr des Ausgeraubtwerdens zu vermeiden, stellt man den Ableger zuerst an einem beliebigen Platz auf dem Bienenstand auf. Nach einem Tag, wenn die Altbienen abgeflogen sein müßten, verstellt man ihn an seinen endgültigen Standplatz. Jetzt hat er Ruhe.

Noch besser als die Aufstellung am Bienenstand ist es, mit dem Ableger an einen Außenplatz abzuwandern, der wenigstens 3 km entfernt ist. Manche Imker unterhalten eigene Ablegerstände. Die dorthin verbrachten und häufig auch erst dort beweiselten Ableger behalten dann sämtliche Flugbienen und entwickeln sich von Anfang an besser als am Heimatstand. Früh gebildete Ableger kann man nach und nach mit Brutwaben verstärken. Sie können in späterer Tracht noch einen Ertrag abwerfen.

b) Der Kunstschwarm

Jederzeit, wenn man eine begattete Königin hat und überflüssiges Bienenfleisch, kann man einen Kunstschwarm bilden. Am meisten ist das nach Trachtschluß im August der Fall. In einem Kasten mit Lüftungsgitter werden 3 bis 5 Pfund Bienen aus verschiedenen Völkern zusammengefegt. Wo in den letzten Wochen noch umgehängt wurde, bekommt man das richtige Bienengemisch von Alt- und Jungbienen aus den Honigräumen. Wo keine vor kurzem ausgelaufene Brut im Honigraum zu erwarten ist, nimmt man Bienen von Brutwaben dazu. Natürlich

Abb. 55 Als Kunstschwarmkasten kann man sich etwas anfertigen nach Art der einfachen Kistchen, mit denen die Heide-Imker ihre nackten Schwärme versenden. Wichtig ist nur das Lüftungsgitter und die Möglichkeit, flüssiges Futter aufzusetzen.

darf man die Stockmutter nicht mit abfegen! Damit alle gründlich in Verlegenheit geraten und ohne Rücksicht auf Herkunft jede Biene bei jeder Anschluß sucht, wird die ganze gemischte Gesellschaft einigemal zusammengestaucht. Der geschlossene Kasten wandert für 2 bis 12 Stunden in den kühlen dunklen Keller mit aufgesetzter Futterflasche. Dann wird noch einmal zusammengestaucht und eine Königin im Ausfreßkäfig zugehängt. Noch mal Futterflasche und einen weiteren Tag Dunkelhaft. Dann wird der Kunstschwarm wie ein natürlicher auf Mittelwände oder im Herbst auf nicht zu alte ausgebaute Waben geworfen. Einige weitere Futterflaschen fördern Ausbau und Bruteinschlag. Ein paar früher auf die Seite gestellte Pollenwaben oder nacheinander einige Fladen eines Honig-Staubzucker-Gemisches sind eine oft vergessene und doch höchst angenehme Zugabe. (Abb. 55)

Schon oft habe ich versucht, Kunstschwärme zu machen ohne Zwischenschaltung von Kunstschwarmkasten und Kellerhaft, also durch Abfegen der Bienen direkt in einen Ablegerkasten oder eine Vollbeute an Ort und Stelle. Es mißlingt, wenn man das Flugloch offen läßt. Nach 1 bis 2 Tagen ist der Kasten leer bis auf die Königin und ein kleines Häuflein Bienen. Es gelingt aber, wenn man die Bienen einige Tage einsperrt. Ich mache das besonders gern, wenn ich beim Abbau des Honigraumes noch eine Anzahl Königinnen in Dreiwabenbegattungskästchen und noch überflüssiges Bienenfleisch habe. Das geht so vor sich:

Der Fünfwabenablegerkasten erhält ein bienendichtes Gitter vor die Flugnische, in die Mitte eine Wabe – womöglich auslaufende Brutwabe, wo nicht, eine Leerwabe mit etwas Futter und darauf unter Zusetzgitter die Königin. Rechts und links je zwei Waben mit Pollen und Honig. Soweit Vorrat reicht, werden auch die kleinen Brutwäbchen der Begattungskästchen zu je drei in einem leeren Rähmchen mitverwendet. So wird der Ablegerkasten auf einen Hocker neben das auszuräumende Volk gestellt. Hinten (Blätterstock!) wird ein Einlauftisch mit hohen Seitenteilen angehängt. Darauf werden die Bienen aus den Honigräumen mehrerer Völker abgestoßen, bis es mir genug scheint, daß das Jungvolk den Winter überstehen kann. Kommt nicht der ganze Ablegerkasten in den Keller, wird wenigstens in den ersten Tagen die Flugfront verdunkelt. Der Kasten kommt auf seinen Platz im Stand und erhält eine Flasche Futter. Sie wird erneuert, wenn sie leer ist, aber nur solange vorn das Luftgitter dranbleibt. Nach etwa 4 Tagen wird das Zusetzgitter entfernt und einen Tag später das Gitter vor der Flugnische. Von da an, um keine Räuberei heraufzubeschwören, kein Flüssigfutter mehr, sondern nur noch Futterteig hinter das Fenster. Die restliche Einfütterung dann gemeinsam mit der Auffütterung des ganzen Standes.

7. Das Umweiseln

Kunstschwarm und Brutableger gelten mit Recht als weitgehend sichere Wege des Zusetzens von Königinnen. Sie sind aber verbunden mit der Bildung eines neuen Volkes. Der Austausch von Königinnen in einem Voll-Volk ist schwieriger. Viele Verfahren sind schon als unbedingt sicher empfohlen worden. Die meisten haben enttäuscht. Einmal gelingt es und einmal nicht. Hier seien einige Wege genannt, die sich gut bewährt haben.

1. *Das Zusetzen im neun Tage weisellosen Volk.* Man entfernt die alte Königin, wartet neun Tage und bricht sämtliche Weiselzellen aus. Wird eine übersehen, ist die neue Königin verloren. Man hält jede einzelne Wabe so an den Rand der übrigen Rähmchen, daß die Bienen ins Volk ablaufen, hilft noch sanft mit der Feder nach, bis die Bienendecke so dünn geworden ist, daß man jeden Winkel übersehen kann. Sind alle Zellen entfernt, dann wird die Königin in irgendeinem Käfig unter Futterteigverschluß in die Mitte des Brutnestes gehängt. 8 bis 10 Tage wird das Volk in Ruhe gelassen.

2. Zusetzen auf abgesperrter Wabe. Beim Zusetzen im neun Tage weisellosen Volk wird Zeit verloren. Einfacher und rascher ist das Zusetzen auf abgesperrter Wabe. Eine Wabe mit auslaufender Brut, Honig und Pollen wird auf beiden Seiten mit einem bienendichten Drahtgeflecht umgeben. Das Geflecht muß so weit von der Wabe abstehen, daß die Königin sich ungehindert auf der Wabe bewegen kann. Man sucht zuerst die alte Königin und entfernt sie. Dabei sucht man sich eine Wabe mit auslaufender Brut, kehrt sie vollkommen ab, paßt das Gitter an, läßt die Königin darunterlaufen. Die vergitterte Wabe mit Königin wird sofort in die Mitte des Brutnestes gestellt. Nach 5 bis 8 Tagen zieht man die Wabe vorsichtig heraus und entfernt die Gitter. Die Königin hat inzwischen eine geschlossene Fläche mit Eiern gelegt, von denen eine Anzahl schon geschlüpft ist.

Statt der beiderseitigen Absperrung der ganzen Wabe kann man sich mit einem etwa zwei Quadratdezimeter großen Gitter begnügen, das mit einem ringsum laufenden Blechwinkel in die Wabe eingedrückt wird. Auch dieses wird nach 4 bis 8 Tagen entfernt. (Abb. 56) Beim Zusetzen auf abgesperrter Wabe kommt die Königin keinen Augenblick in Gefahr. Sie bewahrt, was sehr wichtig

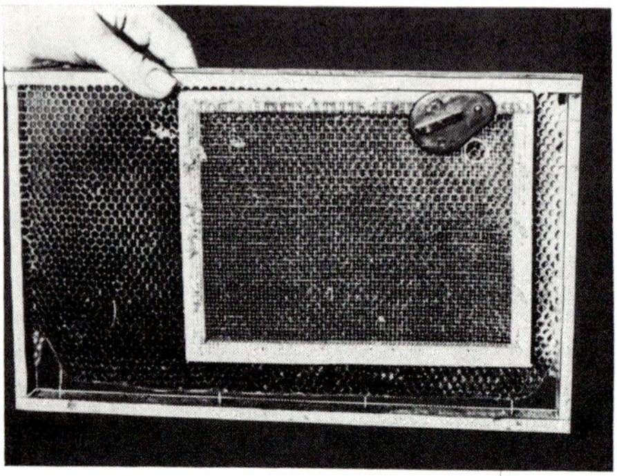

Abb. 56 Fehlt eine auslaufende Brutwabe, tut es zur Not auch eine – nicht zu junge – Leerwabe. Als Futter für den ersten Augenblick gibt man der Königin etwas flüssigen Honig in einige Zellen. Das Einlaufloch erleichtert die Zugabe der Königin. Doch muß man beim Einschieben der Wabe aufpassen, daß man den Verschlußschieber nicht durch Anstreifen an der Nachbarwabe wegdrückt. Sonst ist die Königin verloren.

ist, ihre Ruhe und kommt mit älteren Bienen erst zusammen, wenn sie in voller Eilage ist und einen Anhang aus den im Gitter geschlüpften Jungbienen hat. Den Kontakt zwischen innen und außen kann man beschleunigen durch Bestreichen des Gitters mit Honig. Füttern des Volkes vor und nach dem Zusetzen verbessert die Stimmung. Es darf aber nicht zu Räuberei führen, sonst bewirkt es das Gegenteil. Notfalls das Flugloch verengen und im Auge behalten. Füttern mit Zukkerteig ist weniger gefährlich als flüssiges Füttern.

Dieses Zusetzverfahren unter Gitter hat bei mir nur ganz selten versagt. Und fast immer habe ich die Ursache gefunden. Es handelt sich um folgende drei Fälle.

a) Die Wabe hatte im Bereich des Gitters ein durchgehendes Loch, das ich übersehen hatte. Die Bienen kamen sofort von der gegenüberliegenden Seite zur Königin und stachen sie ab. Darum jede Wabe gegen das Licht genau ansehen!

b) Es wurde ein Ableger im Honigraum eines weiselrichtigen Volkes beweiselt. Der Zwischenboden ließ eine Verbindung nach unten offen, weil er nicht fest an die Stirnwand angeschoben war oder weil diese sich geworfen hatte.

c) Das Volk befand sich in stiller Umweiselung. Die alte Mutter wurde von mir entfernt, aber es war noch eine junge da, die ich nicht bemerkt hatte.

3. Alkoholmethode: Dem österreichischen Bienenforscher Jordan gelang es vor Jahren, buckelbrütige Völker mit Hilfe eines alkoholischen Auszugs aus Mohn neu zu beweiseln. Später stellte sich heraus, daß nicht der Morphingehalt, sondern der Alkohol selbst als Zusetzhilfe anzusehen ist. Es wurden allgemeine Verfahren zum Zusetzen mit Alkohol entwickelt.

Die Königin wird, wie auch sonst, in einem gewöhnlichen Zusetzkäfig mit einer (hier allerdings nur dünnen, schnell abzutragenden) Zuckerteigzunge zwischen die Waben des weisellosen bzw. eben entweiselten Volkes gehängt. Gleichzeitig legt man einen Bierfilz, den man mit Alkohol getränkt hat, auf den Boden der Beute. Die Königin sollte sich nicht unmittelbar über der Verdunstungsfläche befinden. Man verwendet 96%igen Alkohol – reinen oder Holzgeist. Für ein Volk mit einem Brutraum von 9 oder 10 Zanderwaben rechnet man 8–10 ccm Alkohol. Ein Eßlöffel, schwappend voll, enthält 8 ccm. In der Regel sitzen die zu beweiselnden Völker nur mehr in einem Raum. Die Dosierung ändert sich aber nicht, auch wenn noch ein Honigraum aufgesetzt sein sollte oder wenn 2 Bruträume vorhanden wären. Der Zusetzkäfig wird zwischen die Waben im unteren Raum gehängt.

Der Alkohol soll eine Umstimmung der Bienen bewirken, welche der Annahme der neuen Königin besonders entgegenkommt. Man hüte sich aber vor zu starker Dosierung. Die Bienen regen sich dann zu sehr auf und fallen sich gegenseitig an. Dabei wird auch die Königin abgestochen. Die sonst relativ sichere Beweiselungsmethode ist dann gar nichts mehr wert.

4. Zusetzen mit Ableger: Zumindest ebenso sicher ist die Umweiselung über den Ableger. Anstatt die Königin gleich in ein Vollvolk einzuweiseln bzw. dessen mangelhafte Königin mit einer neuen zu vertauschen, bildet man zuerst einen Ableger aus dem betreffenden Volk. Man weiselt die Königin ein (s. S. 88) und vereinigt Ableger und Volk, sobald die ersten Töchter der Jungmutter im Ableger schlüpfen (Duftangleichen mit Thymianwasser oder Zwischenlage einer allseitig abschließenden und mit Bleistift durchlöcherten Zeitung).

5. Zusetzen mit Begattungskästchen: Manche setzen die Königin zu mit dem ganzen Begattungskästchen, an dem sie das Flugloch mit einem einfachen oder doppelten Stückchen Mittelwand zugeklebt und nur mit einem Nagel ein Loch durchgestoßen haben.

6. Freiluft-Kunstschwarm: Bekannt ist der Freiluftkunstschwarm Sklenars. Über einem Tisch im Freien wird eine Königin im Käfig so aufgehängt, daß der Käfig zunächst den Tisch berührt. Es werden Bienen daraufgestoßen, etwa aus freigewordenen Begattungskästchen, soviel, daß eine ordentliche Schwarmtraube entsteht. Der Käfig wird nach und nach höher gezogen, bis er schließlich mit der Bienentraube ganz frei hängt wie ein Schwarm am Baum. Er bleibt über Nacht hängen und wird dann mit der freigelassenen Königin eingeworfen.

7. Grundsätzlich ist zu merken: Am bereitwilligsten zur Annahme einer neuen Königin ist das Volk im Frühjahr. Je weiter es ins Jahr hineingeht, desto schwieriger wird es. Schwierig ist das Umweiseln in trachtloser Zeit bei aufkommender Neigung zu Schwarm oder stiller Umweiselung. Leicht ist es dagegen am Ende des Jahres, wenn nur wenig oder keine Brut mehr in den Völkern ist.

Ziemlich aussichtslos ist der Versuch, eine unbegattete Königin in ein Vollvolk einzuweiseln. Man wartet besser, bis die Königin im Einwabenkästchen oder Kleinableger zur Begattung kam. Das Warten bedeutet keinen Zeitverlust, denn im Vollvolk dauert es gern länger als im Begattungskästchen. Und das Risiko eines weisellosen oder gar buckelbrütigen Volkes wiegt schwerer als ein wirklicher Zeitverlust. Über das Zeichnen der Königinnen siehe Kapitel Zucht, Seite 152 dieses Buches.

8. Das Wandern mit Bienen

1. Warum und wohin?

Der Rückgang der Feldtracht durch Flurbereinigung, Unkrautvernichtung, frühere Klee- und Wiesenmahd usw. drängt zu einer Ausweitung des Wanderbetriebes. Nur zwei bis drei von hundert Imkern wandern bis jetzt. Dabei geht oft in geringer Entfernung eine Tracht ungenutzt verloren. Vor allem der Wald wird, wenn er honigt, nur zu einem verschwindend kleinen Teil ausgenützt. Tausende von Tonnen wertvollen Blatthonigs verrinnen nutzlos im Waldboden.

Mancher Imker beginnt mit Begeisterung, baut sich einen schönen Bienenstand für 30–40–50 Völker. Und dann stellt sich heraus, daß die Tracht für so viele Völker nicht ausreicht, zum Teil, weil in geringer Entfernung noch andere Stände stehen. Der Ertragsdurchschnitt fällt mit steigender Völkerzahl derart, daß auch die Begeisterung sinkt und vielleicht erlischt. Das wäre sofort anders, wenn man mit einem Teil der Völker wandern würde. Dann fänden die 10 bis 15 Völker, die daheim bleiben, genug und die draußen auch.

Man rät heute, kleinere Stände in der Landschaft zu verteilen. Fünf Stände mit je 20 Völkern, gut verteilt, bringen mehr als 100 Völker an einem Platz. Allerdings heißt es zunächst einmal, genügend Plätze zu finden. Wenn sie nicht günstig zueinander liegen, kann die Überwachung ziemlich schwierig werden. Es sind viele Wege zu den Bienen notwendig, von der Zeit des Reinigungsausfluges, während des ganzen Sommers, bis zur Einwinterung. Behandlungsschemata kommen in der Praxis aus verschiedenerlei Gründen immer wieder aus dem Konzept. So sind feste Außenstände nur im engeren Heimatbereich, vielleicht bis zu einer Entfernung von 20 km, rentabel.

Gibt es weiter entfernt gute Tracht, kann man solche Gegenden anwandern. Zwischendurch bringt man die Bienen wieder nach Hause. Oder man wandert an andere Stellen weiter. Zur Herbstauffütterung und im zeitigen Frühjahr hat man seine Bienen jedoch gerne in der Nähe.

Das Anwandern guter Trachten, z. B. Obst, Raps oder die Tannentracht, kann zweifellos den Ertrag erheblich erhöhen. Es wird in der Regel viel zuwenig gewandert. Warum?

Es fehlt am Entschluß. Man stellt sich das erste Mal zu schwer vor. Wer einmal angefangen hat, bleibt gewöhnlich dabei. Darum sind es immer dieselben, die wandern. Man werfe also einmal sein allzugroßes Beharrungsvermögen über Bord und probiere!

Es ist für den einzelnen Kleinimker zu teuer. Ein Auto kostet für wenige Völker nicht weniger als für viele. Also Zusammenschluß zu Wandergemeinschaften!

Man weiß nicht, wohin. Es ist richtig, unsere bisherige Art des Beobachtungsdienstes ist weitgehend Liebhaberei ohne praktischen Wert. Der Aufbau eines organisierten Nachrichtendienstes ist schon zu oft gescheitert. Solange das nicht ist, muß man sich privat verständigen mit alten Wanderimkern und Wanderwarten.

Abb. 57 Wanderwagen für eine große Völkerzahl. Schweres und teures Möbel.

Man weiß nicht, wann. Hier gilt wieder Verständigung mit Leuten am Wanderort. Es können auch Nichtimker sein, die Augen haben für den Bienenflug. Besser ist die Nachricht über die Zunahmen eines Waagvolkes. Eine Anzahl fertig geschriebener Postkarten, in die nur Datum und Zahl eingeschrieben werden muß, ist da von Vorteil. Allgemeine Zeitregel: Am meisten verschiebt sich die Frühtracht (Obst, Löwenzahn, Raps) je nach Ort und Witterung. Beim Obst liegt die ergiebigste Tracht am Anfang (Kirsche) und am Schluß (Apfel). Man

Abb. 58 Kleinwanderwagen für etwa 12 Völker als Anhänger an Personenwagen. Sehr beweglich. Schwierigkeit: Verkehrspolizei! Anhänger mit Inhalt darf nur 40% vom Gewicht des Zugwagens betragen. Also leichteste Bauart, leichteste Beute. Hier läge ein Feld für Aluminium und Schaumkunststoff.

Abb. 59 Einfachste Aufstellung auf hochkant stehende, durch Schlitze ineinander verzahnte Bretter. Dach eine beiderseits mit leichtem Maschendraht überzogene Dachpappe. Wenig Raumbedarf beim Transport.

muß sich den Aufstellungsplatz und seine Umgebung gut ansehen, vor allem wissen, welche Obstarten die Stärke des Wanderortes sind. Die Rapsblüte erscheint während der Apfelblüte.

Für die Fichtentracht halte man sich nach der ersten Juniwoche zur Anwanderung bereit, Rückwanderung Anfang Juli. Weißtanne im Anschluß an die Fichte. Dauer unbestimmt, die Tracht kann bis in den Herbst währen, kann aber nur einige Wochen lang wirklich ausgenützt werden, weil sonst die Völker an Brutmangel zusammenbrechen. Nie blind in die Tanne wandern! Sie ist zu unsicher. Heide: Anwanderung Mitte August, Rückwanderung nach der ersten bis zweiten Septemberwoche.

2. Wanderwagen oder nicht?

Die wenigsten Wanderimker leisten sich einen Wanderwagen. Er hat gewisse Vorteile. Davon ist vielleicht der wichtigste, daß er ständig an das Wandern erinnert. Er braucht nicht beladen und entladen zu werden. Er ist mit allem Zubehör verschließbar und ist immer fahrbereit.

Nachteile: Er ist ein teures Möbel, als Heimstand eng und ungemütlich, am

Abb. 60 Moderne Magazine werden einfach auf den Boden gestellt. Sie bedürfen weder einer Unterlage noch einer Abdeckung.

Wanderplatz stark abhängig von Zufahrtsmöglichkeiten und Gelände, empfindlich gegen Wind und Wetter durch den Ausflug nach zwei entgegengesetzten Seiten. Mit Lastwagen kann man anfahren, so weit es geht, und dann eine kurze Strecke die Beuten tragen an den günstigsten Platz. Ein Wanderwagen kommt auf alle Fälle nur für »größere« Imker in Frage. Aber es gibt auch »ganz Große«, die dauernd wandern und doch nicht entfernt an Wanderwagen denken. (Abb. 57, 58, 59, 60)

Das gegebene Fahrzeug ist der Lastwagen. (Die Eisenbahn verlangt ein Motorfahrzeug zum Beladen und zum Ausladen noch einmal.) Ein paar Helfer finden sich. Bei Gemeinschaftswanderung helfen die Imker sich gegenseitig beim Auf- und Abladen.

Für das Wandern mit nur wenigen Völkern kann ein Anhänger an einen Personenwagen gute Dienste tun. Für die Nahwanderung tut es auch ein Traktor.

3. Vorbereitung der Wanderung

a) *Gesundheitszeugnis* vom zuständigen Seuchenobmann oder der Untersuchungsanstalt. Die ortsansässigen Imker sollen keine Einschleppung von Milbe oder Faulbrut fürchten müssen.

b) Einigung mit den ortsansässigen Imkern über den *Platz für die Aufstellung* der Völker. Nicht im Flugbereich der örtlichen Völker!

c) Sorge für *wandersichere Beuten,* bienendicht, alle Teile stoßfest miteinander verbunden (Magazine!), mit genügender Lüftung. Gut bewährt hat sich das Wandergitter über die ganze Vorderseite der Beute.

d) *Starke Völker!* Schwächlinge werden auch auf der Wanderung nicht über Nacht zu Wundertätern. Allenfalls kann man bei der Obst- und Heidewanderung auch Völker mitnehmen, bei denen es nicht um den Ertrag, sondern um die Entwicklung des Brutnestes geht. Doch muß man überlegen, ob es sich lohnt, den Platz auf dem Fahrzeug durch solche Völker zu verstellen. Oft wird man durch Pflege am Heimstand dieses Ziel sicherer und billiger erreichen.

Oft wird es sich lohnen, die Wandervölker mit Brutwaben samt Bienen aus den zurückbleibenden Heimvölkern zu verstärken. Aber nicht erst am Tag vor dem Wandern! Das könnte Unruhe ins Volk bringen, die noch während der Fahrt weiterglimmt und zum Verbrausen führt. Und die Verstärkung käme kaum mehr zum Einsatz am Wanderplatz. Etwa zehn Tage vor der vermutlichen Wanderung ist die rechte Zeit dafür.

e) *Vorsorge für Pollenvorrat.* Vor Wanderung in pollenarme Tracht, vor allem Weißtanne. In pollenreicher Vortracht, z. B. Raps oder Obst und Löwenzahn, entnimmt man Pollenwaben und hängt sie vor der Wanderung wieder zu.

f) *Schaffung eines Fluchtraumes,* in den während der Fahrt ein Teil der Bienen sich aus den Wabengassen zurückziehen kann. Am einfachsten ist es, man hängt 2 leere gedrahtete Rähmchen an die beiden vorletzten Stellen des Honigraums. Das gibt zugleich Baugelegenheit am Wanderplatz. Die entstehenden Drohnenwaben kann man bei der Heimfahrt, wenn die Völker sich abgearbeitet haben, gewöhnlich hängenlassen. Sie können zum Teil im Frühjahr zu frühzeitiger

Drohnenzucht Verwendung finden, der Rest erhöht die Wachsernte des Jahres.

g) *Kalte Dusche.* – Bei dem erfahrensten Wanderimker Deutschlands, Schlüter, Illertissen, gehört zur Wandervorbereitung eine kalte Dusche. Ein Mann schließt die Fluglöcher so leise, daß keine Unruhe im Volk entsteht. Dann spritzt ein zweiter 1 Liter kaltes Wasser in die Wabengassen. Die Bienen saugen das Wasser auf, wollen es hinaustragen und können nicht. Sie müssen es also bei sich behalten und können darum keinen Honig aufnehmen, der bei einem durch Aufregung verstärkten Stoffwechsel Hitze in ihrem Körper erzeugen würde. Auf diese Weise sind sogar über 800 km weite Wanderungen in heißer Zeit ohne Völkerverluste gelungen. Bei Nahwanderung ist so etwas unnötig. Bei Wanderungen über 100 km in heißer Zeit wird man sich dieses Rates erinnern.

4. Die Wanderung

Gefahren wird im allgemeinen nachts. Ob in der ersten oder zweiten Nachthälfte, das richtet sich nach der Entfernung und nach den Tagesverpflichtungen der Helfer. Am leichtesten stellt man die Völker in der Kühle des Morgens auf, so daß man aber schon in der ersten Helle arbeiten kann. Bei Gewitterschwüle ist zwischen Ankunft und Abladen keine Zeit zu versäumen. Da könnten die besten Völker noch verbrausen, nachdem sie die Fahrt dank des Fahrtwindes überstanden haben.

Womöglich nimmt man 3 Helfer, 2 zum Tragen und 1 zum Laden. Der Imker selbst sollte sich dabei nicht zu sehr anstrengen. Es könnte immerhin der Fall eintreten, wo er allein mit frischer Kraft bei der Hand sein muß, die nichtimkerlichen Helfer aber versagen. Es ist besser, er braucht nur zu dirigieren.

Der Wagen soll ordentlich gefedert sein. Vorsicht in Kurven, an Rinnen und auf holperigen Wegen. Schaukelnde Waben oder Wabenbruch bedeuten Bienentod.

Mitzunehmen sind Hammer, Zange, Nägel, etwas Bindedraht, irgend etwas zum Abdichten undichter Stellen. Das kann Lehm sein oder nasses Zeitungspapier oder sogenanntes Schmierwachs oder auch das handlich verpackte Plastilin der Schulkinder. Natürlich Pfeife und Rauchmaterial und Gesichtsschleier für alle Beteiligten. In warmen Nächten sollte man eine Kanne Wasser dabei haben, um brausende Völker abzukühlen. Bei mir geht seit einigen Jahren auch ein Fläschchen mit Propionsäure oder künstlichem Mandelöl mit. Wenn bei oder nach dem Aufladen sich zeigt, daß irgendwo ein Kasten undicht wurde und Bienen herauskommen, sorgt ein Spritzer davon nachhaltiger für Ruhe als Rauch. Geladen wird so, daß die Waben nach Möglichkeit quer zum Wagen stehen, weil das Auto bei Unebenheiten des Weges nach der Seite schaukelt.

5. Am Wanderplatz

Wenn möglich, wählt man den Platz so, daß Wasser in der Nähe ist, vor allem bei Blatthonigtracht. Andernfalls muß eine Tränke errichtet werden, die nie trocken werden sollte. Man wird sich wundern, wieviel Wasser bei Fichten- oder Tannentracht in heißer Zeit verbraucht wird!

Wer dauernd mit sicherer Tracht an einem bestimmten Platz rechnen kann, wird sich vielleicht einen einfachen festen Stand dort errichten. Wenn, dann so bienendicht, daß man darin auch schleudern kann. Meistens wird man sich mit beweglichen Ständen begnügen. Die bekannten zerlegbaren oder zusammenklappbaren Freiständchen für 3, 5 oder 8 Völker haben den Vorteil, daß die Kästen allseitig vor dem Wetter geschützt sind. Aber sie erfordern natürlich auch Platz auf dem Wagen und haben ihr Gewicht. Man kommt auch mit einer einfachen Unterlage aus hochkant gestellten, ineinander verzahnten Brettern aus. Abgedeckt wird mit einer Lage Dachpappe, die in 2 Lagen Maschendraht eingebettet und mit Stäben versteift ist. Sie wird mit Draht an die Unterlage festgebunden oder mit Steinen beschwert. Gut bewährt hat sich die zu Verdunkelungsvorhängen gebräuchliche schwarz-weiße Kunststoffhaut. Sie ist leichter auf dem Wagen zu verstauen als Dachpappe. Sie wird mit Kunststoffschnüren befestigt. Bei durchsichtiger Folie laufen die Bienen in den Falten hoch und gehen zugrunde. Um bei Frevel die Versicherung in Anspruch nehmen zu können, muß der Wanderstand irgendwie gesichert sein, z. B. durch einen einfachen Zaun aus Stacheldraht.

Man muß nicht ständig am Wanderplatz sein. Ein Besuch am Wochenende genügt im allgemeinen. Jedoch ist es kein Schaden, wenn ein einheimischer Imker (oder Forstmann) den Stand etwas im Auge behält. Für etwa anfallende Schwärme hält man einige mit Mittelwänden versehene Beuten oder Abteilungen in Dreiraumbeuten bereit.

Das Schleudern am Wanderplatz ist eine Schwierigkeit. Mit einem geeigneten Fahrzeug kann man die vollen Waben in ein Gehöft in der Nähe bringen. Hat man genügend Helfer, so daß alles Hand in Hand geht, kann der Zeitverlust erträglich sein. Schleudern im Freien, etwa in einem etwas entfernten Gebüsch, ist auch bei guter Tracht ein Wagnis, das zu einer Schinderei für Mensch und Bienen führen und etwaigen Zaungästen den Appetit auf Honig verderben kann. Die beste Lösung ist ein leichtes, luftdurchlässiges, allseits bienendichtes Zelt, im Schatten aufgestellt. Auch mit einem zerlegbaren Schleuderraum mit festem Holzboden und Wänden aus Fliegendraht läßt sich gut arbeiten. Wenn man Schleuder und Entdecklungsgerät an einer Wand aufstellt, versammeln sich die suchenden Räuber an dieser Stelle außen am Draht. Durch die immer nur kurz geöffnete Tür geraten so kaum Bienen ins Innere. – Der Magazinimker transportiert die vollen Honigzargen nach Hause, schleudert sie dort ab und bringt die Räume mit leeren Waben wieder zurück, falls die Tracht vorhält. Hat er genügend Zargen, kann er sich mit der Honigentnahme Zeit lassen. Er kann je nach Trachtanfall beliebig Räume auf- oder zwischensetzen. Später werden Honigräume und Bienenvölker gesondert heimgeholt.

Nach klar erkanntem Trachtschluß wandert man ab und hofft nicht phantasievoll ins Blaue. Wandern ist gut und lohnt sich. Aber dann gilt auch für die Bienen wieder: daheim ist daheim.

9. Das Abräumen

Sobald im Juli–August keine Tracht mehr zu erwarten ist, wird der Honigraum ausgeräumt. Die Honigreste werden ausgeschleudert. Ich bin nicht der Ansicht, daß man die vollen Randwaben des Brutraums unbedingt den Bienen belassen soll. All die Beschwörungen, aus dem Brutraum nichts zu nehmen, sind gutgemeint, aber sie gründen nicht auf Erfahrung. Auch beim früheren Schleudern lohnt sich ein Griff nach den Randwaben des Brutraums. Daß der alte Dreietager eine so anerkannt gute Honigbeute war, hing damit zusammen, daß die letzten honigschweren Waben immer wieder nach oben gehängt wurden. Und es ist nun lange genug erprobt, daß die Bienen auf Zuckerfutter besser überwintern als auf Honig. Blatt- und Heidehonig muß sogar aus dem Wintersitz heraus, weil sonst Ruhr ausbrechen kann. Je nach Menge empfiehlt es sich, die Brutwaben mit den Honigbögen noch mal umzuhängen und erst drei Wochen später abzuräumen.

Beim Abräumen wird gleich der Wintersitz gerichtet. Unbebrütete Waben, Drohnenwaben, schwarze alte Ladenhüter werden entfernt und durch schöne braune, wenig bebrütete Waben ersetzt. Alles außer Dienst gestellte Wabenwerk wird durch Paradichlorbenzol gegen Wachsmotten gesichert oder auch mit Essigsäure enthaltendem Mittel, das zugleich die Nosemasporen tötet. Die zum Einschmelzen bestimmten alten oder schlecht gebauten Waben kann man gleich oder später aussondern. Auf jeden Fall darf jetzt, wo die Wachsmotten noch munter sind, nichts ungeschützt aufbewahrt werden.

Bei dieser Gelegenheit sieht man sich auch das Brutnest an. Vielleicht zeigt ein Volk Buckelbrut. Es wird vor dem Stand bei geschlossenem Flugloch abgestoßen. An seine Seite wird ein Ableger eingesetzt. Nach 1 bis 2 Stunden öffnet man das Flugloch wieder. Was sich nicht inzwischen auf die Nachbarvölker verteilt hat, zieht wieder ein.

Dort verrät ein kleines, lückenhaftes Brutnest eine versagende Königin. Sie wird durch eine junge ersetzt.

Ein Volk, das mit zwei Zellen still umweiseln will, läßt man seine Absicht durchführen, behält es aber im Auge, ob es wirklich weiselrichtig in den Winter geht. Handelt es sich aber nicht um ein Leistungsvolk, werden Königin und Umweiselungszellen entfernt und eine Jungkönigin im Wabengitter zugesetzt. (Nicht alle Völker, die zu stiller Umweiselung neigen, sind Leistungsvölker! Und nicht alle Umweiselungsmütter sind wirklich legetüchtig!) Im allgemeinen läßt man die Königinnen nicht in den dritten Winter gehen. Eine Ausnahme bilden Mütter, die zur Nachzucht bestimmt sind. Diese hält man so lange als möglich, um ihre gute Vererbungskraft auszunützen. Da mag man auch einmal ein Eingehen der Königin über Winter in Kauf nehmen.

Mit dem Kapitel über Einwinterung kehren wir wieder zum Anfang dieser Ausführungen zurück.

10. Imkerliche Aufschreibungen

Wer schreibt, der bleibt! Das gilt auch für den Imker. Auf einem größeren Stand kann man sich unmöglich alles merken, was man von jedem einzelnen Volk wissen sollte. Drei Arten von Aufschreibungen sollte jeder pflegen:

a) *Die Stockkarte.* Sie kann mit Vordrucken versehen sein. Durch solche wird man an eine bestimmte Ordnung der Notizen gewöhnt. Es kann aber auch das bekannte nur mit Linien versehene Kärtchen von der Größe einer halben Postkarte sein. Auf diesem kann man alles Wichtige vermerken, wenn man sich ein bestimmtes System von Zeichen und Buchstaben dafür zurechtlegt.

b) *Ein Notizbuch* für Vorkommnisse, die alle Völker betreffen, z. B. Reinigungsflug, Beginn der Salweidenblüte, der Obstblüte usw. in den verschiedenen Jahren, Termine von Schleuderung, Wanderung, Fütterung, Drohnenschlacht, allgemeine Beobachtungen über Wetter, Totenfall, Volksentwicklung, Zeiten besonderer Stechlust, Räuberei, über die nach Jahren verschiedene Schwarmlust, über das Honigen und Versagen bestimmter Trachtpflanzen im Zusammenhang mit der Witterung, über stärkeres Auftreten von Nosema, Sackbrut, Kalkbrut usw. In dieses Notizbuch gehört auch eine vergleichende Zusammenstellung der Schleuderergebnisse, möglichst in graphischer Darstellung. Der Vergleich kann nach verschiedenen Gesichtspunkten geschehen, z. B. nach der Reihenfolge im Stand. Gibt es Zusammenhänge zwischen Platz und Ertrag (Eckvolk?), Stockfarbe und Volksentwicklung, Abstammung von bestimmten Müttern, verschiedenen Rassen, alten und jungen Königinnen, frühem oder spätem Brutbeginn, einheitlichem oder unterschiedlichem Aussehen der Bienen usw.? Aus einem solchen Notizbuch kann man sehr viel lernen. Es kann Anregung geben zu nützlichen Gesprächen mit Nachbarimkern und in Versammlungen.

c) *Eine einfache Buchführung.* Das braucht keine Sache zu sein, wie sie der bilanzfeste Buchhalter eines kaufmännischen Betriebes macht. Aber eine einfache Aufstellung von Ausgaben und Einnahmen gewährt doch einen bald tröstlichen, bald mahnenden Überblick. Für den Berufsimker ist eine scharfe Rechnung unerläßlich.

V. Königinnenzucht

Zu einem guten Volk gehört eine gute Königin. Zu einer guten Königin gehören vier Dinge: Gutes Erbe, gute Aufzucht, gute Paarung, sicheres Zusetzen. – Kurz gesagt, leicht gesagt, aber nicht leicht gemacht. Denn an jedem Punkt sind Mängel möglich. Und jeder Mangel wirkt sich aus auf den Erfolg.

1. Gutes Erbe

Gutes Erbe heißt bei der Biene: vor allem *erbliche Veranlagung zu hoher Honigleistung.*

Hohe Honigleistung heißt ein Ertrag, der möglichst weit über dem Durchschnitt steht. Über dem Durchschnitt des Standes, über dem Durchschnitt anderer Stände in gleicher Tracht und gleichem Klima. Womöglich über dem Durchschnitt eines größeren Gebietes. Und diese überdurchschnittliche Leistung nicht bedingt durch irgend einen glücklichen Zufall, sondern verankert in erblicher Veranlagung, vererbt durch die Vorfahren und weiter vererbbar an die Nachkommen.

Wie diese Leistung zustande kommt, bräuchte uns im einzelnen eigentlich gar nicht zu interessieren. Hauptsache, sie ist da und bleibt. Tatsächlich *wissen* wir nur sehr wenig davon, wie eine hohe Leistung zustande kommt. *Denken* können wir uns einiges: So wird es ein *Frühaufsteher* weiterbringen als ein Späterwachender. Vor allem bei Waldtracht in heißer trockener Zeit. Da kann ja oft nur in den ersten Morgenstunden eingetragen werden, was durch den Tau der Nacht aufgeweicht wurde. Ein *findiges* Volk wird früher und mehr Trachtquellen entdecken als ein weniger findiges. Ebenso werden sich *Fleiß, flinker Flug, kurzer Aufenthalt im Stock,* gute Reaktion auf *Trachtalarm, Zungenlänge,* gute Füllung der *Honigblase, Wetterfestigkeit,* gute *Orientierungsfähigkeit, geringes Verfliegen, Wachsamkeit und Abwehr* gegen Räuberbienen auswirken auf den Honigertrag. Natürlich auch *Brutfreudigkeit* und *rechtzeitige Volksentwicklung,* bei gleichzeitiger *Schwarmträgheit.* Auch das wirkt sich aus, ob ein Volk bei *Schwarmstimmung* unentwegt weiterarbeitet oder ins *Lungern* gerät.

Leider können wir bis jetzt nur die Zungenlänge direkt messen und ihre Wirkung in der Rotkleetracht praktisch bestätigen. Seit man in Erlangen gefunden hat, daß eine Königin, die Bienen mit längerer Zunge erzeugt, auch selber eine längere Zunge hat, kann man schon nach dem Schlüpfen der Jungfern eine Auslese auf Zungenlänge versuchen. Leider fehlen uns noch Verfahren, die übrigen Eigenschaften zu prüfen, die auf die Honigleistung wirken. Solche Verfahren auszuarbeiten und den Imkern beizubringen wäre wichtiger als vieles, was seit Generationen auf Züchtertagungen verhandelt wird. Hätten wir solche Testver-

Abb. 61

Dunkle Biene
Apis mellifica mellifica

Kärntner oder Krainer Biene
Apis mellifica carnica

Gezeichnet von
M. Wimmer, Wien

fahren für die einzelnen Eigenschaften, dann könnte man, wie in der übrigen Tierzucht, versuchen, möglichst viele davon in einem Erbgefüge zu vereinigen. Mir scheint, hier liegt eine dringende Aufgabe für die nächste Zukunft. Solange es an exakten Verfahren fehlt, muß jeder Züchter seine Augen aufmachen und so gut als möglich seine Völker kennenlernen, um die richtige Auswahl für die Nachzucht zu treffen.

Außer Honigleistung muß man unbedingt *Sanftmut und ruhigen Wabensitz* für die Nachzucht hoch bewerten. Stecher und Renner kosten Zeit und Ärger und können einem manchmal alles verleiden. Man behandelt leichter 10 ruhige und sanfte Völker als einen aufgeregten Teufel. Schwer zu behandelnde Völker sollten auf alle Fälle von der Nachzucht ausscheiden und ihre Drohnenzahl möglichst eingeschränkt werden, gleichviel, ob ihre übrigen Eigenschaften von Generationen her vererbt sind oder nur zufällig durch Rassenkreuzung entstanden sind. Kreuzung zwischen dunkler deutscher Biene und Krainer gibt gern Stecher. Rassen-Kreuzungen enttäuschen in der Nachzucht so oft, daß man sie als einfacher Imker gar nicht versuchen sollte. Ihre manchmal hohe Honigleistung rührt her von einer aufputschenden Wirkung der Rassenkreuzung, die nur in diesem Kreuzungstier zutage tritt. In der Nachzucht verschwindet sie. Also von einem unruhigen Stecher nicht nachziehen, auch nicht, wenn das Volk in der Honigleistung an der Spitze lag. Der Name »Blender« für solche Völker, der ursprünglich im Englischen nur harmlos vom Wort blend = mischen kommt, hat mit Recht bei uns den Sinn von »trügerisch enttäuschendem Prahler« bekommen. Eine ausgezeichnete Zugabe zu Honigreichtum, Ruhe und Sanftmut wäre *Widerstandsfähigkeit gegen Krankheiten.* Aber das ist reine Zukunftsmusik. In Amerika, wo die bösartige Faulbrut verbreitet ist, hat man mit einem gewissen Erfolg Linien mit starkem Putztrieb gezüchtet, die befallene Larven rasch beseitigen. Aber über der Zucht auf Faulbrutfestigkeit scheinen andere gute Eigenschaften zu kurz gekommen zu sein. Man sagt auch, daß in der Heimat der Krainer Biene Brutkrankheiten selten seien. Wahrscheinlich gibt es auch Stämme, die für Nosema oder Milbe weniger anfällig sind als andere. Man sollte stärker auf Völker achten, die in katastrophalen Seuchenjahren besser durchkommen als andere. Das kann auch der kleine Imker, der gelernt hat, die Augen aufzumachen. Wenn solche übriggebliebenen Völker auch in Honigleistung und Sanftmut sich sehen lassen können, müßte man sie stärker vermehren.

Eine andere Eigenschaft, die erblich herauszuschälen sein könnte, wäre *sparsamer Futterverbrauch.* Bei Großtieren gibt es gute und schlechte Futterverwerter. Es gibt Mastprüfanstalten für Schweine. Da wird genau nach Gewicht gefüttert und monatelang die Zunahme kontrolliert. Je weniger Futter eine Linie braucht, um in bestimmter Zeit ein bestimmtes Gewicht zu erreichen, desto besser lohnen sich Futter und Arbeitszeit, desto zuchtwürdiger ist die Linie also. Ähnlich kosten Milchleistung und Gewichtszunahme nicht bei jedem Stück Rindvieh das gleiche. Wahrscheinlich haben auch die Bienenvölker bei gleicher Honigleistung nicht alle den gleichen Eigenverbrauch. Hier liegt eine Zuchtaufgabe, die noch kaum in Angriff genommen ist. Und doch könnte so mancher Imker dazu einen Beitrag leisten. Jedes mehr verbrauchte Pfund Honig verteuert den Betrieb.

Die Carnica-Rasse

Natur und Mensch züchten nicht nach den gleichen Grundsätzen. Der Natur geht es um Überleben und Fortpflanzung. Dem Menschen um möglichst viel abschöpfbaren Überschuß. Dennoch hat im Fall Biene die Natur in der Carnica-Rasse Eigenschaften ausgelesen und erhalten, mit denen wir arbeiten können. Die Carnica-Biene ist von den Südostalpen ausgehend nach Osten und Süden über den ganzen Balkan verbreitet. Ihre Repräsentanten aus den Carnischen Alpen und den östlich vorgelagerten Landschaften, welche man nach dem ursprünglichen Hauptausfuhrgebiet in der Krain als Krainer Biene bezeichnet, haben sich bei uns besser bewährt als unsere heimische dunkle Biene, die Mellifica-Rasse. Die Krainer Biene entwickelt sich im Frühjahr besonders rasch und ist deshalb zur Ausnutzung der Frühtracht, die in unserem Lande eine immer größere Rolle spielt, hervorragend geeignet. Sie zeigt sich außerdem in Sanftmut und ruhigem Wabensitz der einheimischen Nordrasse deutlich überlegen. Diese Erfahrung ist so allgemein, daß darüber kaum mehr zu disputieren ist. Die deutschen Züchter und Belegstellen haben sich seit 1945 fast restlos auf die K-Biene umgestellt (Sklenar, Peschetz, Troiseck und andere Stämme) (Abb. 61).

Allerdings muß nicht jede Biene, die nach ihrem äußeren Bild eine K-Biene ist, ohne weiteres auch schon eine ausgezeichnete Biene sein. Das Rassenkleid macht nicht den Ertrag. Wir kennen überhaupt noch keinen festen Zusammenhang zwischen sicht- und meßbaren Körpermerkmalen und Honigleistung. In dieser Beziehung ist man beim Huhn und auch beim Rind schon weiter.

Die ideale Lösung wäre gewesen, man hätte, sobald man die Vorzüge der K-Biene erkannt hatte, 1,8 Millionen Königinnen in ihrer österreichischen Heimat gezüchtet und damit sämtliche deutschen Völker umgeweiselt, am Ende des nächsten Jahres alles, was unter dem Durchschnitt blieb, herausgeworfen und durch junge ersetzt. Dann hätte man, ohne sich um das Äußere der Biene viel zu kümmern, auf Leistung weiterzüchten können. Jedes Jahr ausschalten, was unter der Mittellinie blieb. Eine solche Generalbereinigung war natürlich nicht möglich. Wir haben eine Anzahl Königinnen herübergeholt und mühen uns mit mehr oder weniger Glück, sie auf Stand und Belegstellen rein weiterzuzüchten. Aber die Drohnen der überall noch vorhandenen deutschen Rasse machen uns immer wieder einen Strich durch die Rechnung. Um die K-Biene nicht in einem hoffnungslosen Gemansch untergehen zu lassen, müssen wir neben der Honigleistung auch die Körpermerkmale der Bienen bei der Zucht im Auge behalten. Nicht weil die Leistung fest an äußere Merkmale gebunden wäre, sondern weil wir sonst jeglichen festen Boden unter den Füßen verlieren würden. Die ganze vieltausendjährige Zuchtarbeit der Natur würde in wenigen Jahren zerstört. Unsere Zuchtbemühung ist auch so noch eine Rechnung mit vielen Unbekannten. Eine Arbeit mit lauter unkontrollierten Bastarden wäre eine Rechnung mit lauter Unbekannten. Das wäre einfach nicht zu bewältigen.

Merkmalskörung

So nehmen wir die von Goetze ausgearbeitete Merkmalskörung zu Hilfe. Sie wurde anfangs überbewertet, als ob alles Heil nur von ihr käme nach dem Motto: Sorgt nur erst einmal für scharfe Herausarbeitung des äußeren Rassebildes, die Leistung werden wir dann im zweiten Teil schon bekommen. Später wurde sie radikal abgelehnt, weil eine feste Koppelung zwischen bestimmten Rassemerkmalen und Leistung nicht erkennbar war. Heute hat sich der Pendelschlag beruhigt. Das Richtige liegt, wie so oft, in der Mitte: Leistung vor allem, zur Sicherung der Dauerleistung aber Achtung auf Rasse.

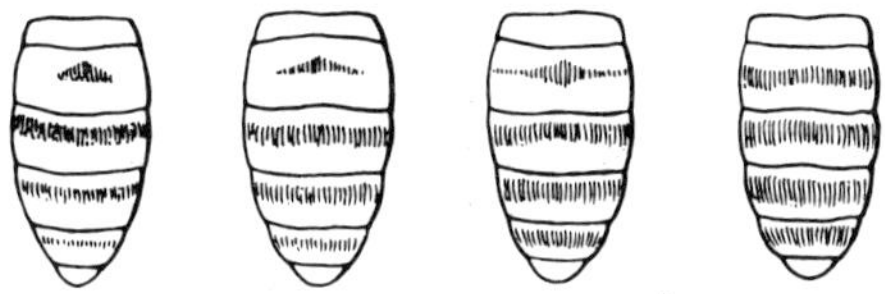

Abb. 62a Die Breite der Filzbinden – vor allem auf der 4. Rückenschuppe – wird gemessen an der Breite des dahinterliegenden schwarzen (auf der Zeichnung weißen) Randes. 30% der Gesamtbreite der Schuppe gilt als »schmal« (f), 50% als »mittel« (ff), 70% als »breit« (F).

Abb. 62b Gelbe Zeichen auf Hinterleib: Ohne gelbe Ecken (O), kleine Ecken (e), deutliche Ecken (E), einringig (r), zweiringig (R).

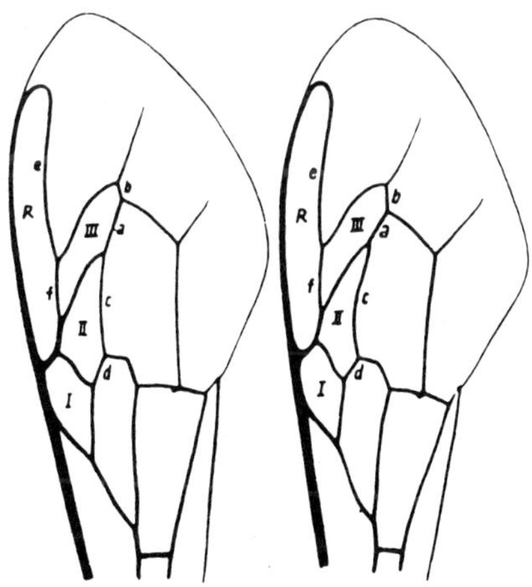

Abb. 62c Flügelindex = Zahl, wie oft der kleine Teil b im Teil a enthalten ist. Links großer Index bei Carnica, rechts kleinerer Index bei Mellifica.

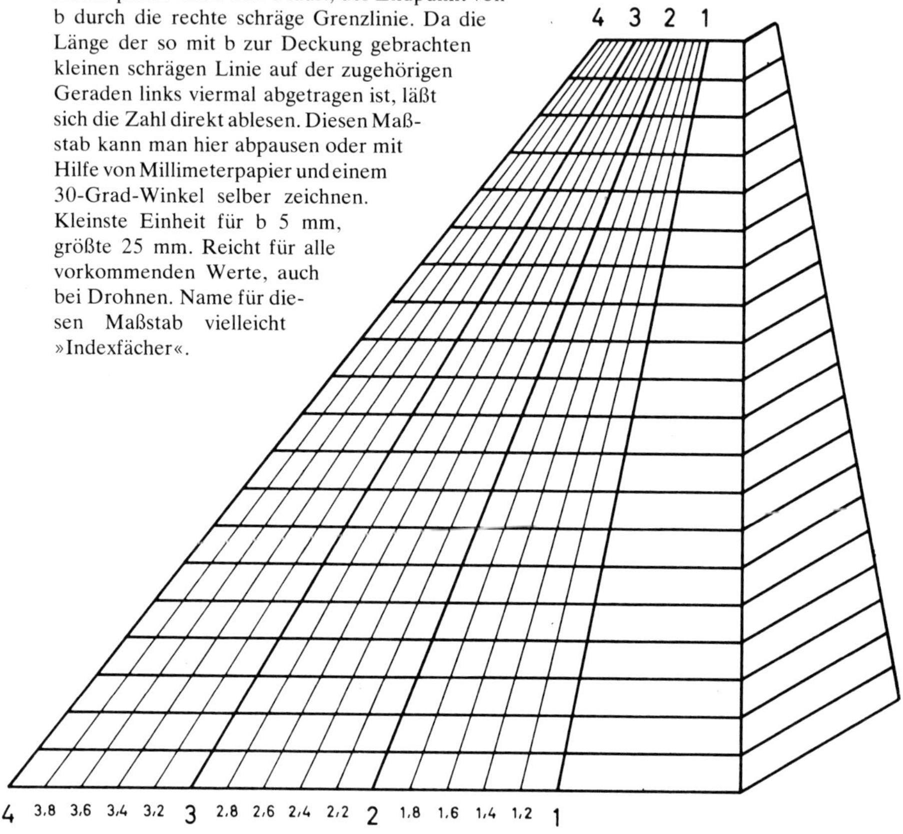

Abb. 62d Mein Maßstab zur direkten Ablesung des Flügelindexwertes bei Benützung eines Diaskops in durchschnittlicher Zimmerentfernung (3–6 m). 33 hintere Flügelhälften in Diarähmchen 5 × 5 cm eingelegt, an die Wand projiziert, Maßstab (in der hier gezeichneten wirklichen Größe) so angelegt, daß die Senkrechte durch den Schnittpunkt von a und b läuft, der Endpunkt von b durch die rechte schräge Grenzlinie. Da die Länge der so mit b zur Deckung gebrachten kleinen schrägen Linie auf der zugehörigen Geraden links viermal abgetragen ist, läßt sich die Zahl direkt ablesen. Diesen Maßstab kann man hier abpausen oder mit Hilfe von Millimeterpapier und einem 30-Grad-Winkel selber zeichnen. Kleinste Einheit für b 5 mm, größte 25 mm. Reicht für alle vorkommenden Werte, auch bei Drohnen. Name für diesen Maßstab vielleicht »Indexfächer«.

Auf welche Körpermerkmale achten wir nun bei der K-Rasse? Oberflächlich betrachtet unterscheiden wir sie von der deutschen Biene zunächst durch ihre Haarfarbe: »*Graue Excellenz*«. Der graue Eindruck kommt von den Haaren des Bruststücks und von den *breiten Filzbinden* des Hinterleibs. Die ganze *Körperform* wirkt schlanker und spitziger als bei der deutschen. Dies fällt sofort ins Auge. Mit Hilfe einer Lupe bestimmen wir noch einige andere Merkmale. Am Vorderflügel den sog. »*Cubitalindex*« (Abb. 62c). Wir messen, wie oft das kleinere Aderstücklein b im größeren Stück a enthalten ist. Bei Arbeiterinnen der K-Rasse geht es 2,3mal bis 3,0mal hinein. Gewöhnlich 2,6- bis 2,8mal. Bei der Drohne ist das Verhältnis (= der »Index«) 1,7 bis 2,3, meist 2. (Bei der dunklen deutschen Biene sind die entsprechenden Zahlen bei Arbeiterinnen 1,5 bis 1,9, bei Drohnen 1,0 bis 1,5.) Der Cubitalindex ist ein scharfes Unterscheidungszeichen.

Ein zweites Merkmal, zu dem man die Lupe braucht, ist das *Überhaar* der vorletzten Rückenschuppe. (Abb. 62e) Man legt das zu Gesicht stehende Hinterbein so, daß man Fuß und Rückenschuppe zugleich gegen das Licht sieht. Als Vergleich dient die Breite des ersten Fußgliedes. Ist das Überhaar so lang wie dieses breit, dann gilt es als mittel, ist es länger, gilt es als lang, ist es kürzer, gilt

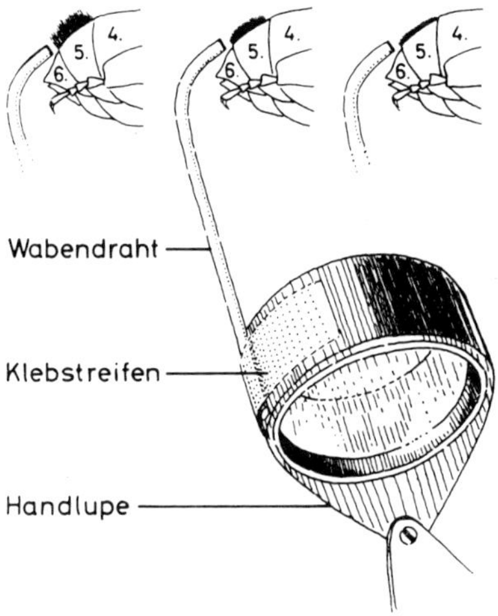

Abb. 62e Als Maßstab für die Länge des Überhaares wird allgemein das erste Fußglied benützt. Leichter und sicherer scheint mein Verfahren: Ein Stückchen Draht, das unter dem Mikroskop in seiner Stärke genau der Breite des Fußgliedes entspricht (bei mir zufällig Wabendraht!), wird mit Tesafilm an der Lupe befestigt, in Entfernung der richtigen Sehschärfe nach innen abgebogen und das Überhaar direkt an die Spitze des Drahtes angehalten. Kürzer als Drahtdicke = kurz, dem Draht gleich = mittel, länger = lang.

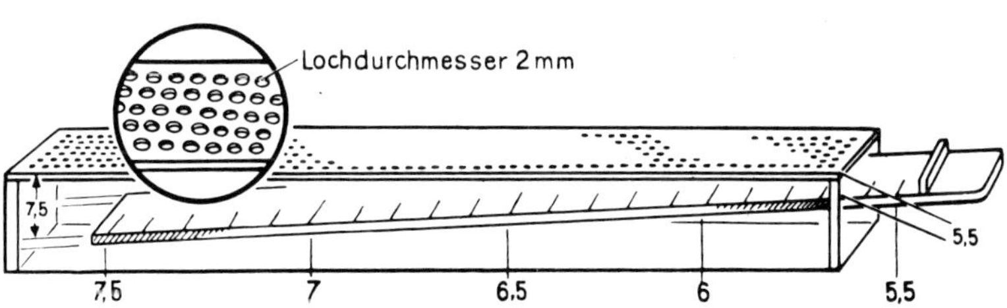

Abb. 62f Mein Rüsselmeßgerät (Näheres im Text). Die Schrägung der eingeschobenen Platte ist zur Verdeutlichung übertrieben gezeichnet.

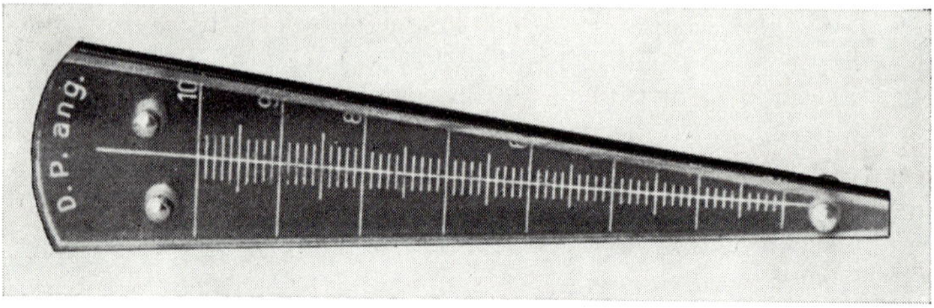

Abb. 62g Rüsselmeßgerät nach Gontarski.
Bei beiden Geräten beruht das Prinzip auf der schiefen Ebene und einem nicht flüssigen Futterteig.

es als kurz. Bei der deutschen Biene ist es überwiegend lang, bei der K-Biene soll es womöglich bei allen Bienen *kurz,* höchstens bei 30% mittel sein. (Beim Messen mit Maßstab 0,25 bis 0,35 mm.) Wer will, kann sich auch noch den Hinterrand des *Wachsspiegels* der zweitletzten Bauchschuppe ansehen. Er ist bei der K-Biene gebogen, bei der deutschen N-Biene gerade.

Die Rüssellänge schwankt bei der deutschen Biene von 5,8 bis 6,4 mm, bei der K-Biene von 6,5 bis 6,8 mm (bei der stark nosemagefährdeten Kaukasier von 6,6 bis 7,1).

Für die Messung der Rüssellänge gibt es verschiedene Methoden.

a) Eine Serie von kleinen Röhrchen mit eingeritztem Maßstab. Ich fand sie sehr unexakt gearbeitet. Dazu Täuschungen durch Kapillarkraft!

b) Beim IUSSI-Kongreß in Würzburg 1955 habe ich mein eigenes Gerät vorgeführt. Es besteht aus einem langen Kästchen aus Kunststoff, dessen Oberseite sich als schiefe Ebene auf einer Länge von 20 cm um 2 mm vom gegenüberliegenden Boden entfernt, und zwar von 5,4 bis 7,4 mm, dem Schwankungsbereich des Bienenrüssels. Die schiefe Oberseite ist mit vielen 2 mm weiten Bohrungen versehen, durch die der auf der andern Seite aufgestrichene feste Zuckerteig von den Bienen erreicht werden kann. Der Teig muß so fest sein, daß er nicht läuft. So kann das Meßgerät im Stock liegen, wie es mag. Die Messung stimmt, auch wenn es nicht in der Waage liegt. 1 mm auf der mit eingeritztem Maßstab versehenen Bodenfläche entspricht einem hundertstel mm Reichtiefe, 1 cm einem zehntel. Das Gerät ist nicht im Handel und bei exakter Ausführung durch einen Feinmechaniker etwas teuer. Aber es gibt geschickte Leute unter den Züchtern, die es sich anfertigen könnten. (Abb. 62f)

c) Nach dem damaligen Kongreß hat Gontarski, angeregt durch dieses Gerät, eines entwickelt, das zwei schiefe Ebenen verwendet und, wie ich es ursprünglich auch getan hatte, mit Schlitz statt mit Löchern arbeitet. Es macht den Bienen den Zugang leichter, arbeitet rascher, aber auch weniger exakt und ist billiger in der Herstellung. Beide Geräte liefern keine absoluten Werte, sondern nur Vergleichswerte, weil die Form der Kiefer auch noch eine Rolle spielt. Praktisch entscheidend ist die Reichtiefe des Gesamtrüssels.

d) Absolute Werte liefert die direkte Messung nach Böttcher. Böttcher legt die herauspräparierten Rüssel in Reihe auf Diapositivplatten und projiziert das Bild, wie es mit den Flügeln auch geschieht, an die Wand und mißt dort direkt. Weil es hier auf das direkte Maß ankommt, projiziert man gleichzeitig einen Maßstab (durchsichtiges Millimeterpapier) mit an die Wand.

Flügelindex und Überhaar reagieren am empfindlichsten auf rassefremden Bluteinschlag. Man wird also auf diese beiden Merkmale bei der Körung ganz besonders achten müssen.

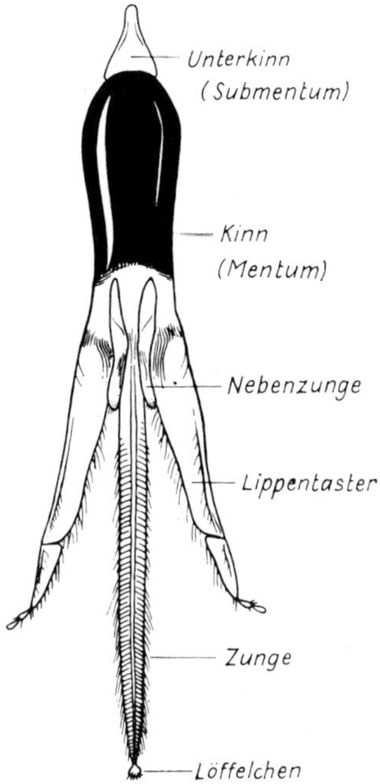

Abb. 63 Direkte Zungenmessung nach Böttcher

Von manchen Imkern werden die gelben Ecken und Ringe am Hinterleib für besonders wichtig gehalten. Und doch bedeuten diese *Panzerzeichen* am allerwenigsten. Sie kommen von Natur aus bei allen Rassen vor, müssen also nicht unbedingt einen Italienereinschlag verraten. Immerhin, man kann die »Schekken« ausmerzen und erkennt dann auch an diesen Zeichen, wenn in einer einheitlich durchgezüchteten Linie fremdes Blut auftaucht.

Zusammenfassend noch mal der *Rasse-Standard* der Carnica-Rasse:

Flügelindex im Durchschnitt bei Arbeiterinnen über 2,4, bei Drohnen über 1,7.

Überhaar (nur bei Arbeiterinnen) kurz, höchstens 30% mittel.

Filzbinde (nur bei Arbeiterin auf der drittletzten Schuppe): breit, höchstens 50% mittel

Haarfarbe (nur bei Drohnen auf dem Brustrücken): grau, höchstens 20% gelb

Panzerzeichen: keine, aber bei Arbeiterinnen 80% Ecken, bei Drohnen 20% kleine Inseln erlaubt

Es sei noch mal betont: Die Merkmalskörung allein gibt keine Garantie auf Leistung. Aber wir brauchen sie, um uns in der Zucht vor Bastarden zu hüten, die uns bei der Beurteilung der Leistung in die Irre führen. Wie genau man es dabei nimmt, ist jedes Züchters eigene Sache. Sehr streng sollte man bei der Auslese aber mit den Eigenschaften Sanftmut und Wabenstetigkeit sein! Im Zusammenklang mit einer guten Leistung wird dann ein züchterischer Fortschritt nicht ausbleiben können.

Die Hybridzucht steht bei der Honigbiene noch in den Anfängen. Desgleichen Kombinationszucht unter Verwendung verschiedener Rassen. Da sich die N-Biene und die K-Biene nicht miteinander vertragen (Stechlust, starke Aufspaltung von Eigenschaften und Leistung in den Nachkommen), ist man geneigt, Rassenkreuzungen ganz allgemein als unbrauchbar abzutun. Dazu kommt die Furcht, daß bei der Unsicherheit vieler Belegstellen die Reinzucht der Carnica-Rasse gestört werden könnte und die gewünschte Verdrängung der Nord-Biene durch die Carnica-Biene auf den Ständen der nicht züchtenden Imker nicht mehr gewährleistet sei. Inwieweit das zutrifft, soll hier nicht entschieden werden. Sicher ist, daß es dabei sehr auf die beteiligten Rassen ankommt. Die Kreuzung sehr nahe verwandter Rassen, wie etwa der Carnica- und der Italiener-Biene wird andere Ergebnisse zeitigen als die bekannte Verbindung Carnica × Mellifica. Wir müssen damit rechnen, daß die Hybridzucht als moderner Zweig der Tier- und Pflanzenzucht auch an der Biene nicht vorübergehen wird, trotz der größeren technischen Schwierigkeiten, die hier in der Paarungskontrolle zu überwinden sind. Doch sollte man diese Fragen einstweilen den Instituten überlassen. Das Gros unserer Imkerschaft ist bisher mit der Reinzucht der Carnica-Biene gut gefahren. Es besteht vorerst kein Grund, diese Marschrichtung zu verlassen.

2. Gute Aufzucht

Weiselzellen entstehen in einem Volk:

a) wenn es schwärmen will – Schwarmzellen, (SZ)
b) wenn es still umweiseln will – Umweiselungszellen, (UZ)
c) wenn es weisellos ist – Nachschaffungszellen, (NZ)

Alle drei Wege kann man benützen, um zu Königinnen zu kommen.

a) Schwarmzellen

Schwarmköniginnen haben Vorteile vor allen andern. Sie sind schon als Ei zur Königin bestimmt und erhalten vom ersten Augenblick an das einer Königin zugedachte Futter. Sie entstehen aus einem überschäumenden Kraftgefühl des Volkes. Die Forderung »Gute Aufzucht« ist mit großer Sicherheit erfüllt. Man findet sie in größerer Zahl – etwa 15 bis 25 – ohne eigenes Zutun. Man darf aber nicht wahllos von jedem Volk die Weiselzellen verwerten, weil die erste Forderung »Gutes Erbe« nicht bei jedem schwärmenden Volk erfüllt ist. Wir verwerten grundsätzlich keine Zellen von einem Volk, das schon mit einer Königin im ersten Jahr nach der Geburt schwärmt. Wir würden mit ihnen die erbliche Schwarmlust auf dem Stand verbreiten. Erst im zweiten, noch besser im dritten Jahr verzeihen wir das Schwärmen. Und wenn das Volk überdurchschnittliche Leistung und einwandfreie Rasse zeigt, sind uns die SZ willkommen. Ein Nachteil: sie sind nicht gleichaltrig. Und wenn das Wetter in der letzten Zeit ungünstig war, weiß man nicht, wie alt die ältesten sind. Nicht immer geht der Schwarm ab, sobald die erste Zelle gedeckelt ist. Weil beim Auszug des Schwarmes noch offene Zellen vorhanden sind, wartet man 2–3 Tage, bis man sie verwertet. Das geht auf verschiedene Weise:

Nicht unterschreiben kann ich die öfter zu lesende Empfehlung, man solle so viele Völker entweiseln, als man Zellen hat, und die Zellen in diese Völker setzen. Die Folge wäre auf einem geschlossenen Stand, daß nach ein paar Wochen die Hälfte der Völker brutlos und weisellos wäre. Denn es gehen nirgends so viele Königinnen bei der Begattung verloren wie beim Ausflug aus Vollvölkern im geschlossenen Stand. Bei Einzelaufstellung passiert das weniger. – Empfehlen kann man dagegen den *Begattungsableger.* Man braucht dazu Ablegerkästen für 3 oder 5 Waben im Standmaß. Der Magazinimker kann sich auch zu einigen Zargen Spezialböden zimmern. Sie erhalten ein vorderes und, seitlich versetzt, ein hinteres Flugloch oder werden sogar mit vier Fluglöchern nach den verschiedenen Seiten versehen. In dem Kasten lassen sich dann ebenso viele Ableger unterbringen, wenn man sie durch dünne dicht schließende Schiede voneinander trennt. Das ganze Brutnest des Schwarmvolkes wird alsdann aufgeteilt. Wenn nicht auf jeder Wabe wenigstens eine schöne Weiselzelle ist, schneidet man eine von einer anderen Wabe ein. Auch aus anderen Völkern kann man gedeckelte Brutwaben samt Bienen holen und überschüssige Zellen in sie einschneiden. Je nachdem, wie die Zelle sitzt, schneidet man ein Stückchen Wabe samt der Zelle aus und fügt es etwa in der Mitte der andern Wabe ein. In die entstandene Lücke setzt man das dort entnommene Wabenstückchen. Die SZ entstehen zumeist am unteren und seitlichen Wabenrand. Im Vollvolk werden sie da genügend warm gehalten. In einem solchen Kleinableger können sie am Rand verkühlen, wenn die Bienen sich auf der inneren Brutfläche zusammenziehen. Man soll deshalb auch noch Bienen von 1 bis 2 Waben dazustoßen, um die abgehenden Flugbienen zu ersetzen. So gibt man also in jeden Ableger eine Brutwabe mit Weiselzelle, eine Futterwabe mit Honigkranz, Pollen und etwas Wasser und Zuckerteig, soviel man unterbringen kann. Auf die Belegstelle darf man mit solchen Begattungsablegern nicht, weil man nicht für Drohnenfreiheit garantieren kann, außer man hat eine Belegstelle, auf der man selber Herr ist. Man verteilt die Ableger mit einigen Metern Abstand im Garten, womöglich im Schatten. Nach der Begattung läßt man sie auf 3 bis 5 Brutwaben wachsen und weiselt damit unbefriedigende Völker um oder zieht sie zu Vollvölkern heran.

b) Umweiselungszellen

Ertappt man ein Volk mit einigen Zellen zur stillen Umweiselung, kann man sie ebenso verwerten wie Schwarmzellen. Es ist sogar besser, man sichert sie in einem Begattungsableger, weil die Königin beim Ausflug im Stand verlorengehen kann. Man kann so für einige Zeit fortfahren und so nach und nach auch von einem Umweisler vielleicht ein halbes Dutzend Zellen gewinnen. Wenn die letzte Königin dann tatsächlich beim Ausflug verlorengeht, kann man sie durch einen inzwischen in Brut gekommenen Ableger ersetzen.

c) Nachschaffungszellen

Wer mehr Königinnen braucht, trennt ein Volk oder einen Teil des Volkes – wenigstens vorübergehend – von seiner Königin. Dann setzt es bereitwillig über eigenen oder fremden Larven oder Eiern Nachschaffungszellen an. Wer von Zucht redet, meint Nachschaffungszucht.

Kraftvolles Pflegevolk. – Das Volk, das uns Nachschaffungszellen aufziehen soll, nennen wir Pflegevolk. Es soll stark und zuchtwillig sein, damit die Larven vollwertig aufgezogen werden. Wenn es eigene Larven aufzieht, muß es ein gutes, in jeder Hinsicht zuchtwürdiges Volk sein. Wenn es fremdes Zuchtgut pflegen soll, spielt die eigene Leistung keine Rolle. Es überträgt seine eigenen unerwünschten Eigenschaften nicht auf die Pfleglinge. Einfach ist es, wenn man bei der Durchschau der Völker um die Schwarmzeit auf ein Volk stößt, das eben Weiselzellen ansetzt. Ein solches Volk ist ohne weiteres Zutun zuchtreif. Man nimmt ihm sämtliche eigene offene Brut. Zumeist bedeutet das, daß man sämtliche Brutwaben entfernt, weil auch auf Waben mit gedeckelter Brut sich gewöhnlich noch irgendwo Eier oder offene Brutzellen finden. Brutfreie Randwaben mit Honig und Pollen behält es. Hat man etwa eine Woche zuvor Brutwaben in den Honigraum umgehängt, können diese bleiben. Aber man muß sie durchschauen. Gelegentlich werden auf umgehängten Waben Weiselzellen angesetzt. Diese müssen auf alle Fälle ausgebrochen werden.

An Stelle der offenen Brutwaben geben wir ausgebaute Waben. In die Mitte kommt der Zuchtrahmen oder die Wabe mit dem Zuchtstoff. – Doch das nachher. Zunächst noch ein Wort zum Pflegevolk. Das so bei der Durchschau entdeckte zuchtreife Volk ist ein Geschenk. Es kostet keine Arbeit und ist als Pflegevolk vollwertig. Nicht immer fügt sich alles so unserem Zeitplan. Dann bestimmen wir ein Volk, auf dessen Erhaltung wir keinen besonderen Wert legen, zum Pflegevolk. Es soll aber sehr brutlustig sein.

9 Tage vor Zuchtbeginn sperrt man die Königin über Absperrgitter in den Honigraum. Am Tage der Zucht wird dann die Königin mit der offenen Brut entfernt. Aber mit den Brutwaben nicht auch die ansitzenden Bienen entfernen! Gerade die Ammenbienen auf den offenen Brutwaben sind unser wertvollstes Kapital für die Weiselpflege. Wenn es die Königin noch wert ist, machen wir mit ihr einen Kleinableger aus einem anderen Volk. Wir müssen die Stärke des Pflegevolkes möglichst zusammenhalten. Nachdem wir den Brutraum, der jetzt nur noch gedeckelte Brut enthält, sorgsam auf Nachschaffungszellen durchgesehen haben (dazu sollte man jede einzelne Brutwabe von den Bienen einigermaßen

freischütteln), kehren wir alle Honigraumwaben in das Pflegevolk ab. Die Pflegevolkbienen drängen wir im Brutraum, der nur aus einer einzigen Kastenetage bzw. Zarge bestehen sollte, zusammen. Die Enge des Bienensitzes ist für die Zellenannahme von ausschlaggebender Bedeutung. Die Bienen dürfen während der Pflege ruhig stark vorlagern. Gefüttert wird nach Zuchtbeginn nicht mehr. Die Ammen sollen sich auf die Pflege konzentrieren und nicht durch Futterabnahme und -verarbeitung von dieser Aufgabe abgehalten werden.

Der Wert einer vorausgehenden Reizfütterung wird ebenfalls sehr überschätzt. Wichtig ist, daß das Pflegevolk 5–6 Wochen vor Zuchtbeginn stark in Brut war. Die offene Brut von damals ist jetzt im Pflegebienenalter.

Zugabe des Zuchtstoffes. – Das Pflegevolk ist nun zur Aufnahme des Zuchtstoffes bereit. Wir geben ihn 2 Stunden nach der Entweiselung. Während dieser Zeit ist das Volk seiner Weisellosigkeit gewahr geworden. Es ist jetzt auf die Annahme und Pflege von Weiselzellen in hohem Maße eingestellt. In welcher Form geben wir den Zuchtstoff? Da gibt es verschiedene Wege:

Die offene Brutwabe?

Die bequemste Art wäre es, dem Pflegevolk eine Wabe mit Eiern und Brut in allen Stadien vom Zuchtvolk einzuhängen. Das würde nicht viel Zeit kosten. Auch wäre es ein natürliches Verfahren, wenn – ja wenn die Bienen in allem so weise wären, wie wir meinen, daß sie sein sollten. Möchte man doch annehmen, daß ein Bienenvolk von seinen ureigensten Angelegenheiten mehr verstünde als man selbst. Leider stimmt diese Rechnung nicht. Ein Bienenvolk ist keine Diktatur, in der man nur aufs Knöpfchen drückt und alles steht in Linie. Es heißt auch bei ihm oft wie in einer Demokratie: Viel Köpf, viel Sinn! Das Alarmgeheul vernehmen wohl alle: Königin verloren! Wir brauchen eine neue Königin! Aber von denen, die sich berufen fühlen, Ersatz zu schaffen, gerät die eine an eine allerjüngste, kaum ein paar Stunden geschlüpfte Made. Die Zelle wird erweitert, und allerlei Ammenvolk bemüht sich um das auserwählte Kind. Von frühester Jugend an in Richtung auf ihre königliche Laufbahn hin erzogen, bekommt sie alles mit, was sie als Mutter eines großen Volkes braucht: Zwei Eierstöcke mit je 180 Eischläuchen und das zugehörige Ernährungs-, Hormon- und Nervensystem, das jeden Eischlauch befähigt, bei Hochbetrieb jeden Tag 5 Eier zu erzeugen. Eine andere Biene gerät in ihrem Eifer an eine Larve, die schon 2 bis 3 Tage auf Arbeiterin hin ernährt wurde. Sie wird keine vollwertige Königin mehr. Was in der ersten Jugend versäumt wurde, ist versäumt. Man könnte nun eine kluge Rechnung anstellen und versuchen auszuscheiden, was sicher zu spät in Weiselpflege kam. Wir wissen, daß jedes Bienenwesen 3 Tage als Ei lebt und 5 bis 6 Tage als »offene« Larve. Wenn ich 4 Tage nach dem Zuhängen der Wabe nachsehe und schon gedeckelte Weiselzellen finde, breche ich sie aus. Eine Weiselmade wird etwa 5 Tage nach dem Schlüpfen gedeckelt. Wenn ich also nach 4 Tagen die gedeckelten entferne, müßten nach meiner Rechnung die verbleibenden mit höchstens einem Tag in Weiselpflege gekommen sein. Aber wieder kann ich mich verrechnen: Die Bienen nehmen an einer Brutwabe nicht immer alle Nachschaffungszellen gleichzeitig in Pflege, sondern lassen sich dazu mehrere Tage Zeit. Das trifft vor allem dann zu, wenn es sich um eine ältere, schon öfters bebrütete Wabe handelt. Es kann somit vorkommen, daß eine spät gedeckelte Weiselzelle tatsächlich aus einer älteren Arbeitermade stammt, die bei Zuchtbeginn sogar noch als Ei im Volk vorhanden war.

Dies ist der eine Grund, weshalb sich die offene Brutwabe nicht als Zuchtstoff eignet. Der andere hat mit der Größe der Weiselwiege etwas zu tun, wie wir noch sehen werden.

Der Bogenschnitt

Es gibt noch einen dritten Grund, weshalb das Einhängen einer offenen Brutwabe ins Pflegevolk zur Erzielung von Weiselzellen nicht vorteilhaft ist: Die Nachschaffungszellen wachsen aus der Wabe heraus – dort, wo sie gerade mögen. Es ist schwierig, sie abzuschneiden. Oft sind sie auch zusammengebaut und schwer voneinander zu trennen. Man hat deshalb den Bogenschnitt erfunden. Dabei wird an der Wabe mit junger offener Brut im Zentrum und Eiern in den Außenbezirken bogenförmig ein unteres Stück abgeschnitten. Den Schnitt führt man an der Grenze zwischen Eiern und jüngsten Maden entlang. Man stößt so den Bienen gleichsam die Nase auf die jüngsten Maden. Durch den Schnitt ist der Bau gestört. Das veranlaßt die Bienen, sich mit diesem Rand zu beschäftigen. Dabei geraten sie an die hier liegenden Larven. Es liegt nahe, gerade hier die benötigten Weiselwiegen anzulegen. Erfahrungsgemäß gelingt diese Verführung ausgezeichnet. Sie gelingt so gut, daß wir dem Eifer sogar etwas Einhalt gebieten müssen. Wir zerstören beiderseits jeweils 2 bis 3 Larven, indem wir sie mit einem Zündholzkopf zerquirlen. Sonst wird ein großer Teil der Zellen so zusammengebaut, daß wir sie hinterher schwer ohne Beschädigung abschneiden können. Wenn aber immer nur jede dritte oder vierte Larve übrigbleibt, stehen die fertigen Zellen schön einzeln (Abb. 64).

Der Bogenschnitt verringert die Gefahr, daß die Bienen auch noch über älterer Brut Weiselzellen ansetzen, da sie sich vorwiegend auf die Maden am Wabenrand konzentrieren. Ganz beseitigt ist sie aber nicht. Besonders bei Verwendung dunkler Waben kann es vorkommen, daß einzelne Zellen nachträglich noch über älteren Maden entstehen.

Wer den Bogenschnitt durchführt, sollte deshalb eine junge, erstmals bebrütete Wabe verwenden. Leider wird man eine solche in dem ausgewählten Zucht-

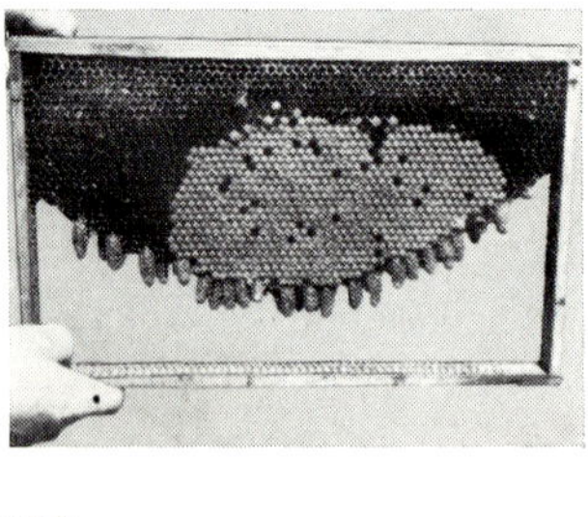

Abb. 64 Der seit langem geübte Bogenschnitt ist ein Ersatz für Imker, die sich aus irgendeinem Grunde nicht an das Umlarven heranwagen.

volk nicht ohne weiteres zur bestimmten Zeit, in der sie gebraucht wird, vorfinden. Wir müssen sie uns deshalb eigens beschaffen. Dazu hängen wir einige Tage vor Zuchtbeginn dem Volk, von dem wir Zuchtstoff haben wollen, eine unbebrütete, wenn möglich honigfeuchte Wabe mitten in das Brutnest. Solche Waben ziehen gewöhnlich die Königin an. Am 4. Tag kann man mit Larven darauf rechnen. Noch sicherer ist aber die Verwendung einer *Absperrgittertasche.* Zwei mit Absperrgittern benagelte Holzrahmen sind unten durch ein Drahtgitterstück von der Breite eines Wabenrähmchens miteinander verbunden. Zwischen die beiden Rahmenflügel wird die Zuchtwabe eingezwickt. Dazu kommt die Königin. Oben werden die beiden Rahmen mit einem Klavierhaken über das Rähmchen hinweg miteinander verbunden. Die Königin wird so zur sofortigen Eiablage auf der Zuchtwabe gezwungen.

Die Verwendung einer unbebrüteten Wabe zum Bogenschnitt hat gegenüber der bebrüteten einen sicheren Vorteil: Es hat sich in ausgedehnten Versuchen gezeigt, daß die Arbeiterzellen dunkler Waben infolge der darin befindlichen Kokonhäute nicht so leicht umgebaut werden können wie unbebrütete Zellen. Sie bleiben in der Tiefe enger. Die Weite der Weiselwiege ist aber bis zu einem gewissen Grad mit dem Wachstum der Maden und der Größe der später daraus entstehenden Königinnen verknüpft.

Zellstreifen

Wir können den beim Bogenschnitt unten weggeschnittenen Teil der Wabe mit Wachs an die obere Leiste eines leeren Rähmchens anlöten oder mit Drahtklammern befestigen. Es ergibt sich ein offener Torbogen, an dessen Rand man ebenfalls auf beiden Seiten nur jede 3. oder 4. Larve am Leben läßt. Wer so weit gekommen ist, kann aber auch noch einen Schritt weitergehen. Er kann mit Zellstreifen arbeiten. Dazu schneidet er aus der erstmals bebrüteten Wabe mit jüngsten Larven ein rechteckiges Stück so aus, daß dabei kein Draht zerschnitten wird. Die Lücke kann mit einem anderen Stück Wabe oder Mittelwand ausgefüllt werden. Das Wabenstück zerschneidet man mit einem angewärmten Messer in einreihige Zellstreifen.

Diese Zellstreifen werden nun in einem sogenannten *Zuchtrahmen* befestigt. Als Zuchtrahmen dient ein leeres Rähmchen, in dem 2 oder 3 Holzleisten zwischen den beiden Seitenteilen durch je einen Nagel um die Längsachse drehbar befestigt sind. Diese sog. Zuchtlatten können auch herausnehmbar in Fugen der Seitenteile eingelassen sein.

Für die Befestigung der Zellstreifen an den Zuchtlatten muß man sich allerdings etwas Besonderes einfallen lassen. Das Ankleben nur mit Wachs ist ziemlich schwierig. Deshalb verwendet man am liebsten Klemmleisten. Man schneidet eine Wabenleiste der Länge nach auf und fügt beide Hälften in die Aussparungen des Zuchtrahmens ein. Dabei läßt man in der Mitte einen Spalt, in den man den Wabenstreifen mit der oberen Zellreihe einschiebt. Dann drückt man die beiden Leistchen zusammen und sorgt mit einer Klammer oder etwas Wabendraht für festen Halt. Oder man verbindet die beiden Leistchen oben mit

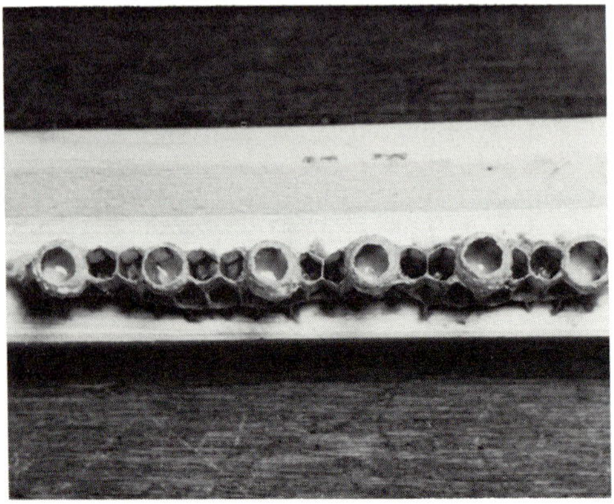

Abb. 65 Bei der Zucht aus der Made verwendet man gern einreihige Zellstreifen, die in Klemmleisten festgezwickt werden. Es geht auch mit einzelnen Zellen in Klemmstopfen. Um optimale Zuchtprodukte zu erreichen, sollte man möglichst unbebrütetes Wabenmaterial dazu benutzen.

Lederstreifen, die wie ein Scharnier wirken. Da hinein klemmt man den Wabenstreifen. Damit er nicht herausrutscht, lötet man ihn noch mit etwas flüssigem Wachs fest.

In den eingeklemmten Zellstreifen zerrühren wir jeweils 2–3 Maden, zwischen denen eine stehen bleibt, so wie wir es beim Bogenschnitt schon gelernt haben. Im Unterschied dazu sind nun aber die Arbeiterzellen, aus denen die Weiselzellen hervorgehen, im Pflegevolk nach unten geöffnet (Abb. 65).

Wenn man statt mit jungen Maden aus dem Ei züchten will, damit die Made vom Ausschlüpfen an königliche Pflege erhalte, darf man nicht einreihige Zellstreifen verwenden, sondern muß mit zwei- oder dreireihigen arbeiten. In einreihigen Streifen würden die Bienen in diesem Fall zuwenig Zellen in Pflege nehmen. Man muß dabei sehr viel Eier zerquirlen, um eine zu gute Annahme und das Zusammenbauen der Zellen zu vermeiden. – Warum dieser Unterschied in der Annahme? Vielleicht müssen die Bienen besser Fuß fassen können, um bei der Inspektion der Zellen die sehr empfindlichen Eier nicht zu beschädigen.

Einzelzellen und Zellnester

Statt die Zuchtstoffstreifen als Ganzes zu befestigen, kann man sie auch in einzelne Zellen oder in Zellgruppen zerschneiden. Wenn man mit Maden arbeitet, geht es mit einzelnen Zellen. Bei der Verwendung von Eiern müssen 5–8 Zellen im Verband bleiben. Mit Einzelzellen wäre hier die Annahme gleich Null. Die Zellen und Zellnester werden in die handelsüblichen Klemmstopfen eingezwickt. Diese befestigt man nebeneinander an den Zuchtlatten, indem man sie umgekehrt ganz kurz in flüssiges Wachs taucht und sofort an das Leistenholz anpreßt. In den Zellnestern müssen alle überschüssigen Eier bis auf eines zerquirlt werden. Auf jeden Fall ist wegen des anzustrebenden größtmöglichen Königinnengewichtes auf unbebrütetes Wabenmaterial bei der Zuchtstoffgewinnung zu achten (Abb. 66).

Abb. 66 Die Zucht aus dem Ei

a) Das Wabenstück mit dem Zuchtstoff wird in Streifen geschnitten.

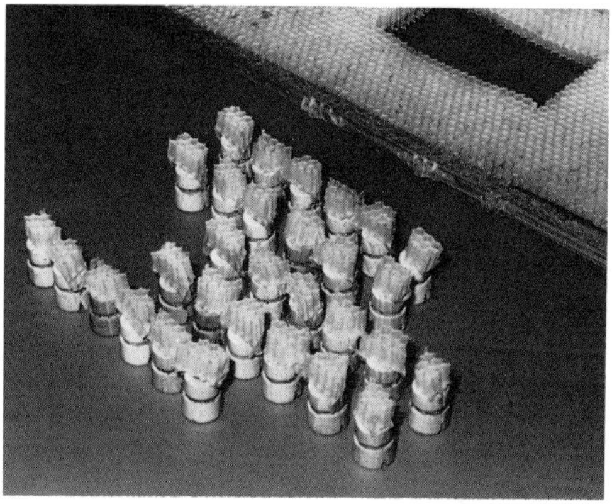

b) Die Wabenstreifen zerteilt man in Zellgruppen zu je 5–8 Zellen, welche an Klemmstopfen festgezwickt werden. In jedem Zellnest bleibt nur 1 Ei stehen, die anderen zerquirlt man.

c) Die Klemmstopfen mit den Zellgruppen werden durch Eintauchen in flüssiges Wachs an den Zuchtlatten der Zuchtrahmen befestigt.

Umlarven

Die Krönung aller Verfahren zur Zuchtstoffvorbereitung ist jedoch die seit einem halben Jahrhundert als klassisch beschriebene Methode des Umlarvens. Wer es einmal probiert und Erfolg damit gehabt hat, wird für immer dabei bleiben. Verkaufszüchter sind geradezu auf dieses Verfahren angewiesen. Nicht nur, daß es die sparsamste und schnellste Art ist, mit dem Zuchtstoff umzugehen, es ist auch ein in jeder Beziehung vollwertiges Verfahren. Verglichen mit der Zucht aus dem Ei bringt es gleich gute, wenn nicht bessere Königinnen, zumindest können sie bei richtiger Handhabung des Umlarvens größer ausfallen als bei der Verwendung von Eistreifen oder Einestern. Das haben eingehende Untersuchungen in Erlangen an abstammungsgleichen Königinnen bei verschiedener Aufzuchtart ergeben. Alle Zweifel, daß die arbeitermäßige Ernährung der Maden vor dem Zuchtbeginn der entstehenden Königin vom Nachteil sein könnte, sind unbegründet. Wichtig ist jedoch, daß die zum Umlarven verwendeten Maden das Alter von 1 1/2 Tagen nicht überschreiten. 1tägige Maden sind der ideale Zuchtstoff. Daraus entwickeln sich optimale weibliche Geschlechtstiere. Die notwendige Manipulation mit den Maden ist für sie bei einiger Geschicklichkeit des Imkers völlig unschädlich. Wer eine halbwegs ruhige, nicht allzuschwere Hand hat und – mit oder ohne Brille – in 15 cm Entfernung eine jüngste Made gut sehen kann, wird sich damit befreunden können. Es ist ein sauberes Arbeiten. Man zerstört weder Waben noch Maden. (Abb. 67, 68)

In einer Viertelstunde kann man einen Zuchtrahmen mit 30 bis 45 Zellen belarven. Man kann sich aber auch länger dazu Zeit lassen, denn die Maden sind gegen Abkühlung relativ widerstandsfähig. So ist es ohne weiteres möglich, daß man sich von einem Züchter in der Nähe besonders guten Zuchtstoff in Form eines Wabenstückes mit jüngsten Larven beschafft. Zu Hause larvt man daraus um. Man kann den Zuchtrahmen aber auch gleich beim Züchter belarven oder belarven lassen und nach Hause transportieren. Die Larven halten das aus, wenn sie nur innerhalb von 6 Stunden ins Pflegevolk kommen. Nur vor Sonneneinstrahlung und Hitze sollte man sie schützen.

Abb. 67 Aus einem Stückchen Wabe aus einem zuchtwerten Volk wird in künstliche Näpfchen umgelarvt, die auf Holzpfropfen angelötet sind.

Wohin larvt man um?

Erlangen hat zu dieser Frage umfangreiche Versuche gemacht. Es stellte sich heraus, daß das Königinnengewicht von der inneren Weite des Weiselbehälters abhängt. Die Umbettung von Arbeitermaden in leere Arbeiterzellen, die man zur späteren bequemen Verarbeitung der Weiselzellen mit der Öffnung nach unten in irgendeiner Weise am Zuchtrahmen befestigt, ist unzweckmäßig. Abgesehen davon, daß man solche Zellen auch aus der Zuchtwabe ausschneiden oder ausstanzen könnte, ohne die Made dabei zu berühren, läßt die Größe der darin gezüchteten Königinnen zumindest bei Verwendung von bereits bebrütetem Zellmaterial zu wünschen übrig. Bessere Chancen bestehen, wenn man unbebrütetes Wabenmaterial verwendet, wie schon vorne erörtert wurde. Eine weitere Verbesserung wäre über die Benützung von unbebrütetem Drohnenbau zu erreichen. Ich habe früher mit Vorliebe in die Randzellen von halbausgebauten Drohnenwaben umgelarvt, die ähnlich wie Weiselnäpfchen schräg nach unten geöffnet sind. Vollständig bis zur unteren Leiste ausgebaute Drohnenwaben kann man auf den Kopf stellen, 1 oder 2 durchlaufende Querfenster einschneiden und den Unterrand beiderseits etwas abschrägen. Man belarvt abwechselnd auf beiden Seiten jede 4. Randzelle. Die Annahme ist in der Regel gut, aber es gehört doch ziemlich viel Gefühl dazu, die Maden in den unbebrüteten Drohnenzellen abzustreifen, ohne die Zellböden zu durchstoßen.

Es ist sicherer und vom Gesichtspunkt der erreichbaren Königinnengröße besser, wenn man es genauso macht, wie Zander und andere es uns gelehrt haben. Man züchtet in »künstlichen Weiselnäpfchen«. Der alte Ausdruck »künstlich« ist hier zunächst noch nicht wörtlich zu nehmen. Er bedeutet nur, daß man die Weiselbecher künstlich aus Wachs herstellt. Man kauft oder fertigt sich selber ein Formholz 9 mm stark, am Ende abgerundet und geglättet, zum Tauchen der Näpfchen. Wir geben in eine kleine Konservendose reines Wachs, stellen sie in eine größere mit Wasser und beides zusammen auf eine Heizquelle, bis das Wachs flüssig ist. Es soll nicht zu heiß werden, sondern eben flüssig sein. Das Formholz haben wir vorher einige Zeit in Wasser gestellt. Wir trocknen es leicht ab, stecken es einen Augenblick etwa 8 mm tief ins Wachs, ziehen es heraus, warten ein wenig, bis es fest ist, tauchen zum zweiten Mal gleichtief ein und zum dritten Mal nur 4 mm. So wird das Näpfchen zum Grund hin immer stärker. Wir tauchen noch mal in kaltes Wasser und ziehen das Näpfchen mit leichtem Drehen ab. Die Näpfchen löten wir entweder auf eine Leiste, auf der wir zuvor eine Wachsschicht aufgebracht haben, oder besser auf Holzstöpsel, in deren Aushöhlung man etwas Wachs zerlaufen läßt. Das Anlöten der Näpfchen geschieht durch Eindrücken in das erstarrende Wachs oder, wenn es schon fest geworden ist, indem man es mit einem heiß gemachten Haken wieder verflüssigt. Anschließend werden die Stopfen, wie vorne beschrieben, an dem Zuchtrahmen festgeklebt.

Anstelle der künstlichen Weiselbecher aus Wachs verwendet man heute auch Weiselbecher aus Kunststoff. Bestimmte Materialien sind besonders geeignet. Vergleichsversuche mit Wachsbechern haben bezüglich Annahme und Königin-

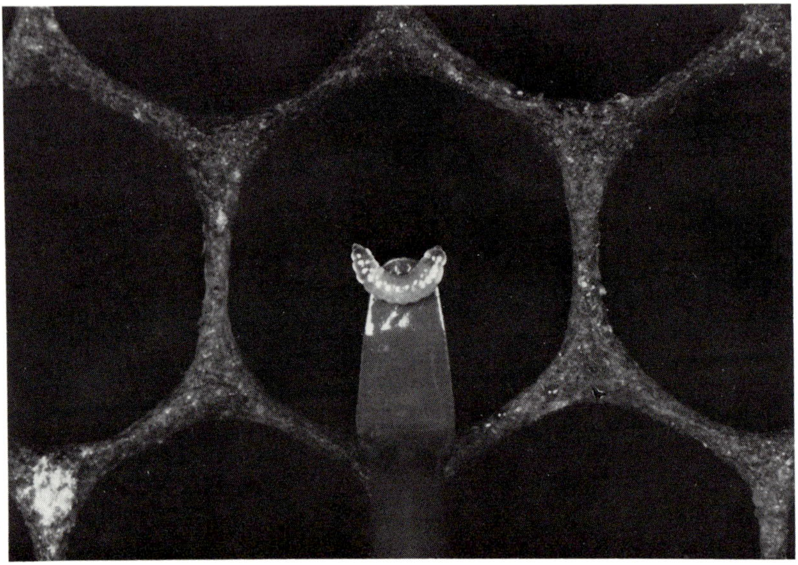

Abb. 68 Eintägige Zuchtmade auf Umlarvlöffel

nenausbildung keinerlei Unterschied zu bestimmten Arten von Kunststoffbechern ergeben. Solche geprüften Fabrikate können unbedenklich zur Königinnenaufzucht verwendet werden.

Die so vorbereiteten Zuchtrahmen müssen vor dem Belarven der Näpfchen nicht erst zum Eingewöhnen in das Pflegevolk gehängt werden. Das hat man früher geglaubt. Vergleichende Versuche haben jedoch ergeben, daß die Annahme dadurch nicht besser wird.

Wie larvt man um?

Vor allem braucht man ein geeignetes Gerät dazu. Im Handel sagt man dazu Umlarvlöffel. Es gibt verschiedene Ausführungen. Am besten scheint mir der Schweizer Umlarvlöffel zu sein. Er hat einen gekröpften Stiel und versperrt damit nicht die Sicht in die Tiefe der Zelle. Das Löffelchen ist besonders schmal und hat genau die Größe, die für eintägige Maden paßt.

Man kann sich den Umlarvlöffel aber auch selbst herstellen, etwa aus einer Stricknadel, die man glühend macht, mit einem kleinen Hämmerchen am Ende abflacht und etwas einbiegt. Auf einem Schleifstein werden dann die Kanten rund und weich geschliffen. Man kann das Gerät ändern, bis es einem wirklich gut zur Hand steht und die Larven leicht aufnimmt und auch wieder hergibt. Manche verwenden am liebsten ein Zündholz, das sie am freien Ende mit einem scharfen Messer abflachen und leicht einkrümmen. Auch aus einem Federkiel können wir uns durch schräges Zuschneiden ein Umlarvgerät herstellen. Wenn wir das Ende noch etwas abschaben, läßt es sich unter die Larve schieben, ohne den Zellboden zu durchstoßen.

Wir greifen die Larve vom Rücken her auf und streifen sie durch Zurückziehen des Löffelchens wieder ab. Sie kommt dabei im Weiselnapf auf die gleiche Körperseite zu liegen wie in der Arbeiterzelle. Früher meinte man, das muß so sein, damit sie nicht ersticke; wahrscheinlich stimmt das aber gar nicht. Die kleine Menge Futtersaft, die wir mit der Larve zugleich greifen, erleichtert das Abstreifen. Wir können aber auch jeweils von der vorhergehenden Larve etwas Saft mit dem Löffelchen auf den Zellboden streichen.

Früher hat man empfohlen, Königinnenfuttersaft aus schwärmenden Völkern zu sammeln und davon vor dem Umlarven einen kleinen Tropfen in die Zelle zu tun (»feuchtes Umlarven«). Manche haben auf das »doppelte Umlarven« geschworen und tun es heute noch. Dabei werden irgendwelche Larven zunächst trocken in die Becher gelegt, nach einem Tag herausgeworfen und durch die Zuchtmaden ersetzt, die auf den bereits abgelagerten Futtersaft abgestreift werden. Dieses Anfangsfutter solle den Maden besonders guttun. Ausgedehnte gründliche Untersuchungen in Erlangen haben aber wiederum ergeben, daß auf diese Weise keine »besseren« Königinnen erzielt werden, als wenn man die Zuchtlarven in die trockenen Becher legt. Die längeren Zellen der doppelt umgelarvten Maden täuschen nur einen schwereren Inhalt vor. Wenn man sehr junge Larven auf den Futtersaft der angepflegten (bei der Entfernung bereits 2 Tage alten) Maden legt, entstehen sogar kleinere Königinnen, als wenn man trocken umlarvt. Das nicht zum Madenalter passende Futter könnte die Ursache sein.

Pflegemethoden

Wir haben bisher hauptsächlich die Zucht im Volk mit 9 Tage vorher abgesperrter Königin kennengelernt. Früher hat man gerne im »9 Tage weisellosen Volk« gezüchtet. Man mußte aber dann bei Zuchtbeginn so viele wilde Nachschaffungszellen ausbrechen, daß es eine rechte Plage war. Außerdem schien es, als würde ein gut Teil der im Volk vorhandenen Pflegekraft nutzlos verpufft. Immerhin war diese Methode durchaus erfolgreich und ist es noch, z. B. in Form der »Zucht im Sammelableger«. Dabei werden aus verschiedenen Völkern zur Schwarmvorbeugung Brutwaben mit ansitzenden Bienen entnommen und in einem Kasten zusammengestellt. 9 Tage später beginnt man darin nach Ausbrechen der wilden Nachschaffungszellen mit der Zucht.

Manche entnehmen zur Königinnenpflege einem starken Volk neben der Königin und den offenen Brutwaben auch sämtliche gedeckelte Brut (»Zucht im brutlosen Volk«). Bei dieser Methode kann man ohne weitere Vorbereitung, lediglich 2 Stunden nach der Entweiselung, zu züchten beginnen. Man sollte solchen Völkern aber nicht zu viele Zellen zumuten. Sie scheinen nicht die Pflegestimmung aufzubringen wie Völker, die nicht aller ihrer Brut beraubt werden.

Es gibt auch eine Zuchtmethode *im weiselrichtigen Volk.* Was der deutsche Züchter darunter versteht, ist streng genommen aber nicht das, was mit dieser Bezeichnung wörtlich gesagt wird. Er teilt das Volk mit einem bienendichten Fliegengitter in zwei Teile, einen mit der Königin und einen Zuchtraum, der nur gedeckelte Brut enthält, aber noch möglichst viele Ammenbienen von offenen Brutwaben dazu bekommt. Da hinein bringt man den Zuchtstoff. Nach 24 Stunden sind die Zellen angepflegt. Jetzt kann man das Fliegengitter wegnehmen und durch Absperrgitter ersetzen. Die Bienen pflegen die angenommenen Zellen jetzt weiter, obgleich die Verbindung zur Königin wiederhergestellt ist. Die Königin zieht auch nicht mit einem Schwarm aus, vorausgesetzt, daß das Volk bei Zuchtbeginn nicht in Schwarmstimmung war. Das Absperrgitter bewirkt die Weiterpflege der Königinnenzellen im Zuchtabteil. Dieser Zuchtraum kann je nach Beute und Arrangement neben, über oder unter dem Königinnenraum gelegen sein.

In manchen, besonders in südlichen Ländern züchtet man tatsächlich im weiselrichtigen Volk, d. h., auch die Anpflege wird im Volk mit Königin vorgenommen. Trogbeuten mit senkrechtem Absperrgitter eignen sich besonders gut dazu. Wieder gibt es einen Raum mit der Königin und einen Zuchtraum. Hinter oder neben dem Absperrgitter im Zuchtraum sollte eine Futterwabe mit Honig und Pollen hängen. Dann folgen einige offene Brutwaben, zwischen denen man einen Platz für den Zuchtrahmen läßt. Etwa 6 Stunden nach diesem Arrangement dürften hier genügend Ammenbienen versammelt sein, so daß der eingehängte Zuchtstoff einige Annahmechancen hat. Während weisellose Völker mitunter unvernünftig viele Zellen annehmen, mehr als sie optimal pflegen können, ist die Annahme in weiselrichtigen Völkern immer stark begrenzt. Wahrscheinlich ist die im Volke kreisende Königinnensubstanz, welche ja auch hinter dem Absperrgitter, wenn auch nur vermindert, wirkt, die Ursache für die in der Regel geringe Zahl angenommener Zellen. Durch Vorversorgung der Näpfchen mit Weiselfuttersaft läßt sich die Annahme anscheinend etwas verbessern. Insofern stellt dieses Verfahren eine Ausnahme gegenüber den Pflegemethoden im weisellosen Volk dar. Dort bringt das feuchte Umlarven, eine optimale Vorbereitung des Pflegevolkes vorausgesetzt, keinen Annahmevorteil.

Die Endpflege

Man kann die Königinnenzellen bei allen Pflegeverfahren bis kurz vor dem Schlüpfen im Pflegevolk belassen. Man kann sie aber auch gleich nach dem Dekkeln, das ist frühestens 5 Tage nach dem Umbetten 1tägiger Larven, herausnehmen und im Brutschrank zur Weiterentwicklung unterbringen (35° C, 40–60% r.F.). Als natürlicher Brutschrank vermag jedes starke Wirtschaftsvolk zu dienen, in das man den Zuchtrahmen über oder hinter das Absperrgitter einhängen kann. Ein solches Volk darf nicht schwarmlustig sein. Nur ganz selten, bei außerordentlich guter Tracht, kommt es wohl einmal vor, daß die Bienen die Zellen abtragen. Ich habe es in vieljähriger Praxis mit Dutzenden von jährlichen Zuchten erst einmal erlebt.

Es ist sehr wichtig zu wissen, daß der Inhalt der Zellen in diesem Alter kurz nach der Deckelung sehr empfindlich ist, sowohl gegen Verkühlung als auch, und noch mehr, gegen Erschütterung und Stoß. Man muß den Zuchtrahmen mit den Zellen äußerst behutsam behandeln. 5 Tage später ist das Gegenteil der Fall. Die schlupfreifen Zellen können zu Boden abfallen oder einen Tag außerhalb des Volkes zubringen, ohne daß es dem Inhalt schadet. Allerdings müssen die Zellen dann wieder in optimale Brutnesttemperatur zurückkommen, sonst häuten sich die Puppen nicht und sterben ab.

Anstatt die Weiselzellen bis zum Schlüpfen oder auch nur bis zum Deckeln im Pflegevolk zu belassen, kann man auch schon die angebrüteten Zellen, in der Regel 2 Tage nach dem Umlarven, herausnehmen und in den Honigraum weiselrichtiger Wirtschaftsvölker überführen. Man benützt das weisellose Pflegevolk dann nur zur Anpflege, das weiselrichtige Wirtschaftsvolk zur Weiter- und Endpflege. Demgemäß spricht man auch vom *Anpfleger* und *Endpfleger* bzw. starter und finnisher. Allerdings kann man dem Endpfleger nicht soviel Königinnen zumuten wie dem Anpflegevolk. Erstens fressen die alten Maden ein Vielfaches von dem, was die jungen Maden verzehren, zweitens haben die Ammen des Endpflegers außer den Königinnenzellen die ganze eigene offene Brut zu versorgen, während sich die Ammen des Anpflegevolkes ausschließlich um die Weiselmaden zu kümmern brauchen.

Man muß vor dem Einhängen der angebrüteten Zellen in den Endpfleger ohnehin einige offene Brutwaben in den Honigraum umgehängt haben, damit genügend Ammenbienen zur rechten Zeit an Ort und Stelle sind. Bei dieser Art der geteilten An- und Endpflege verwendet man Zuchtwaben mit herausnehmbaren Zuchtlatten. Ein Anpfleger schafft in der Regel einen Zuchtrahmen mit 3 Latten zu je 15 = 45 Maden. Diese verteilt man, soweit sie angenommen sind, auf 3 Endpfleger, wobei jeder einen Zuchtrahmen mit nur einer Latte, also maximal 15 Zellen bekommt. Die Larven in den Zellen sind in diesem Stadium 3 Tage alt (1 Tag beim Umlarven + 2 Tage Anbrütezeit). Sie werden nach 2 weiteren Tagen gedeckelt. Dann kann man eine zweite Latte, wiederum mit 2 Tage angepflegten Weiselzellen, zuhängen und nach 2 weiteren Tagen die dritte. Die beiden Ergänzungslatten stammen aus dem gleichen Anpflegevolk, das auf diese Weise mit je 2 Tagen Abstand 3 Zuchtserien zu je 45 Bechern bekommen hat. Aus einem guten Pflegevolk kann man nun leicht noch 2 weitere Serien, also insgesamt 5 herausholen, ohne daß die Bienen in ihrer Pflegefreude nachlassen. Es sind dann ja auch erst 10 Tage seit dem ersten Zuchtbeginn vergangen, und im Anpflegevolk schlüpfen immer noch neue Bienen. Trotzdem geht die Futterversorgung der Zellen jetzt zurück. Wollte man im gleichen Volk noch weiterzüchten, müßte man wöchentlich Waben mit schlüpfenden Jungbienen zuhängen. In Amerika sind einzelne Verkaufszüchter auf dieses Verfahren spezialisiert.

Für den Fall, daß man keinen Endpfleger verwendet, sondern die im Anpflegevolk bereits gedeckelten Zellen nur zum Wärmen in den Honigraum weiselrichtiger Wirtschaftsvölker oder in einen Brutschrank gibt, muß das Pflegevolk, welches Anbrüter und Endbrüter zugleich ist, erheblich mehr Futtersaft pro Serie produzieren. Es ist damit nur zur Pflege von 2, höchstens 3 Zuchtserien nacheinander in der Lage. Zweckmäßigerweise hält man die dritte Serie schon etwas kleiner, damit die Königinnen auch genügend schwer ausfallen.

Für die Größe der Zuchtserien gibt es ohnehin kein Schema. Sie richtet sich nach der Größe und Pflegekraft des Pflegevolkes. Ein gutes Pflegevolk muß 45 Zellen schaffen. Zwei zusammengeworfene starke Völker schaffen auch das Doppelte. Man kann aber auch in einem weisellosen 5-Wabenableger züchten. Mehr als 10–15 gute Königinnen bringt er aber kaum zustande. In der Regel gibt es gute und schlechte Pfleger. Manche Völker nehmen mehr an, als sie optimal verkraften, andere könnten ein Vielfaches von dem, was sie annehmen, optimal pflegen. So muß der Imker einmal bremsen, damit er genügend große Königinnen bekommt, und einmal bleibt ihm nichts anderes übrig, als zu einem anderen Pfleger überzuwechseln, wenn ein Volk absolut nicht gerne annimmt.

Eine Methode für den Kleinimker

Wer nicht viel Königinnen braucht, kann ein Verfahren anwenden, das G. Stahl, Ansbach, kurz vor seinem Tod bekanntgab. Wenn er im Honigraum leere Weiselnäpfchen fand, versah er sie mit 1tägigen Larven aus einem guten Volk. Diese werden vom weiselrichtigen Volk willig angenommen und, da es sich jeweils nur um einige handelt, zu schönen vollwertigen Königinnen aufgezogen. Man kann das, je nach Bedarf, mit mehreren Völkern machen. Nach 10 Tagen bildet man dann einen Ableger aus dem Honigraum heraus. Hier findet man gedeckelte Brut, schlüpfende Bienen, reife Weiselzellen, eben alles, was man zu einem Ableger braucht.

Gesichertes Schlüpfen

Gleich, ob sich die gedeckelten Weiselzellen im Brutschrank oder in einem Pflegevolk oder im Honigraum eines Endpflegers befinden, wenn sie hier schlüpfen würden und die Königinnen sich begegneten, wäre es um die ganze Zucht geschehen. Eine Königin duldet keine Rivalin. Es kommt zum Kampf, bis nur noch eine Königin übrigbleibt, oder die Erstgeschlüpfte beißt die Zellen auf und tötet darin ihre Schwestern. Wir müssen also dafür sorgen, daß entweder jede Königin in einem eigenen Volk oder Völkchen schlüpft oder hinter einer Schutzwand, die sie vor Angriffen schützt.

Vor dem Einsetzen der Zellen in entweiselte Vollvölker wurde schon gewarnt. Bei der engen Aufstellung im Stand gehen zu viele Königinnen beim Begattungsausflug verloren. Anders ist es bei Ablegern im Standmaß, die man im Gelände verteilt. Auch in kleinen Begattungsvölkchen nach Schweizerart oder in unseren gebräuchlichen Ein- oder Mehrwabenkästchen kann man die Zellen schlüpfen lassen. Man riskiert dabei allerdings, daß die eine oder andere Zelle nicht schlüpft oder daß eine fehlerhafte Königin schlüpft, die entweder gar nicht zur Begattung fähig ist (z. B. Flügelschaden) oder Mängel aufweist, die einen Erfolg hemmen.

Abb. 69 Die gedeckelten Weiselzellen werden vom Zuchtrahmen in Schutzkäfige übertragen, die in einer Hürde wieder ins Volk zurückgestellt oder einzeln in einem Brutschrank untergebracht werden.

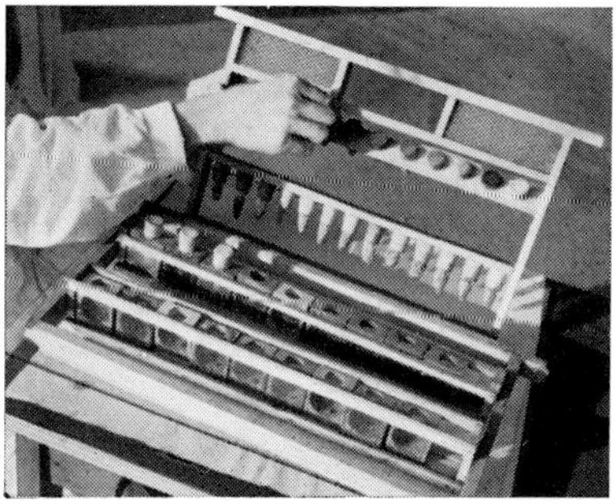

Abb. 70a Die meisten Schlüpfkäfige haben auf einer Seite Drahtgitter, auf der andern ein in Nuten bewegliches Zelluloidplättchen. Absperrgitter gestattet den Bienen Zutritt, kann aber bei Umstimmung des Volkes die Jungfern gefährden.

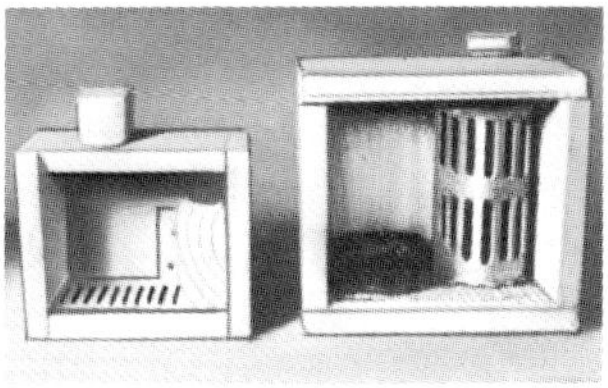

Abb. 70b In größeren Käfigen kann man zugleich Pflegebienen für die schlüpfende Jungfer mit unterbringen.

Sicherer geht man, wenn man die Königin vor der Begattung noch mal sieht. Deshalb setzt man die gedeckelten Zellen 10 Tage nach dem Umlarven in Schutzkäfige, die man in einem Hürdenrahmen zusammenstellt und in das Pflegevolk oder in den Brutschrank zurückgibt. (Abb. 69)

Es gibt unterschiedliche Schutzkäfige. Wenn die Zellen bereits an Stopfen sitzen, werden sie einfach in die passenden Öffnungen der Käfige gesteckt. Sitzen sie aber an Waben oder Wabenstreifen, dann schneidet man sie mit einem erwärmten Messer aus, steckt sie in die Käfigöffnung und schützt sie durch eine Kappe aus Drahtgeflecht oder Holz auch von oben. Meistens sind die Käfige nur für die Zellen allein gedacht. Lebhafter sind die frisch geschlüpften Königinnen aber, wenn sie inmitten von Bienen schlüpfen, die sie schon während des Schlüpfens füttern und sie gleich mit Wärme und Pflege umgeben. Darum benützen manche Züchter etwas größere Käfige, in die man 10 bis 20 Jungbienen gibt. Auch Käfige mit Absperrgitter werden gelegentlich verwendet. Aber mit diesen kann man Enttäuschungen erleben. Es kann sein, daß, etwa durch einsetzende starke Tracht, die Zuchtstimmung des Volkes umschlägt. Dann kann es sein, daß sie die Jungfern umbringen. Oder es kann eine besonders klein ausgefallene Jungfer sich durch dic Absperrgitter zwängen und ihre Schwestern töten. Es hat also alles seine zwei Seiten. In der Regel werden die Königinnen doch alsbald durch das Drahtgitter von den Bienen gefüttert. Zur Sicherheit gibt man unten in ein Näpfchen des Käfigs etwas flüssigen Honig als erste Nahrung. (Abb. 70)

Wichtig ist, daß man die Jungfern nicht länger als einen Tag im Käfig läßt. Man schaut deshalb am 12. Tag nach dem Umlarven nach und bringt die bereits geschlüpften Tiere alsbald in Begattungskästchen. Dauert es doch etwas länger, bis man hierzu Zeit hat, nimmt man wenigstens die leere Zelle aus dem Käfig, damit die Königin etwas mehr Bewegungsfreiheit hat. Vor allem aber muß vermieden werden, daß das Gemüll, welches die Königin beim Abnagen der Zelle herunterfallen läßt, die Futterstelle abdeckt. Länger als äußerstenfalls 3 Tage sollte man die Königin nicht in Einzelhaft lassen – weder im Brutschrank noch im Wirtsvolk.

3. Gute Begattung

Eine gut aufgezogene Königin mit guter Erbanlage muß auch gut begattet werden. Das heißt, sie soll bei der Begattung erblich wertvollen Samen bekommen und dies in ausreichender Menge. Zur Königinnenzucht gehört notwendig auch eine sorgsame

Auswahl des Drohnenvolkes

Jede Arbeitsbiene erhält – wie jede Königin – ihre gesamte Veranlagung zur Hälfte aus dem Erbgefüge, das die Königin dem im Eierstock heranwachsenden Ei mitgibt, und zur andern Hälfte aus dem Erbgefüge des Samenfadens, der sich mit dem Ei verbindet, während es an der Samenblase vorbeigleitet. Das väterliche Erbe ist so wichtig wie das mütterliche. Wir müssen uns also das Volk, das die Drohnen liefert, genauso kritisch ansehen wie das Zuchtvolk, das den Zuchtstoff für die Königinnen liefert. Dabei ist allerdings eins zu bedenken: Der Drohn hat keinen Vater, sondern nur eine Großvater. Mit dem Samen, den seine Mutter in ihrer Samenblase trägt, hat er nichts zu tun. Er stammt ja aus einem unbefruchteten Ei. Der eigentliche Erblieferant ist also *das Volk, aus dem seine Mutter hervorging.* Und hier zeigt sich, wie wichtig unsere Aufschreibungen sind. Denn Abstammung und Leistung dieses großmütterlichen Volkes finde ich in diesen Aufzeichnungen. Vielleicht existiert dieses Großmuttervolk gar nicht mehr. Aber seine Stockkarte muß noch dasein. Steht darauf eine überdurchschnittliche Leistung, dann ist mir zum Teil geholfen. Ich kann das Tochtervolk als Drohnenvolk ins Auge fassen, selbst, wenn die Königin dieses Volkes fehlbegattet ist und Leistung und Sanftmut der Arbeitsbienen mich nicht befriedigen sollten.

Die Auswahl des Drohnenlieferanten ist somit, je nachdem, leichter oder schwerer als die des Zuchtstofflieferanten. Habe ich gute Notizen, kann ich gut auswählen. Fehlen sie, tappe ich im dunkeln. Eine Hilfe ist hier die Merkmalskörung. Ich kann mir 50 oder 100 Drohnen ansehen. Tragen sie einheitlich die Merkmale der Carnica Rasse, darf ich annehmen, daß die Leistung des Großmuttervolkes echt war. Sie war nicht bedingt durch die aufpeitschende Wirkung einer Rassenkreuzung, sondern kam ehrlich aus erblicher Veranlagung. Ist das Drohnenmaterial aber körperlich sehr uneinheitlich, dann war die Großmutter wohl ein Rassenbastard, und ich darf ihrer Leistung nicht vertrauen. Um keinen Fehlgriff zu tun, werde ich mich auf beides stützen, auf die Notizen über Leistung und Verhalten des Großmuttervolkes und auf die Merkmalskörung der zur Wahl stehenden Drohnen.

Drohnenaufzucht

Wenn wir uns klar sind, von welchem Volk wir Drohnen wollen, ist die Aufzucht nicht schwer. Schon im Herbst oder im zeitigen Frühjahr können wir dem Volk als zweit- oder drittletzte Wabe eine nicht oder höchstens einmal bebrütete Drohnenwabe einhängen. Dies aber nur, wenn wir besonders frühzeitig Königinnen ziehen wollen. Raten kann ich allerdings zu sehr früher Zucht so wenig wie zu sehr später. Je weiter die Zucht vor oder nach der Schwarmzeit angesetzt wird, desto größer ist die Gefahr, daß sie nicht vollwertig aufgezogen wird. Das gleiche gilt von den Drohnen. Der Verkaufszüchter wird sich bemühen, die Zuchtzeit auszudehnen. Der gewöhnliche Imker hält sich am besten möglichst an die Schwarmzeit. Er kann deshalb auch warten, bis das Volk selber Drohnenbau aufführt und ihn bebrütet. Eine Ganzwabe mit Anfangssteifen kann als Drohnenrahmen dienen. Durch Warmhalten und Reizfutter begünstigen wir die Drohnenbrut. Wir dürfen freilich einem Volk nicht zuviel Drohnenbrut zumuten. Sonst könnten die Drohnen leicht nicht vollwertig aufgezogen werden. Man kann deshalb den Drohnenrahmen, sobald er bestiftet ist, einem andern Volk zur Aufzucht anvertrauen und dem Drohnenvolk einen neuen Drohnenrahmen geben. Wer seine Königin am Stand begatten läßt, wird es grundsätzlich so machen. Er schneidet die Drohnenrahmen der Völker, von denen er keine Drohnen will, jeweils aus und gibt ihnen dafür bestiftete Drohnenrahmen von Völkern, deren Erbe auf dem Stand Verbreitung verdient. Jedoch sollen alle Völker, die Drohnen aufziehen sollen, gut in Schuß sein. Zwar werden die Erbanlagen der Drohnen durch arme Aufzucht nicht verschlechtert, wohl aber ihre Flugtüchtigkeit, ihre Vitalität, ihre Begattungsfähigkeit, ihre Samenmenge und auch die Lebensfähigkeit der Samenfäden. All das unterliegt, je nach der Aufzucht, erheblichen Schwankungen. Ein richtiger Drohn soll vor Kraft strotzen. Wer je eine größere Zahl von Drohnen auf Stülpfähigkeit und Samenmenge kontrolliert hat, weiß, wie viele Kümmerlinge dabei sind.

Ausreichende Begattung

Vollbegattet ist eine Königin, wenn sie in ihrer Samenblase von 1 mm Durchmesser etwa 5,7 Millionen Samenfäden besitzt. Früher glaubte man, das sei mit einem einzigen Drohn erreicht. Man stellte tapfer Hunderte von Königinnen auf einer Belegstelle auf, wenn nur noch vielleicht ebenso viele Drohnen im Vatervolk herumliefen. Die begatteten Königinnen erhielten Reinzuchtkarten mit Angabe des Vatervolkes. In Wirklichkeit waren sie zumeist von Drohnen der umliegenden Bienenstände begattet. Es kam aber auch vor, daß von 10 eingewinterten Jungköniginnen nur 2 oder 3 in den Sommer kamen. Die andern stifteten im Frühjahr ein paar Handflächen normaler Brut und wurden dann drohnenbrütig. Der Same war schon ausgegangen. Heute wissen wir, daß zu einer Vollbegattung im Durchschnitt 8 Drohnen nötig sind. Die Königinnen waren etwa im August aufgestellt worden, nachdem die Drohnen bis auf ein paar glücklich überlebende der Drohnenschlacht zum Opfer gefallen waren. Ähnlich kann es gehen bei sehr frühen Zuchten. Ein Drohn braucht vom Ei bis zum Schlüpfen 24 Tage. Bis zur Begattungsfähigkeit noch mal 8 bis 10 Tage. So kann es kommen, daß ein Volk seine versagende Königin im April durch stille Umweiselung ersetzt. Sie kommt zum Legen, aber im Juni, Juli oder August des gleichen Jahres wird noch mal still umgeweiselt. Die Aprilkönigin hatte noch nicht genug reife Drohnen angetroffen. Und wenn das Pech es wollte, fand die Augustkönigin nicht *mehr* genug brauchbare Kavaliere. Und das Volk starb ruhmlos aus.

So mag es sich auch erklären, daß namhafte Züchter mit ihren grundsätzlich standbegatteten Königinnen mehr Ehre einlegten als andere, die sich und andere mit einem einzigen Drohnenvolk auf einer Belegstelle betrogen. Inzwischen hat sich die Forderung nach mehreren, ja möglichst vielen (bis 20) Drohnenvölkern auf der Belegstelle durchgesetzt.

Begattungskästchen

Ein Dreiwabenableger im Standmaß als Begattungsvolk ist natürlich gut. Aber nur im Kleinbetrieb wird man sich diesen Aufwand leisten. Wer mehr Königinnen braucht, etwa auch zum Verkauf, muß schärfer mit seinem Bienenmaterial rechnen. Und eigentümlicherweise werden die Jungfern in einer kleineren brutlosen Einheit rascher und nicht weniger sicher begattet als in einer größeren mit Brut. Ja man kann fast sagen, je kleiner das Begattungsvölkchen, desto rascher. Der Aufwand an Futter und Bienen ist aber wesentlich geringer, und wenn eine Königin verlorengeht, ist am Völkchen nicht viel verloren. Nach 1945 hat man auch an den kleinen Begattungskästchen viel herumgedoktert. Das Einwabenkästchen sei unnatürlich, weil es keine Wabengasse besitzt. Mindestens 2 Wäbchen sollten es sein oder drei oder vier. Bis heute geht der Streit weiter, und er wird nicht entschieden werden. Das Begattungsvölkchen ist ein Zwischenaufenthalt für die Königin. Sie bleibt gerade so lange dort, als sie zu ihrer Begattung braucht. Wenn sie zu normalen Hochzeitsflügen von hier aus in der Lage ist und danach in ihrem Völkchen zur Eiablage kommt, ist alles erreicht, was zu erreichen ist. Und hierfür genügt das *Einwabenkästchen.* Allerdings hat sich gezeigt, daß das früher benützte große EWK im halben Zandermaß kleineren Ausführungen in mehrfacher Beziehung unterlegen war. Über das Kästchen im 1/3 Normalmaß ist man zum Kleinstkästchen gekommen, das nur einen Innenraum von

Abb. 71 Für Begattungskästchen, die auf eine Belegstelle sollen, werden die Bienen im Schwarm-Siebkasten durchgesiebt. Kästchen mit Drohnen müßte der Belegstellenleiter unerbittlich zurückweisen.

11,5 cm (Höhe) × 10 cm (Breite) aufweist. Die Wabe entsteht ohne Rähmchen an einem Mittelwandstreifen, der in eine Nut an der Decke eingelötet wird. Der Bienenraum steht durch eine Deckenöffnung in direkter Verbindung mit dem darüber befindlichen 6,5 cm hohen Futterraum. Es gibt keinen besonderen Aufstiegsschacht zum Zusetzen wie bei den größeren Kästchen.

So seltsam es klingen mag: Die Minivölkchen in den Kleinstkästchen haben unter Hochgebirgsverhältnissen auf eingeschneiten Belegstellen ausnahmslos durchgehalten, während unter den gleichzeitig in größeren EWKs aufgestellten Völkchen erhebliche Verluste entstanden sind. Der Grund ist darin zu suchen, daß diese Völkchen beim Einbruch der kalten Witterungsperiode den Kontakt zum Futter verloren und verhungerten, was den Minivölkchen dank der einfacheren Konstruktion ihrer Kästchen nicht widerfuhr.

Allerdings gehört zu den Kleinstkästchen ein gut isoliertes Schutzhaus, dessen Holzgehäuse innen ringsherum mit dicken Styroporplatten ausgekleidet ist. In jedem Schutzhaus stehen 4 Minikästchen, sich gegenseitig wärmend, nebeneinander. Sie haben Ausflug nach 4 verschiedenen Seiten. (Abb. 72, 73)

Die Kleinstvölkchen fassen ca. 50 g Bienen. Diese kommen in der Regel mit 300 g Futterteig aus. Natürlich sind sie nur zum Einmalgebrauch bestimmt. Wenn die Königinnen begattet sind, werden die Bienen zu einem Sammelschwarm zusammengeworfen oder einem schwächeren Volk zugeschlagen. Wer *Mehrwabenvölkchen* benützt und dementsprechend mehr Bienen und mehr Futter für jedes Völkchen aufwenden muß, kann sich nur dann einen Vorteil ausrechnen, wenn er diese Völkchen zur Paarung mehrerer Königinnen verwendet. Je nach der Länge der Zuchtsaison mag er 4–5 Königinnen darin nacheinander zur Begattung bringen. Die Völkchen selbst erhalten sich während dieser

Abb. 72 Kleinst-EWK werden mit Bienen gefüllt.

Abb. 73 Die Ein-Wabenkästchen benötigen gutisolierte Schutzhäuser.

Zeit durch schlüpfende Bienen. Sie bedürfen gelegentlicher Nachfütterungen. (Abb. 74, 75)

Vorbereitung und Besetzen der Begattungskästchen

Ehe man die Begattungskästchen mit Bienen versieht, muß man sie mit Futterteig versorgen. Den Futterteig stellt man aus Puderzucker und Honig her. In der Regel nimmt man einen Teil Honig auf 3 Teile Staubzucker. Begattungsvölkchen sind stärker anfällig gegenüber der heimtückischen Nosemakrankheit als normale Völker. Das mag mit der erhöhten Anstrengung zur Erhaltung des

Abb. 74 Drei-Wabenkästchen aus Kunststoff

Kleinklimas zusammenhängen. Wir werden also dem Futterteig das Heilmittel Fumidil beigeben. Auf 1 kg Teig kommt 1 g Fumidil. Gehen wir von der Normalpackung eines Fläschchens Fumidil aus: Es enthält 25 g und reicht für 25 kg fertigen Teig. Wir schütten in eine große Schüssel, einen Waschkessel oder Holzbottich 18,75 kg frischen Staubzucker. Haben sich darin durch längere Lagerung Knollen gebildet, müssen wir die gut zerreiben. Wenn sie nicht so fest sind, mit den Händen, sonst mit dem Nudelholz. 6,25 kg Honig machen wir warm flüssig und lassen ihn wieder abkühlen. Das Fumidil lösen wir in etwas Wasser und mischen es gut unter den Honig. Dann gießen wir den Honig in eine muldenförmige Vertiefung des Staubzuckers. Wir könnten daraus mit den Händen einen gleichmäßigen Teig kneten. Aber bei so großen Portionen empfiehlt es sich schon, einen Spaten zu benützen und in einem entsprechend großen Holzzuber systematisch im Kreis herum umzustechen. So kann man auch noch größere Mengen auf einmal bewältigen.

Abb. 75 Die Mehrwabenkästchen aus Weichfaser werden ohne zusätzlichen Wärmeschutz aufgestellt.

Honig ist teuer. Wenn man nicht ausgeschleuderten Futterhonig besitzt, wird man sich nach einem Honigersatz umschauen. Es war aber schon davon die Rede (S. 82), daß man bei Invertzuckerlösungen, die der Handel zu diesem Zweck anbietet, zuerst das Urteil fachkundiger Untersuchungsstellen einziehen sollte. Solche Präparate können für die Bienen unbekömmlich sein. Besondere Vorsicht ist bei säureinvertierten Sirupen geboten. Mit der am besten geeigneten Milchsäure kann man sich einen bienengenehmen Invertzuckersirup recht leicht selbst herstellen: 1 kg Kristallzucker + $^1/_2$ Liter Wasser + 2 g Milchsäure werden 30 Minuten lang auf kleiner Flamme gekocht. Durch Vervielfältigung der Teilmengen mit dem gleichen Faktor lassen sich natürlich auch größere Sirupmengen herstellen. Die Milchsäure erhält man für wenig Geld in jeder Apotheke. Mit dem Invertzuckersirup wird der Futterteig in gleicher Weise wie mit Honig bereitet. Der Futterteig ist etwas „kürzer und trockener" als Honigzuckerteig, läßt sich aber zu allem verwenden, wozu auch dieser gut ist.

Es gibt heute noch eine elegantere Art der Futterteigherstellung ohne Honig – nämlich mit zuckerspaltenden Fermenten. Am besten geeignet erscheint mir zur Zeit das Flüssigenzym „Invertin" der Fa. Merck in Darmstadt, welches über Bäckereinkaufsgenossenschaften zu bekommen ist. Man löst das Enzym in Wasser und vermengt dieses einfach mit dem Puderzucker. Größere Mengen werden mit dem Spaten oder der Teigknetmaschine hergestellt. Der Teig erhält die richtige Festigkeit, wenn man im Verhältnis auf 1 kg Staubzucker 80 ccm Wasser und 2 ccm Invertin verwendet. Das Ferment bewirkt, daß sich der Rohrzucker teilweise in Frucht- und Traubenzucker verwandelt, wodurch ein Hartwerden des Teiges vermieden wird. Das Invertin muß im Kühlschrank aufbewahrt werden.

Letzten Endes geht es aber auch noch einfacher. Die Firma Frankenzucker hat auf unsere Anregung hin das Ferment bereits in den gehandelten Puderzukker gemischt. In den »Futterteigzucker« braucht man überhaupt nur die vorne angegebene Wassermenge hineinzuarbeiten und erhält einen gebrauchsfertigen nicht hartwerdenden Futterteig.

Zur Vorbereitung der Begattungskästchen gehört außer der Verproviantierung mit Futterteig auch, daß man einen Mittelwandstreifen einlötet. Dazu kann man das Wachs von einer echten Wachskerze oder geschmolzenes Wachs aus einem Töpfchen mit Ausgießtülle verwenden. Nachdem man noch das Flugloch verstopft oder verriegelt hat, geht es an das Füllen mit Bienen. Die Kästchen, gleich ob Ein- oder Mehrwabenkästchen, werden, je nach ihrer Bauart, nebeneinander aufgestellt oder -gelegt. Der Deckel zum Bienenraum oder das abnehmbare Glasfenster kommt unmittelbar daneben.

Nun richten wir das Bienenmaterial für die Kästchen her. Wir kehren das Pflegevolk in einen Siebkasten ab. Ein Blechtrichter tut gute Dienste dazu. Wenn wir das auf der Waage machen, können wir die nötige Menge festlegen. Reichen die Bienen des Pflegevolkes nicht aus, nehmen wir noch Bienen aus dem Honigraum eines starken Volkes dazu. (Abb. 71) Wir nehmen den Trichter weg, schließen den Siebkasten und drehen ihn um. Das Sieb sinkt langsam durch die Bienen nach unten und nimmt die unerwünschten Drohnen mit. Nach vorsichtigem Hochziehen des Kastens über den Führungsstab des Siebes bleiben sie unter dem Sieb auf dem Boden gefangen. Die Bienen aber hängen in dem abgezogenen Siebkasten. Noch schöner ist das Marburger Drohnensieb. Bei diesem Kasten ist der Bieneneinkehrtrichter seitlich angebaut. In Arbeitsstellung wird er ausgeklappt. Die Bienen laufen nach dem Abkehren durch ein senkrecht gestelltes Absperrgitter ins Dunkel des Kastens, wobei die Drohnen außen abgesondert werden. Oft muß man mit Rauch oder Wasser etwas nachhelfen. Die Bienen bleiben im Dunkel des Siebkastens, wenn man ihn so aufstellt, daß die Öffnung seitlich gelegen ist. Sie hängen sich an der Decke in einer großen Traube an, und man hat es leicht, mit einem Schöpflöffel, der gerade die richtige Menge faßt, Kästchen nach Kästchen zu füllen. Eine Hilfskraft, welche sofort den Deckel auflegt oder das Fenster andrückt, ist dabei sehr angenehm. Ab und zu übersprüht man die Bienen im Siebkasten mit etwas Wasser, wodurch sie sich enger in der Traube zusammenziehen. Es ist kein Unglück, wenn einzelne Bienen abfliegen. Es handelt sich dabei um ältere, die ohnehin nicht ideal für die Bildung von Begattungsvölkchen sind. Warnen möchte ich vor dem Betäuben mit Lachgas. Die Bienen werden geschädigt, koten leicht und bauen schlechter.

Die Beweiselung der Begattungsvölkchen wird in der Regel im gleichen Arbeitsgang mit dem Füllen durchgeführt. Man verwendet dazu im Falle der Einwabenkästchen stets bereits geschlüpfte Königinnen. Bei Mehrwabenkästchen entweder ebenfalls Königinnen oder Zellen. Bei der Wiederbeweiselung von Mehrwabenkästchen, aus denen schon eine begattete Königin entnommen worden ist, geht es allerdings nur mit reifen Zellen. Königinnen würden hier allzuleicht abgestochen werden. Die Mehrwabenkästchen enthalten in der Regel ein Loch im Deckel, in das man den Stopfen mit der Zelle nach dem Füllen hineinstecken kann, ohne mit den Bienen weiter in Berührung zu kommen.

In den größeren Einwabenkästchen hat es eine Beweiselungskammer gegeben, in welche man den Schlupfkäfig mit der Königin und einem dicken Futterteigpfropfen am Auslaßloch hineinsetzen konnte. Man hat den leeren Käfig am nächsten Tag wieder entfernt. Die Minikästchen haben jedoch diese Beweiselungskammer nicht. Man verwendet hier mit Vorliebe eine Zusetzpatrone aus Wachs, die man ähnlich wie die Weiselbecher durch Eintauchen eines Formholzes in flüssiges Wachs herstellt. Das Formholz ist nur entsprechend dicker (ca. 2 cm). In die 3–4 cm langen Patronen sticht man mit einer heiß gemachten Stricknadel einige Löcher hinein, durch welche die Bienen rasch Kontakt mit der Königin aufnehmen können. Verschlossen werden die Zusetzpatronen, nachdem man die Königin aus dem Schlupfkäfig hineinbugsiert hat, mit einem Futterteigpfropf. Man wirft sie schon in die Begattungskästchen, noch ehe man die Bienen hineinfüllt. Sie bleiben dann auch, nachdem die Königinnen befreit sind, am Boden liegen, bis man die Völkchen später wieder auflöst.

Die gefüllten Begattungskästchen wandern auf 2–3 Tage in einen kühlen abgedunkelten Raum. Die Völkchen sollen sich mit der Königin zu einer Einheit zusammenfinden und mit dem Ausbau der Rähmchen beginnen. Man achte darauf, daß die Luftschlitze in den Kästchen frei sind.

Aufstellen der Völkchen

Länger als 5 Tage sollte man die Kellerhaft auf keinen Fall ausdehnen, sonst gibt es in den Kästchen Tote. Die Kästchen werden grundsätzlich gegen Abend im Garten oder auf der Belegstelle aufgestellt. Im Schatten von Bäumen und Sträuchern hat man Pfähle in den Boden geschlagen und die Schutzkästen daran befestigt. (Abb. 75) Beim Einstellen der Begattungsvölkchen nicht vergessen, das Flugloch zu öffnen! Mehrwabenkästchen sind in der Regel so warmhaltig gebaut, daß sie keinen extra Schutz benötigen. Sie werden auf eine niedrige Unterlage auf den Boden gestellt. Man kann sie so gruppieren, daß immer 4 mit unterschiedlicher Ausflugrichtung zusammenstehen und eine gemeinsame Abdekkung bekommen.

Muß man die Völkchen transportieren, geschieht das natürlich nicht im Schutzkasten. Beim Transport im Auto benützt man Lattengestelle, zum Verschicken mit der Bahn gibt es eigene Versandkisten für ganze Kästchenbatterien.

Die Orientierungsflüge der Königin finden zwischen 11.00 und 17.15 Uhr statt. Die Begattungsflüge zwischen 12.45 und 17.15, meist aber zwischen 14.45 und 15.15 Uhr.

Nach etwa 10 Tagen hält man Nachschau. Wenn das Wetter gut war, werden die meisten Königinnen in Eiablage sein. Königinnen, die wesentlich länger brauchen, werden uns wahrscheinlich keine besondere Freude machen. Was nach drei Wochen noch nicht in Ordnung ist, nehmen wir auf alle Fälle weg. Allerdings muß man sich vergewissern, ob die Königin nicht etwa im Futterraum in Eiablage getreten ist, wo immer Wäbchen entstehen. Man kann das verhüten, wenn man dazwischen das Futter so ausgiebig ergänzt, daß kein Platz für Wabenbau bleibt. Man könnte auch ein kleines Absperrgitter vor dem Einstieg zum Futterraum anbringen. Aber manchmal wird ein Völkchen schwächer. Dann wäre es gut, wenn es in kühlen Nächten im kleineren Futterraum Zuflucht finden könnte.

Das Zeichnen der Königin

Vor dem Einbringen in die Begattungsvölkchen werden die Königinnen gezeichnet. Auf meine Anregung hin hat man vor Jahren zu den vier bis dahin gebräuchlichen Farben blau als fünfte eingeführt. Dadurch wird viel Kopfrechnen erspart. Beim Vierersystem konnte die gleiche Farbe auf allen Zahlen herumrutschen, die im Vierer-Einmaleins vorkommen. Beim Fünfersystem liegen die Farben nun für alle Zeiten fest: Und die Reihenfolge ist gut zu merken, weil die Reihe vom Hellen zum Dunkleren fortschreitet:

weiß,	gelb,	rot,	grün,	blau
1971	2	3	4	5
6	7	8	9	1980

Wir zeichnen am besten mit großen Opalithplättchen, schon fertig ausgestanzt und mit großen gut lesbaren Nummern versehen. Wer diese einmal benützt hat, verzichtet gern auf kleinere oder solche ohne Nummern. Es ist ein Märchen, daß die Königin durch das Gewicht oder die Dicke des Plättchens irgendwie behindert würde. Als Klebemittel dient eine Lösung von Schellack in Spiritus oder noch besser farbloser Nagellack. Das beste Handwerkszeug dazu ist ein Zündholz, das wir ganz ähnlich behandeln, wie wir es zum Umlarven gemacht haben. Das leere Ende wird mit einem Messer flach zugeschnitten. Dieses Ende wird in den Lack getaucht und ein kleines, etwa stecknadelkopfgroßes Tröpflein auf den Rücken der Königin aufgetragen und ganz wenig verstrichen. Vorsicht, Kopf und Flügel nicht verschmieren! Dann bringt man den Zündkopf ein bißchen an die Zunge, tupft damit das mit der Nummer nach oben liegende Plättchen auf und setzt es auf den Lackfleck und drückt es leicht an. Die Nummer richtet man nach dem Kopf aus, so daß man sie leicht lesen kann, wenn man der laufenden Königin nachschaut.

Am besten hält man die Königin beim Zeichnen zwischen Daumen und Zeigefinger, so daß der Kopf vorn heraussieht. Wenn man nicht gerade einen Schraubstock als Finger hat, braucht man nicht ängstlich zu sein. Nur selten kommt es vor, daß eine Königin durch den leichten Druck auf den Hinterleib beim Zeichnen in Ohnmacht fällt. Sie geht rasch vorüber. (Ich kenne das nur vom Hörensagen, mir ist es noch nie passiert.) Die Königin wird nach dem Zeichnen noch mal in einen Schutzkäfig gesetzt, damit der Lack so weit trocknet, daß das Plättchen unter dem Zusetzgitter nicht abgestreift wird. Es genügen einige Minuten. (Abb. 76)

Abb. 76 Eine Königin wird gezeichnet.

4. Die Verwertung der Jungmütter

Nach der Begattung der Königin ist natürlich das Wäbchen im Einwabenkästchen schnell bestiftet. Längere Aufenthalte im Begattungskästchen würden für sie Legepausen bedeuten. Selbst im Mehrwabenkästchen mit 3 oder 4 Wäbchen wäre dieser Zeitpunkt sehr bald erreicht. Man hat zwar bisher nicht nachweisen können, daß eine solche Zwangspause im Legegeschäft die jungen Königinnen schädigen würde – trotzdem sollte man sie bald aus den Völkchen entfernen.

Als sicherste Weiterverwendung bietet sich die Einweiselung in einen Ableger oder in einen Kunstschwarm an. Der Aufbau junger Reservevölker, die man später mit alten Völkern, deren Königinnen abgewirtschaftet haben, vereinigt, macht sich in der Regel bezahlt. Die sofortige Einweiselung in Vollvölker dagegen bleibt bei aller anwendbarer Raffinesse ein gewisses Risiko. Mit dem Zusetzrahmen, bei dem es bis zur völligen Befreiung der Königin im Volk relativ lang dauern kann, mögen die Chancen, ebenso wie mit der Alkoholmethode, noch verhältnismäßig groß sein. Siehe hierzu, was auf S. 109ff. über das Umweiseln gesagt wurde.

Man kann die jung begatteten Königinnen auch über weite Entfernungen versenden. In der Regel verwendet man dazu Käfige, die aus flachen Holzklötzen mit 2 eingebohrten ca. 3 cm weiten Löchern gemacht sind. Die Bohrungen sind mit einem Drahtgitter überdeckt. Die eine Höhlung dient zur Aufnahme des Futterteigs, die andere ist für die Königin und ihre ca. 10–20 Begleitbienen da. Die Bohrung für den Futterteig wird vor der Aufnahme des Futters mit flüssigem Wachs ausgestrichen, damit die Feuchtigkeit des Teiges nicht in das Holz eindringen kann. Außerdem wird der Teig unter dem Drahtgitter mit etwas Kunststoff-Folie abgedeckt. Das Ganze wird in einem starken gelochten Kuvert per Post (Einschreiben) verschickt. Neuerdings haben sich auch Lockenwickler zum Versand von Königinnen als brauchbar erwiesen. Man muß schon etwas Erfahrung damit sammeln, vor allem den Zuckerteig in der richtigen Konsistenz verwenden, wenn die Königinnen eine lange Reise antreten sollen.

Ehe man die Sendung zur Bahn bringt, spritzt man ein paar Tropfen Wasser über die Bienen. Dasselbe wird sofort nach der Ankunft der Königinnen am Bestimmungsort getan. Ein eigener Wasservorrat braucht indessen nicht mitgegeben zu werden.

Auf diese Weise können Königinnen mit ihren Begleitbienen 8 Tage und notfalls die doppelte Zeit ohne Schaden unterwegs sein (Abb. 77).

5. Reinzuchtgebiete

Ob einer nun selber züchtet oder sich noch nicht daranwagt, an einer Aufgabe kann und soll jeder mithelfen, an der Schaffung eines Reinzuchtgebietes in seiner Umgebung. Leider sind unsere Inlandsbelegstellen alle mehr oder weniger unsicher. Die Bienen entwickeln bei der Begattung Eigenheiten, die wir noch

Abb. 77 Verschiedene Arten von Königinnen-Versandkäfigen

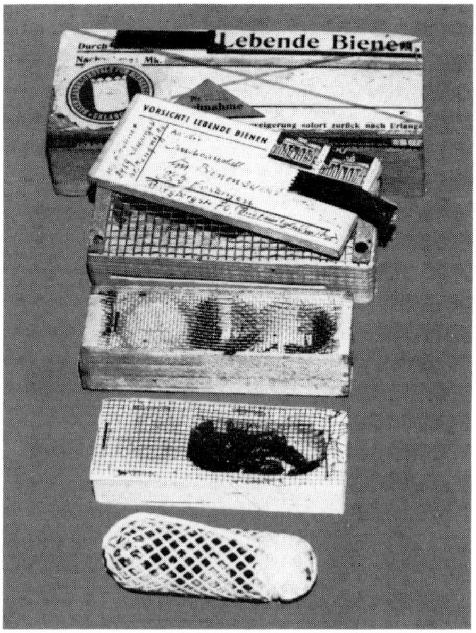

nicht recht kennen und erst recht nicht beherrschen können. Die nun sicher erkannte Mehrfachpaarung mit durchschnittlich acht Drohnen, die Vorliebe der Drohnen für bestimmte Plätze, der zu geringe bienenfreie Umkreis der Belegstellen sind schuld daran, daß der Prozentsatz der wirklichen Reinpaarung erschreckend gering ist. Dagegen hilft nur ein möglichst großer Reinzuchtgürtel um die Belegstelle, der nicht groß genug sein kann. Das kann nur erreicht werden, wenn sämtliche Völker dieses Gürtels auf die Rasse der Belegstelle, praktisch jetzt die Carnica, umgeweiselt werden. Wer selber züchten kann, wird es tun und auch noch an die nichtzüchtenden Nachbarn Königinnen abgeben. Wer nicht züchtet, soll diese Königinnen (auch Zellen) dankbar annehmen und zum Aufbau des rassereinen Gebietes mithelfen. Im allgemeinen werden für diesen Zweck die Königinnen billiger abgegeben, als es von der Kalkulation des Züchters her an sich möglich wäre. Er bringt ein Opfer für die gute Sache. Der Nichtzüchter soll wenigstens tun, was er kann, und nicht etwa noch verlangen, daß der Lieferant der Königinnen ihm auch noch das Umweiseln abnimmt.

VI. Ernte und Pflege des Honigs

Sie säen in Mühsal und ernten in Freude. Die Bauern, auch die Imker. Die Bienen sind daheim oder am Wanderplatz mit schweren Bäuchen heimgekommen. Es muß was drin sein. Man lüpft ein wenig den Honigraum oder die ganze Beute. Jawohl, es wiegt. Aber ist der Honig auch schon reif zum Schleudern? Eine Gewissensfrage. Denn unreif geschleuderter Honig enthält noch zuviel Wasser. Er würde leicht in Gärung geraten. Nach deutschem Gesetz darf Honig höchstens 22% Wasser enthalten. Das ist schon etwas weitherzig. Denn schon bei 21% ist Gärung möglich. Es vergärt zwar nur ein ganz kleiner Bruchteil des Zuckers, aber das reicht, um den Honig unansehnlich im Aussehen und schlecht im Geruch und Geschmack zu machen. Der Kunde würde sich mit Recht beklagen, wenn die Schuld beim Imker liegt. Oft liegt es allerdings an unsachgemäßer Aufbewahrung beim Kunden.

Wann ist der Honig reif?
Eine alte Regel sagt: Wenn die Hälfte oder wenigstens ein Drittel davon gedekkelt ist. Das muß nicht von der Wabe gelten, sondern von ihrem Inhalt. Nicht immer bekommen wir volle Waben. Aber es gibt auch Fälle, wo man nicht auf genügendes Deckeln warten kann. Zum Beispiel bei guter Waldtracht. Da stürzt sich das ganze Bienenheer mit solcher Wucht in die Arbeit draußen, daß darüber die Hausarbeit vernachlässigt wird. Da hilft man sich mit der Stoßprobe. Man hält die Wabe mit beiden Händen etwas schräg nach unten und macht einen kräftigen Ruck, wie wenn man den Honig herausschleudern wollte. Spritzt dann wirklich etwas heraus, muß man noch warten. Auch das gilt nur für Waben aus dem Honigraum. Brutwaben werden immer spritzen, solange die Tracht nicht zu Ende ist. Der frisch eingetragene Nektar wird ja zunächst weitgehend im Brutraum abgelagert. Man muß aber manchmal schleudern, während die Tracht noch weitergeht. Es ist sogar angenehmer, nicht nur, weil das ein Zeichen für ein gutes Jahr ist, sondern auch, weil nach Trachtschluß die Bienen ihren Schatz energischer verteidigen und schon nach wenigen Völkern wegen unerträglicher Räuberei die Arbeit zur Qual machen können. Dann ist es vorbei mit dem »Ernten in Freude«. Nun, es ist also soweit. Wir können schleudern. Was tun wir jetzt?

Wie wird geschleudert?
Wir reden zuerst mit der Hausfrau, ob sie Zeit hat zu helfen. Denn so gern man sonst allein ist bei der Arbeit an den Bienen, zum Schleudern ist Hilfe kaum zu entbehren. Wenn sie also gerade Waschtag hat, warten wir lieber.

Im übrigen wird die sonst nicht immer bienenfreundliche Eheliebste auffallend mild gesinnt und hilfsbereit, wenn es ans Schleudern geht. Besonders, wenn sie hinterher den Honig selber verkaufen darf.

Zum zweiten: Wir sorgen dafür, daß Schleuder, Gefäße und Geräte sauber und in Ordnung sind. Hier ist gleich die Hausfrau einzuschalten. Sie kann es besser. Mannesarbeit aber ist die Befestigung der Schleuder, daß sie bei der Arbeit nicht davonläuft. Das tut sie vor allem gern, wenn sie mit ungleichschweren Waben beschickt wird. Am besten schraubt man sie am Boden an. Wo das nicht geht, heftet man sie auf ein Brettgestell, auf das man sich beim Drehen stellt. Durch das Gewicht wird sie weitgehend am Schlagen und Wandern verhindert.

Welche Schleuder schafft man sich an? Das ist in erster Linie eine Frage an den Finanzminister. Praktisch kommt man bis zu 50 Völkern mit der einfachen handgetriebenen Schleuder für drei oder vier Waben aus. Wer es bequemer haben will, nimmt eine mit Selbstwendekorb. Der Großimker greift zu einer motorgetriebenen für 6 Waben. Die in ausländischen Großimkereien gebräuchliche große Sternschleuder für mehrere Dutzend Waben findet sich bei uns nur in wenigen Exemplaren.

Sauber und bienendicht muß auch der Schleuderraum sein, gleichviel ob er am Stand angebaut ist oder ob Küche, Waschküche oder sonst ein Raum dafür herhalten muß. Es soll immer alles so sein, daß ein Honigkunde mit Appetit zusehen könnte.

Anziehen wird man natürlich nicht seinen Sonntagsstaat. Ohne Papperei geht es nicht ab. Aber sauber muß die Kleidung sein, möglichst frisch gewaschen. Mantelschürze ist nicht sehr praktisch. Allzuleicht bleibt man mit den langen Schößen an allen möglichen Sachen hängen. Kräftige leinene Kombination oder Jacke und Hose getrennt und Hose übergezogen ist besser.

Zum Entdeckeln hat sich wohl mit Recht die Gabel bei uns weitaus stärker durchgesetzt als das Messer. Man soll mindestens zwei solche Gabeln haben, damit man abwechselnd immer eine in ein Gefäß mit heißem Wasser stellen kann. Mit angewärmter Gabel arbeitet man schneller. Unter den verschiedenen Fabrikaten habe ich die Form mit doppelt abgebogenen Nadeln als besonders zügig gefunden. (Abb. 78)

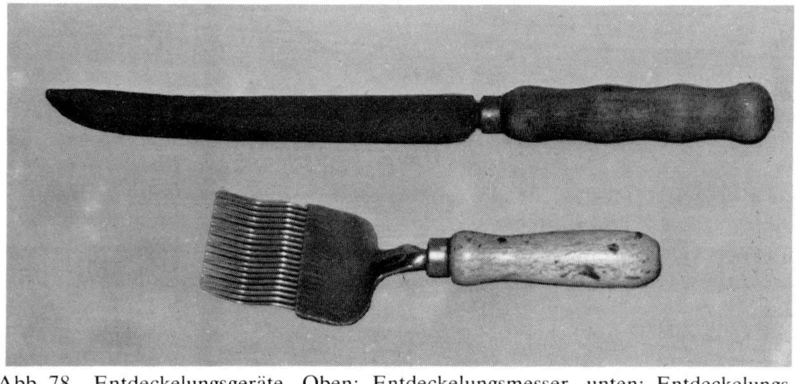

Abb. 78 Entdeckelungsgeräte. Oben: Entdeckelungsmesser, unten: Entdeckelungsgabel

In die Entdeckelungspfanne aus Weißblech oder Kunststoff gehört ein Gittereinsatz. Er nimmt das Deckelwachs auf und läßt den Honig in die Auffangpfanne sickern. Oben darauf gehört ein Gestell, das die Wabe zum Entdeckeln aufnimmt. Größere Vorrichtungen dieser Art dienen gleichzeitig zum Absetzen der bereits entdeckelten Waben bis zu ihrem Einbringen in die Schleuder. Man kann so etwas im Fachhandel kaufen, oder es sich selbst zusammenbasteln. (Abb. 79)

Das Deckelwachs enthält auch nach dem Abtropfen noch Honig. Wenn man es von den Bienen ausfressen läßt, entsteht leicht Räuberei. Man wäscht es besser in einem Eimer aus und ballt es dann zu Klößen zusammen. Später kann man es im Wachsschmelzer auslassen. Mit dem Honigwasser könnte man nach Trachtschluß den Zucker zur Reizfütterung anfeuchten. Räubereigefahr!

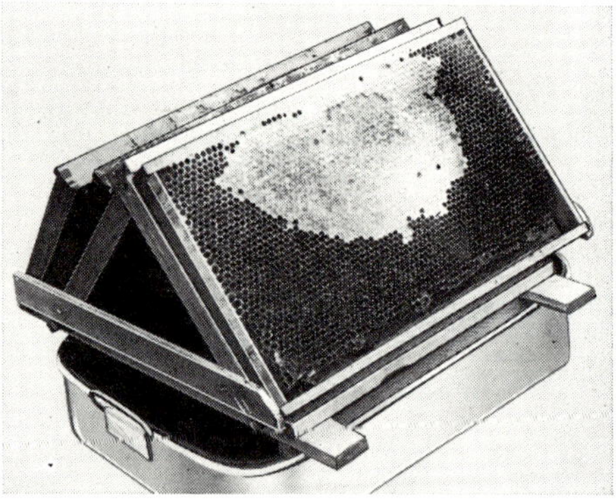

Abb. 79 Entdeckelungspfanne mit selbstgebastelter Haltevorrichtung für Waben

Abb. 80 Oben: Auffangkanne für 50 Pfd. Das Doppelsieb darauf muß die Kanne bienendicht abschließen. Dem dient auch die Klappe auf dem Auslauf, mit der man die Füllung der Kanne kontrollieren kann.

Abb. 81 Lunzer Honigsieb. Es arbeitet schnell und sauber. Der Honig fließt am oberen Auslauf ab.

Großimker benutzen auch besondere Zentrifugen zum Sieben des Entdeckelungswachses. Solche Leute arbeiten aber auch mit halbautomatischen oder gar automatischen Entdeckelungsmaschinen.

Das Sieben und Klären des Honigs

In der Regel wird der Honig gleich beim Herauslaufen aus der Schleuder gesiebt, indem er durch ein *Doppelsieb* mit einem groben und einem feinen Einsatz in den Honigeimer läuft. (Abb. 80) Das ist oft mühsam und geht nicht schnell genug, besonders wenn es sich um zähen Waldhonig handelt. Dann läßt man ihn besser zunächst ungesiebt in den Behälter laufen und besorgt das Sieben anschließend. Rasch geht es mit dem *Siebkorb,* den man anstelle des Wabenkorbes in die Schleuder einsetzen kann. Er besteht nur aus einem einzigen, sehr feinen zylindrischen Sieb. Der Honig wird hindurchgeschleudert. Leider gehen auch viele kleine Wachspartikelchen mit hindurch. Besser ist deshalb das *Lunzer Honigsieb.* Hier stehen 2 zylindrische Siebe ineinander in einem Behälter. Der Honig wird in das innere gröbere Sieb geschüttet. Er drückt nach außen durch beide Siebe und wird aus einem oberen Hahn abgelassen. (Abb. 81)

Jeglicher durch Metallsiebe gegangene Honig bedarf noch des *Klärens.* D. h., man muß ihn in den Lagerungsbehältern einige Tage stehenlassen. Dann schöpft man die obere Schicht aus Schaum und kleinen Fremdkörpern ab, bevor man ihn in Gläser und kleinere Gebinde zum Verkauf abfüllt. Würde man das nicht tun, darf man sich nicht wundern, wenn man die Oberfläche des Honigs

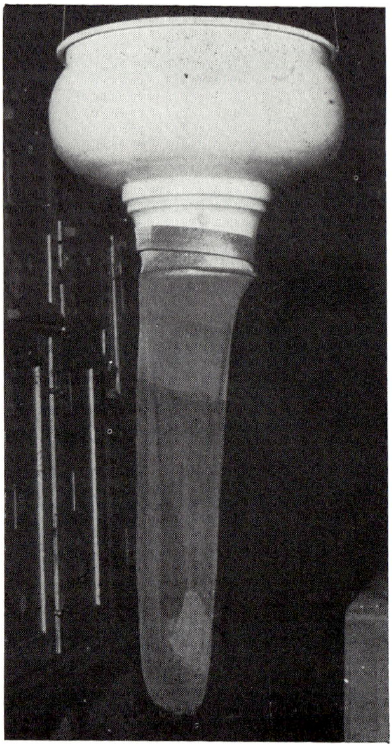

Abb. 82 Milchsieb mit Nylonstrumpf. Erstrebenswert ein Gewebe, an dem keine Laufmaschen auftreten.

nach dem Festwerden mit kleinen hellen und dunklen Wachsteilchen gespickt vorfindet.

Es gibt aber auch eine Möglichkeit, so fein zu sieben, daß man sich das Klären sparen kann. Dazu verhilft ein 4faches Nylonstrumpfgewebe. Seit Jahren benütze ich die abgebildete Einrichtung mit gutem Erfolg. Der Trichter eines Milchsiebs, die Siebeinlagen entfernt, statt dessen zwei ineinander gesteckte und noch mal in sich selbst eingestülpte Nylonstrümpfe, deren Fußteil abgeschnitten sein kann, nicht muß, mit einem Gurt daran befestigt. Das kann man so auf eine Zentnerkanne setzen. Beim Umwechseln auf eine andere Kanne muß man dann allerdings das Ganze herausheben und halten, bis der Honig abgelaufen ist. Darum habe ich aus einer abgängigen Abfüllkanne den Boden herausgenommen, auf einer Seite einen Gummiwulst aus einem aufgeschlitzten Schlauch angebracht, auf der andern einen 10 cm breiten Holzrand, der mit Schaumgummi beklebt ist. Der Gummischlauch ermöglicht ein dichtes Aufliegen des Milchsiebs. Der breite Holzrand das Aufsetzen auf verschieden weite Kannen. Mit diesem Zwischenglied hängt der Strumpf nicht mehr im Honig, sondern im freien Raum und doch geschützt vor jeder Verunreinigung durch Bienen, Fliegen usw. (Abb. 82)

Honig, der durch dieses vierfache Nylonsieb gelaufen ist, kann sofort in Gläser oder Eimerchen abgefüllt werden.

Honiggefäße. – In was füllt man ab? – Nun, wir haben das von der Organisation geschaffene und immer empfohlene Imkerbundglas. Es hat gute Dienste getan für die Herausstellung des deutschen Honigs. Man wird es nach Möglichkeit verwenden. Doch wird nach meiner Erfahrung das 5-Pfund-Eimerchen mehr und mehr von den Honigkunden bevorzugt. Es hat Vorteile. Es ist leichter im Auto mitzunehmen, wenn beim Imker eingekauft wird. Ist wesentlich leichter zu verschicken. Es schließt schärfer ab. Es zerbricht nicht. Es läßt kein Licht an den Honig. Licht zerstört aber allerlei Wirkstoffe im Honig. Es macht nur den fünften Teil Abfüllarbeit und ist außerdem auch beim Imker leichter zu stapeln als Gläser.

Zur Aufbewahrung von Honig, den man nicht gleich in kleinere Gefäße abfüllen will, etwa zum Verkauf im großen, sind 25-Pfd.-Eimer aus Weißblech oder lackiertem Schwarzblech handlich und billig, aber leider nur beschränkt haltbar. Öfter verwendbar sind die neuerdings im Handel befindlichen Honigkübel aus Plastik. Zentnerkübel mit Gummiring im Deckel und Schnellverschlüssen sind, wenn solide gearbeitet, teuer, aber auch haltbar und so gut wie luftdicht, was für die Lagerung des Honigs von Bedeutung sein kann. Sofern man Honig nicht in dafür im Fachhandel vorhandenen Behältern aufbewahrt, muß man sich vor Geschirren aus Eisenblech (Schwarzblech) und verzinkten Behältern in acht nehmen. Die Säuren im Honig gehen mit diesen Metallen Verbindungen ein, die im ersten Fall zu häßlichen Verfärbungen des Honigs führen, im zweiten sogar giftig für den Menschen sind.

Bei den meisten Gefäßen, in die der Honig abgefüllt wird, ob aus Glas, aus Plastik oder Metall, muß man annehmen, daß sie nicht wirklich luftdicht schließen. Darum muß Honig in einem trockenen Raum mit nur mäßigem Temperaturwechsel aufbewahrt werden. Sonst saugt die Oberfläche Wasser an, wird dünn und kommt in Gärung. Immer wenn die umgebende Luft mehr als 60% relative Feuchte aufweist, nimmt Honig Wasser auf. Und 60% hat die Luft morgens und abends meistens, sonst sehr oft.

Feinsteif oder nicht? – Manche Frühjahrshonige, vor allem aus Raps, kristallisieren von Natur aus schmalzartig »feinsteif«. In dieser Form läßt er sich leicht streichen, ohne zu laufen. Im Norden, wo viel Raps gebaut wird, sind die Käufer durch den Rapshonig so an diese Art gewöhnt, daß sie meinen, aller Honig müßte so sein. Die Imker kommen diesem Wunsch entgegen. Sie rühren den Honig, wenn er eben anfängt zu kristallisieren, mit einem dreikantigen Holzstab. Neuerdings gibt es einen Metallstab mit scharfkantig durchbrochener Platte, die durch Heben und Senken den gleichen Zweck erfüllt, mit wesentlich geringerer Anstrengung. (Übrigens auch gut zu brauchen zum Mischen verschiedener Honige, etwa Raps mit Luzerne!) Man sollte aber die Käufer nicht grundsätzlich zur feinsteifen Form erziehen. Eine echte Qualitätsverbesserung ist das ja nicht. Für den Imker aber bedeutet es eine spürbare Mehrbelastung. Er muß den rechten Zeitpunkt zum Abfüllen erraten. Versäumt er ihn, kann er den Honig noch mal erwärmen und alles neu beginnen. Auf jeden Fall hat er es mit einem Honig zu tun, der schon recht zäh läuft.

Wie macht man Honig flüssig? – Honig darf nicht über 40 ° C erwärmt werden. Das ist bei den käuflichen Doppelmantelgefäßen, die man auf den Herd stellt, kaum zu erreichen. Ein Teil wird überhitzt, der andere ist noch fest. Ausgezeichnet bewährt hat sich die von Josef Herold angeregte Einrichtung: Ein großer Waschtopf mit etwa 45 Liter erhält unten eine elektrische Heizschlange mit 1000 Watt eingebaut. Ein Eisenrost trägt die Honigkanne. Ein automatischer Regler schaltet bei 40 ° C Wassertemperatur aus, bei 38,5 ° C wieder ein. Der Stromverbrauch ist sehr gering, eine Überhitzung ausgeschlossen. Wenn man den Waschtopf von einem Spengler erhöhen läßt, kann man auch Zentnerkannen einstellen. Vorteilhaft umkleidet man den Topf mit einem Mantel aus Schaumkunststoff oder baut ihn in eine Art Kochkiste ein. (Abb. 83)

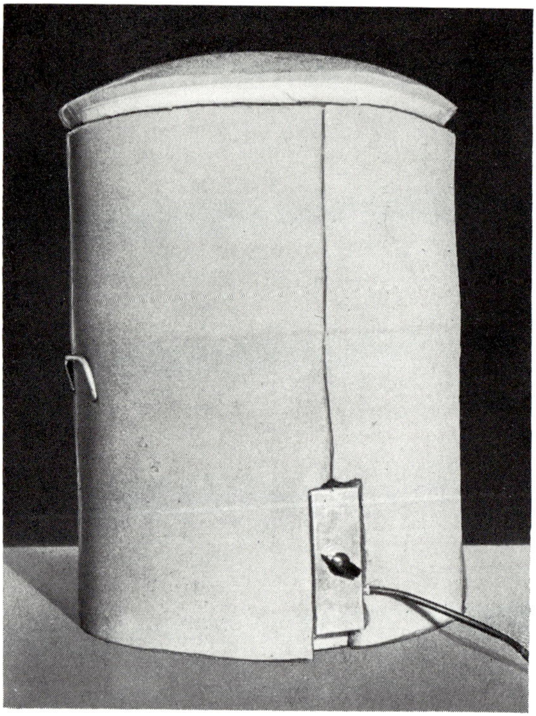

Abb. 83 Wärmetopf für Zentnerkannen, elektrisch geheizt, mit einem 3 cm dicken Schaumkunststoff umkleidet. In der Regel wird fester Honig im Lauf von 24 Stunden zwar nicht klarflüssig, aber so weich breiig, daß man ihn, solange er noch warm ist, bequem abfüllen kann.

VII. Umgang mit Waben und Wachs

Die Wachsarbeiten des Imkers erstrecken sich auf das Aufbewahren und Auslassen von Waben und auf das Gießen und Einlöten von Mittelwänden.

1. Aufbewahrung der Waben

Nach Trachtschluß entnimmt man die Waben des Honigraums und die bienenleeren Waben des Brutraums. Dabei scheidet man alle Waben aus, die für eine Verwendung im nächsten Jahr nicht mehr taugen. Das sind:

a) Waben, deren Rähmchen durchgebogen, geknickt oder wegen ausgebrochener Nagellöcher nicht mehr strapazierfähig sind.

b) Überalterte, durch viele Brutfolgen schwarz und schwer gewordene Waben. Für den Brutraum kommen nur Waben in Betracht, die zwar bebrütet, braun, aber gegen das Licht gehalten noch durchscheinend sind. Für den Honigraum gehen noch Waben, die diese Grenze überschritten haben. Sie brechen dann nicht so leicht beim unvorsichtigen Schleudern. Aber weil alte Waben auch Nosematräger sind, sollte man sie nicht zu dunkel werden lassen.

c) Waben, die schlecht eingelötet und dadurch ungleichmäßig, wellig ausgebaut oder mit großen Drohnenhecken verpflastert wurden.

d) Zweifelhaft sind Waben, die unvollständig ausgebaut, nicht bebrütet und von den Bienen an den Zellrändern mit einem dunklen Hauch (Kittharz? Schmutz?) überzogen wurden. Man hatte vielleicht einem schwachen Schwarm zuviel Mittelwände zugemutet oder sie bei Trachtlosigkeit nach Abklingen des Bautriebes, etwa im Juni, noch zugehängt. Man liest öfters, solche Waben würden im nächsten Jahr nicht angenommen. Mir wurden sie noch immer angenommen, besonders wenn sie vor dem Zuhängen leicht mit Zuckerwasser übersprüht wurden. Wer nicht traut, schmelze sie ein.

Die für gut befundenen Waben müssen also aufbewahrt werden – und die ausgeschiedenen auch, bis man Zeit hat, sie einzuschmelzen oder an eine Wachsfirma einzusenden. Sie brauchen Schutz vor Staub, vor Mäusen, Wachsmotten und, wenn sie honignaß sind, vor räuberischen Wespen und Bienen.

Vor Staub: Staub taugt weder für den Honig noch für die Brut. Darum mag das früher teilweise übliche Aufhängen im Stand oder einem Schuppen bequem gewesen sein, auch wirksam gegen Wachsmotten, hygienisch war es nicht.

Vor Mäusen: Sie naschen gern Honig und Pollen und fühlen sich wohl in einem Nest zwischen Waben.

Vor Wespen und Bienen: Diese riechen Honigreste und finden jede Ritze, jedes Schlupfloch unter Garantie, sei es ein Riß im Holz, ein Astloch, ein Schlüsselloch, eine ungenau schließende Tür. Findet nun eine einen Zugang, ist bald die volle Räuberei im Gang, draußen und drinnen. Die Wespen sind noch findiger, noch gewandter und auch schlanker. Und mit den Waben gehen sie um wie – eben wie Räuber. Die Zellen werden oft zerstört bis auf die Mittelwand.

Wachsmotten riechen Wachs auch ohne Honig und finden ebenfalls jede Ritze. Der Schrank oder der Stapel von Honigräumen, in denen die Waben aufbewahrt werden, muß also gut schließen. Notfalls hilft man nach mit Knetgummi, nassem Papier oder Klebstreifen. Man muß die schwachen Stellen trotzdem in der gefährlichen Zeit im Auge behalten, ob die Bienen das Stopfmaterial nicht weggewürgt haben. Denn Räuber, die ihr Handwerk einmal gelernt haben, entwickeln eine unheimliche Energie.

Gegen Wachsmotten gibt es verschiedene Mittel. Vorsichtig muß man mit dem Abbrennen von Schwefelstreifen sein. Der Schwefelrauch tötet die Eier nicht und muß darum mehrmals wiederholt werden. Vor allem aber, Feuer neben Wachs ist gefährlich. So ist schon mancher Brand entstanden. – Ganz unglücklich wäre ein Versuch mit den heute gebräuchlichen Insektengiften wie Paral, E 605 und ähnlichen. Sie setzen sich im Wachs fest und töten die Bienen, die im nächsten Jahr wieder mit ihnen in Berührung kommen. Auch das früher brauchbare Globol enthält heute solche Gifte und darf darum nicht verwendet werden. Dafür hat man ein eigenes gefärbtes »Imkerglobol« in Tablettenform geschaffen. Das geht. Billiger und ebenso wirksam ist das lose in der Drogerie zu kaufende *Paradichlorbenzol.* Man streut es neben die Waben, nicht auf die Waben. Wenn es verdunstet ist, legt man nach. Im Frühjahr genügt es, solche Waben vor dem Einhängen ins Volk einigemal in der Luft hin und her zu schwenken, um den Geruch zu entfernen.

Sehr wirksam wäre Cyangas. Es ist aber schwer giftig für Mensch und Tier und darf nur von besonders geschulten Kräften verwendet werden. Das hat nur einen Sinn für ganz große Imkereien mit einer eigenen gasdicht verschließbaren Wabenkammer. Die gegen Wachsmotten und Nosema wirksame 60%ige *Essigsäure* zerfrißt leider die Wabendrähte. Schwefelkohlenstoff ist wirksam, aber feuergefährlich.

2. Das Auslassen des Wachses

a) Trockenschmelze

Man muß grundsätzlich unterscheiden zwischen bebrütetem und unbebrütetem Wachs. Unbebrütetes Baurahmenwachs, soweit es in Betrieben mit Hinterbehandlung noch anfällt, kann man trocken und ohne Druck auslassen. Das kann mit einem Sonnenwachsschmelzer geschehen oder mit einem elektrisch geheizten, wie dem Elwa von Stöhr, oder in einer Pfanne im Backofen. Da es reines Wachs ist, geht nichts verloren. (Abb. 84)

Enthält das Baurahmenwachs Drohnenmaden, darf man es nicht so liegenlassen. Die Maden sterben, faulen und stinken. Läßt man sie von Hühnern ausfressen, wird viel Wachs verschmutzt und verdorben. Bessere Arbeit machen die

Abb. 84 Sonnenwachsschmelzer mit angeschraubter Hülse, drehbar auf einem Pfahl befestigt

Meisen, wenn man die Nistkästen in der Nähe aufgehängt hat. Man legt die Waben auf grobes Drahtgeflecht. Sie picken die Maden heraus, ohne das Wachs zu beschädigen. Wo Meisen fehlen, legt man die Waben in Wasser und schüttelt die Maden heraus. Wem das zuviel ist, mag sie auch mit den Maden in den Sonnenwachsschmelzer legen. Das Wachs läuft schneller ab, als die Maden schmoren und Wachs aufsaugen. Nur hat man hinterher die harte Kruste aus vertrockneten Maden abzukratzen.

b) Naßschmelze

Zur Not kann man auch Deckelwachs noch im Sonnen- oder Elektrowachsschmelzer auslassen. Aber hier beginnt schon der Verlust. Denn an dem Deckelchen hängen noch Zellteile, die Puppengespinst enthalten und damit Wachs aufsaugen. Man wundert sich, wieviel Trester auf dem Ablaufblech zurückbleibt und wie schwer und fettig er ist vom festgehaltenen Wachs. Man läßt es also besser naß aus.

Unverantwortliche Verschwendung aber wäre es, bebrütete Waben trocken auszulassen. Das Wachs schmilzt, schlüpft in die von ausgeschlüpften Bienen zurückgebliebenen Gespinstkokons und wird durch Kapillarkraft festgehalten. Hier kommt also nur ein Naßverfahren in Frage, bei dem sich die Kokons mit Wasser vollsaugen und so das Wachs nicht mehr festhalten können.

Wer es ganz gut machen will, weicht seine Waben erst einige Tage in Regenwasser ein, damit die Gespinste sich vollsaugen. Es ist aber nicht so leicht, durch Untertauchen Wasser in die luftgefüllten Zellen zu bringen. Auslegen und mit Gießkanne und Brause eingießen ist wirksamer. Aber wer macht sich in unserer hastigen Zeit schon soviel Arbeit?

Wer keinerlei Auslaßgerät hat, steckt die zerbrochenen Waben in einen Sack, diesen in einen Waschtopf oder Kessel mit Holzrost und legt soviel Steine darauf, daß der Sack unter Wasser bleibt. Das geschmolzene Wachs dringt durch die Poren des Sackes nach oben, die Trester bleiben im Sack. Man schöpft das Wachs ab und gießt es in eine Schüssel mit heißem Wasser, umhüllt sie warm. Am nächsten Tag wird der Kuchen entnommen. Das Wachs hat sich geklärt, auf der Unterseite hat sich eine krümelige Schicht aus Pollen und Schmutz angesetzt. Die wird abgekratzt.

Hat man nur eine Sackfüllung oder nur Zeit für eine, kann man auch den Schmelztopf stehenlassen, bis der Wachskuchen fest geworden ist. Aus einem Topf mit geraden Wänden bringt man den Kuchen allerdings kaum heraus, ohne ihn zu zerschlagen. Und das geht nur, wenn der Kuchen höchstens einige cm dick ist.

Wer keinen geeigneten Waschtopf oder Kessel besitzt oder wer Krieg mit der Hausfrau vermeiden will, beschafft sich eine Einrichtung, die ausschließlich ihm und seinen Bienen gehört. Etwa den Münchener Reinwachsschmelzer, der mit Dampf arbeitet.

Aber über eines muß man sich klar sein: Auch beim Naßverfahren bekommt man nur einen Teil des Wachses heraus. Nach meinen Wägungen beim Münchener Schmelzer aus einer Wabe etwa soviel, als man mit der Mittelwand hineingesteckt hat. Das sind etwa $^2/_3$ des wirklichen Wachsgehaltes. Will man eine höhere Ausbeute, muß man mit Druck arbeiten.

c) Naßschmelze mit Druck

Wer nur Waschtopf und Sack besitzt, kann während des Kochens auf dem Herd etwa mit einem Kartoffelstößel auf dem Sack herumdrücken. Die Wirkung ist beschränkt. Und leicht bringt man Wachs auf den Herd, das in Brand geraten kann. Besser ist es, man kocht die Waben in Topf oder Kessel, schöpft dann erst den Brei in einen Sack und setzt diesen außerhalb der Kochstelle unter Druck. Eine Vorrichtung dazu kann man sich anfertigen in Form der *Knüppelpresse.* Man legt den Sack auf den mit schrägabfallenden Rillen versehenen Arbeitstisch und walkt mit einem Rundholz kräftig darüber. Das Ergebnis ist gut, aber die Arbeit reichlich mühsam. (Abb. 85)

Leichter und mit sehr guter Ausbeute arbeitet man mit einer *Schraubpresse.*

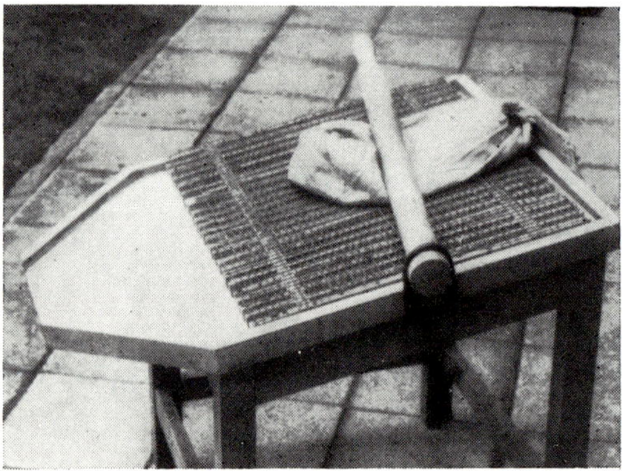

Abb. 85 Die alte Knüppelpresse ist auch heute noch brauchbar. Sie kostet zwar etwas Anstrengung, aber die Ausbeute ist gut.

Bei der *Rinnenpresse*, wie sie in Carstens Imkerbastelbuch als »große Honig- und Wachspresse« beschrieben ist, werden drei kräftige Hartholzbohlen zu einer Rinne zusammengeschraubt, etwa 120 cm lang und im Lichten 30 cm breit und 25 cm hoch. Ungleich hohe Füße geben ihr eine Neigung zum Auslauf. Hineingelegt wird ein Preßklotz und an der Auslaufseite mit einem durchgehenden Schraubenbolzen ausklappbar befestigt. Auf der gegenüberliegenden Seite wird ebenfalls ausklappbar ein Eisengestänge mit langer Schraubspindel befestigt. Ein kräftiger Sack, am besten aus Nylon, wird eingelegt, die kochende Wabenmasse mit Schöpflöffel eingefüllt, der Sack oben – ohne Zubinden – umgeschlagen, der Preßblock daraufgeschlagen, die Spindel angeklappt und angezogen, so stark es geht. Durch nochmaliges Auflockern erreicht man noch eine Nachpressung. (Abb. 86)

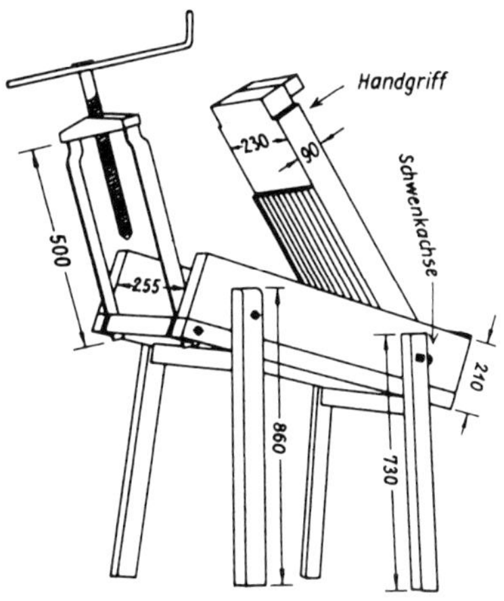

Abb. 86 Die eine Zeitlang vergessene Rinnenpresse von Böhling ist mit Recht in Erlangen wieder zu Ehren gekommen. Für einen geschickten Bastler ist der Selbstbau, soweit es die Holzteile betrifft, nicht allzuschwer. Für Beschaffung und Anbau der Schraubenspindel muß man einen Schlosser oder Schmied zu Hilfe rufen.

Bei der Naßschmelze mit Druck holt man aus einer Wabe mehr Wachs heraus, als man mit der Mittelwand hineingesteckt hat.

Übrigens, wer sich das Neudrahten der Rähmchen ersparen will, schneidet die Waben nicht aus, sondern steckt nach amerikanischem Vorbild gleich die ganze Wabe ins kochende Wasser. Schon nach wenigen Sekunden kann man die Rahmen herausziehen und den Inhalt mit leichtem Ruck herausschütteln. Man braucht dann beim Einlöten der neuen Mittelwand nur den Draht etwas nachzuziehen.

3. Das Klären des Wachses

Wer seine Mittelwände selbst gießt, kann das Wachs unter Umständen so verwenden, wie es aus dem Schmelzer läuft. Es schmilzt in kleineren Brocken sogar leichter als in Form eines großen Blocks. Wer es aber verkaufen oder gar auf

Ausstellung geben will, muß es noch mal sorgfältig klären. Denn es enthält noch Pollen und sonstige kleine Verunreinigungen. Man gibt es mit Wasser in einen nach oben sich erweiternden Emailletopf (Eisen verfärbt das Wachs!), macht es flüssig und stellt den Topf dann, mit Decken warm umhüllt, an einen ruhigen Platz, damit das Wachs möglichst langsam und ohne Störung abkühlen kann. Was etwa nach oben stieg, hat man vorher mit einem Löffel entfernt. Nach dem Abkühlen schabt man auch die schaumig-krieselige Schicht ab, die sich unten angesetzt hat. Man wird sich trotzdem vom Mittelwandhersteller noch einen kleinen Abzug gefallen lassen müssen. Denn auch dort gibt es beim neuen Umschmelzen noch etwas Abfall.

4. Das Gießen von Mittelwänden

Für einen Kleinimker lohnt sich die Anschaffung einer Mittelwandpresse kaum. Denn erst nach dem Selbstgießen von etwa 40 kg Mittelwänden hat er die Anschaffungskosten abverdient. Er braucht aber erst für drei Völker jährlich 1 kg. Von 30 bis 40 Völkern an kann es wirtschaftlich werden, zumal wenn man den Bau eifriger erneuern will. Aber auch dann wird man noch überlegen, ob man sich neben seinem Hauptberuf und der sonstigen Bienenarbeit auch das noch aufladen will. Auch ein geeigneter Raum ist nötig. In der Küche wird man mit dem Mittelwandgießen wie mit dem Wachsauskochen unweigerlich mit der Hausfrau in Konflikt geraten. Denn ohne Schmiererei geht es nicht ab. Sehe also jeder, wie er's treibe.

Wer selber gießen will, braucht folgende Sachen: eine Gießform, einen Topf für das Wachs, eine niedrige regulierbare Wärmequelle. Niedrig, damit man die Gießform beim Abschütten des überschüssigen Wachses nicht hochzuheben braucht, regulierbar, damit das Wachs nicht zu heiß und nicht zu kalt wird. Elektrokochplatte oder Spirituskocher. Weiter einen Topf für das Lösmittel, einen Schöpflöffel fürs Wachs. Und einen nach beiden Seiten schwenkbaren »Gießknecht«, mit dessen Hilfe man überschüssiges Wachs und Lösmittel ohne große Anstrengung zurückgießen kann. Natürlich auch einen Tisch, auf dem die Gießform steht. (Abb. 87)

Auf den Tisch legt man ein mehrfach zusammengelegtes feuchtes Tuch, von dem vertropftes Wachs leichter abgeht als vom Tisch. Die Gießform reinigt man von allen Wachsresten mit heißer Sodalösung und Bürste, spült ab, gießt genügend Lösmittel ein, hebt und senkt den Deckel, damit es in alle Rillen oben und unten eindringt, gießt es wieder ab. Dann schöpft man rasch auf einmal das benötigte Wachs ein. Die Menge bekommt man durch Probieren bald heraus. Man senkt den Deckel rasch unter gleichmäßigem Druck hinein, wartet einen Augenblick, neigt den Gießknecht und schüttet das überschüssige Wachs in den nebenstehenden Topf zurück. Nun öffnet man den Deckel, schneidet mit dünnem scharfem Messer den überstehenden Rand ringsum ab und wirft ihn auch in den Wachstopf zurück. Nun kann man die fertige Mittelwand leicht vom Deckel ab-

Abb. 87 Lösmittel und überschüssiges Wachs müssen jeweils aus der Mittelwandpresse wieder ausgegossen werden. Um die Presse nicht mit den Händen heben zu müssen, bedient man sich eines Gießbockes. Einzelheiten über den Bau des hier abgebildeten Bockes von Krauss kann man nachlesen im »Imkerfreund« 1964, Heft 4.

ziehen. Man legt die Mittelwände, wenn man Platz dazu hat, zunächst einmal flach auf einem Tisch aus, damit das anhaftende Lösmittel abtrocknen kann. Fehlt Platz, legt man sie gleich aufeinander, aber ein saugfähiges Blatt Papier dazwischen.

Wichtig ist, daß die Mittelwand nirgends an der Form hängenbleibt. Sonst passiert es bei der nächsten an der gleichen Stelle wieder. Darum muß die Form wirklich sauber sein von Fett und Wachsresten. Ein gutes Lösmittel ist wichtig. Man kann das »Wabelos« der Firma Mack, Illertissen, mit Gebrauchsanwendung kaufen. Man kann sich aber auch selber ein gutes Lösmittel herstellen aus 1 Liter Wasser, $^1/_2$ Liter hochprozentigem Spiritus und $^1/_4$ Liter flüssigem Honig.

5. Befestigung der Mittelwände

Das Einfügen der Mittelwände in die Rähmchen erfordert drei Vorgänge: Lochen, Drahten und Einlöten.

Bevor man die Löcher für den Draht ins Rähmchenholz bohrt, muß man sich entscheiden, ob man senkrecht oder waagrecht drahten will. Die Regel ist die senkrechte Drahtung. Nur wenige drahten waagrecht. Ich habe es versucht und keinen Vorteil dabei gefunden. Es soll besonders gerade Waben geben. Wenn man die Drähte aber nicht ganz straff anzieht, erreicht man das Gegenteil. Bei senkrechter Drahtung braucht man je vier Löcher im Ober- und Unterteil des Rähmchens. Die beiden äußeren etwa in 2 cm Abstand vom Seitenteil, die beiden anderen in gleichmäßiger Entfernung voneinander.

Bohren kann man mit Drillbohrer, mit einem einfachen Pfriem oder einem gekauften Locher. Mit Pfriem und Drillbohrer ist es mühsam, und es besteht die Gefahr, daß man die Löcher nicht gleichmäßig in die Mitte des Holzes bringt. Der Locher hat einen festen Anschlag und arbeitet mit Hebeldruck rasch und genau. Wer irgendein kleines Motörchen besitzt, kann direkt auf der Achse einen Bohrer befestigen, der aus einem dreikantig gefeilten Stück von einer Stricknadel bestehen kann. Damit arbeitet man noch leichter und rascher. Ich arbeite mit einer Einrichtung, die gleich alle vier Löcher auf einmal elektrisch bohrt. Für Hersteller, die Rähmchen liefern, würde sich eine solche Einrichtung lohnen. Die Bezieher würden wohl gern etwas mehr zahlen, wenn sie die Teile oder die fertigen Rähmchen schon gelocht bekämen.

Unnötig ist das Eindrücken von Metallösen. Denn man braucht den Draht gar nicht so fest anzuziehen, daß er ins Holz schneidet. Er braucht nicht zu »singen«. Man schlägt am Rähmchenoberteil seitlich in der Nähe der äußersten Löcher je ein kleines Nägelchen, Täxe oder Flachkopf nicht ganz ein, zieht bei einem äußeren Loch beginnend den Draht senkrecht auf und ab bis zum gegenüberliegenden äußersten Loch, wickelt das Ende um das Nägelchen, schlägt dieses nun vollends ein, zieht nun rückwärts den Draht mäßig stramm, wickelt ihn um das andere Nägelchen, schlägt dieses vollends ein und reißt das Ende des Drahtes durch rasches Hinundherbewegen ab. Würde man es mit Zange oder Schere abzwicken, würde man sich an dem dabei stehenbleibenden kleinen Endchen die Finger verstechen.

Diese vorbereitenden Arbeiten macht man am besten schon im Winter. Es ist immer mißlich, wenn man im Frühjahr Mittelwände zuhängen will und muß dann erst mit dem Drahten beginnen.

Die Mittelwand muß etwas kleiner sein als das Lichte des Rähmchens. Sie dehnt sich in der Wärme des Bienensitzes noch etwas und würde sich bei sattem Anliegen bauchen. Damit sich das Dehnen in Grenzen hält, arbeitet man nicht in der Kälte. Mittelwände, die über Winter trüb geworden sind, legt man etwas in die Sonne oder hält sie über den Herd.

Seitlich genügt ein Abstand von 3 bis 5 mm, unten darf es auch mehr sein. Der obere Abstand sollte nicht mehr als 5 mm betragen. In der Regel läßt man die Mittelwand unten anstehen. Ließe man unten einen Spalt, würde dieser von den Bienen nicht zugebaut werden. Nach oben zu wird dagegen die Wabe immer geschlossen. Man verwende aber keine extra dünnen gewalzten Mittelwände. Sie halten dem Zug der Bienen nicht stand und bauchen dann gerne aus. Solche Mittelwände müßte man beim Einlöten oben anstehen lassen. Gegossene Mittelwände sind am kräftigsten, brechen allerdings in der Kälte leicht. Gewalzte Mittelwände sind schmiegsamer, aber sie verziehen sich in der Wärme leichter als die gegossenen. Normalstarke Qualität gewalzter Mittelwände kann man aber durchaus auch unten anstoßen lassen, wenn man den immerhin notwendigen oberen Spalt zum Ausdehnen nicht zu groß macht.

Manche Imker lassen die Mittelwand nicht im Brutraum ausbauen, sondern im Honigraum. Da wird der Bau lieber bis auf das untere Holz durchgeführt.

Das geschieht aber nur bei guter Tracht. Außerdem muß man solche Waben wieder in den Brutraum zurückhängen, wo sie zum Bebrüten hingehören. Ein neuer Arbeitsgang. Dabei hängt man den eingetragenen Honig wieder in den Brutraum zurück, wo wir ihn nicht haben wollen. Schleudert man solche unbebrüteten Waben, besteht hohe Bruchgefahr. Es hat also alles seine zwei Seiten. Ich lasse lieber im Brutraum ausbauen und hänge dann die mehrmals bebrüteten Waben mit gedeckelter Brut in den Honigraum. Dann werden die Waben doch noch nachträglich unten angebaut und dadurch widerstandsfähiger für das Schleudern.

Anlöten kann man kalt mit dem neuen österreichischen Wellenrädchen. Das herkömmliche Löträdchen wärmt man auf einer Spiritusflamme an. In beiden Fällen braucht man ein passendes Brettchen als Unterlage für die Mittelwand. Das gedrahtete Rähmchen wird darübergelegt. Rascher und müheloser geht es mit einem elektrischen Lötgerät. Behelfsmäßig kann man ein Bügeleisen oder einen Kocher in den Stromkreis einschalten. Doch wer nicht gut Bescheid weiß mit elektrischen Basteleien, lasse die Finger davon. Allzuleicht kann etwas passieren. Diese Gefahr besteht kaum bei Benützung eines Transformators, der den Lichtstrom in Niederspannungsstrom von 8 bis 15 Volt umsetzt. Beim elektrischen Einlöten braucht man nicht unbedingt ein Lötbrett. Man kann die Mittelwand auch oben auf die Drähte legen und einsinken lassen. Man legt dabei den Unterteil des Rähmchens etwas erhöht auf, damit die Mittelwand beim Einsinken nicht vom Oberteil wegrutscht. Ich pflege dabei zu zählen, um nicht durch Gedankenlosigkeit den rechten Augenblick zu verpassen. Sollte aus irgend einem Grunde der Draht nicht überall gleichmäßig eingebettet sein, kann man leicht mit dem Fingernagel nachhelfen, solange der Draht noch warm ist. Die fertig eingelöteten Rähmchen legt man nicht, sondern stellt sie, damit sich die Mittelwände nicht durchbiegen.

Übrigens, hat man die Rähmchen nicht frisch gedrahtet, sondern aus alten Waben das Wachs vorsichtig ausgebrochen oder ausgeschmolzen, ohne die Drähte zu verletzen, ist es meist nötig, den Draht etwas nachzuspannen. Man fährt mit einem Pfriem unter den Draht, ähnlich wie beim Stricken mit der Nadel unter die Wolle. Dann dreht man den Pfriem um 180°. Es entsteht eine winzige Öse, und der Draht ist gespannt.

VIII. Krankheiten und Schädlinge

1. Brutkrankheiten der Honigbiene

Die Brut kann von Pilzen, Bakterien und Viren befallen werden.

a) Pilzkrankheiten (Hartbrut)

An Erkrankungen durch Pilze kennen wir zwei, von denen die eine nicht häufig, die andere nicht besonders gefährlich ist.

Steinbrut
Der Pilz Aspergillus flavus befällt nur äußerst selten die Bienenbrut. Es gibt nur wenige Imker und Bienenwissenschaftler, die je mit ihm zu tun hatten. Die Brut wird steinhart. Die Sporen bilden gelbgrünliche Rasen am Kopfende der Streckmade. Die Bienen bemühen sich meist vergebens, die Mumien zu entfernen, und stecken sich dabei selber an. Der Pilz kann auch auf den Menschen übergehen und sehr unangenehme Entzündungen hervorrufen. Sollte man diese gelbgrünen Rasen entdecken und auch krabbelnde Bienen mit den gleichen Rasen zwischen den Körperringen, wären vorsichtig Proben von Brut und Bienen an eine Untersuchungsanstalt einzusenden. Würde der Verdacht bestätigt, wäre am besten, der großen Gefahr wegen, Volk samt Kasten zu verbrennen. Der Schaden wäre weit geringer als eine ernste Erkrankung des Imkers und seiner Familie.

Kalkbrut
Häufiger, aber harmloser ist der Befall der Brut durch den Schimmelpilz Pericystis apis. Als erste werden zumeist die Drohnenlarven befallen, manchmal nur diese. Er tritt besonders in feuchten Jahren oder auf feucht gelegenen Ständen auf. Auch er verhärtet die Brut. Sie verfärbt sich von gelblich bis lederfarbig und erscheint bei Ausbruch der Sporenmassen grau bis fast schwarz. Dadurch kann man Kalkbrut von Steinbrut unterscheiden. Die Mumien liegen nicht so fest in den Zellen wie bei Steinbrut, sie können beim Schütteln der Wabe sogar klappern. Die Bienen nagen die Zellen nach einiger Zeit aus. Meist bleibt der Befall in mäßigen Grenzen und verschwindet ohne Bekämpfung wieder von selbst. Sollten hartnäckigere Fälle auftreten, entfernt man die befallenen Waben und schmilzt sie ein. Warmhaltung und Füttern helfen zur Überwindung der Krankheit.

b) Bakterielle Erkrankungen der Brut

Bösartige Faulbrut
Sie ist besonders verbreitet in Amerika, deshalb wird sie auch Amerikanische

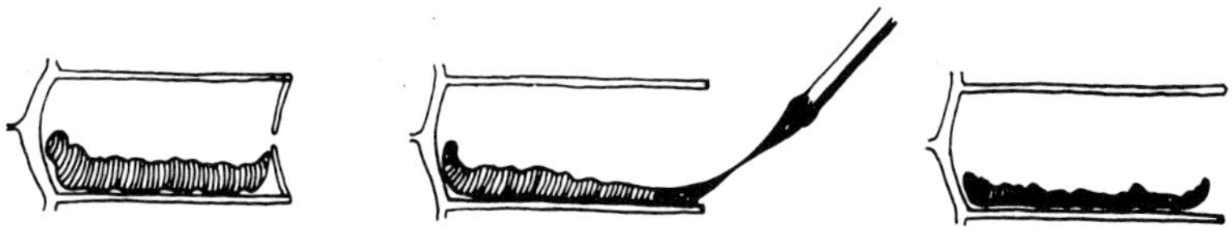

Abb. 88 Bösartige Faulbrut: links – eingesunkener Zelldeckel mit Loch, mitte – Zündholzprobe, rechts – eingetrockneter Schorf, der nicht ganz bis zum Zellrand reicht

Faulbrut genannt. Der Amerikaner White hat 1904 den Erreger, Bacillus larvae, entdeckt. Er gerät mit der Nahrung in die Junglarve, entwickelt sich aber erst richtig in der Streckmade und verwandelt sie in einen kaffeebraunen fadenziehenden Brei, der auf der unteren Seite der Zelle zu einem gewöhnlich rauhen Schorf eintrocknet. Den Schorf sieht man, wenn man die Wabe schräg von oben her betrachtet. Er reicht nicht ganz bis zum Zellrand. Dadurch kann man ihn unterscheiden von Kotflecken, die vom Zellrand her in die Zelle hineingelaufen sind. In Waben mit ausgelaufener Brut bleiben die kranken Zellen mit eingesunkenem, oft durchlöchertem Deckel stehen. Wenn man mit einem Zündholz hineinfährt, kann man die Faulbrut leicht an dem lang fadenziehenden Schleim erkennen. Der Geruch erinnert an Leim. Volle Sicherheit bringt die Untersuchung an einem Bieneninstitut oder einer Veterinäruntersuchungsstelle. (Abb. 88)

Bösartige Faulbrut muß beim Landratsamt gemeldet werden.

Ausbreitung

Faulbrut entsteht nie von selbst, nie durch schlechte Pflege oder verdorbenes Wasser, auch nicht durch erkältete Brut, sondern immer nur durch Ansteckung von einem faulbrutkranken Volk. Die Übertragung kann stattfinden durch verflogene Bienen oder Drohnen, durch Räuberei in einem kranken Volk, durch Kauf verseuchter Waben, Beuten oder Gerät, durch Füttern mit faulbruthaltigem Honig (Auslandshonig!). Leicht geraten die Bienen an ungespülte Honiggefäße in der Nachbarschaft. Da die Amerikanische Faulbrut in Übersee sehr verbreitet ist, wird man immer mit Faulbrutsporen in solchem Honig rechnen müssen. Unglücklich ist, daß die Sporen jahrzehntelang ansteckungsfähig bleiben. Und ein einziger Faulbrutschorf enthält etwa 2,5 Milliarden Sporen!

Bekämpfung

Verhüten ist besser als die beste Kur. Vorsicht beim Kauf von Völkern oder alten Beuten, besonders aus ausgestorbenen Ständen. Eine verseuchte Beute ist geschenkt zu teuer. Im Herbst beim Abräumen und Einengen auf stehengebliebene Brutzellen achten, im Frühjahr beim Zuhängen der Waben aus dem Wabenschrank auf Schorf. Immerhin, sollte mit oder ohne Schuld des Imkers Bösartige Faulbrut auf den Stand gekommen sein, nicht verzweifeln. Heilung ist zwar mühevoll, aber sie ist möglich.

Was ist zu tun?

1. Meldung an die Behörde. Es ist ein Fall für den Amtstierarzt. Nicht heimlich auf eigene Faust herummurksen und vielleicht mehr schlecht machen als gut.

2. Vor der Behandlung alles vermeiden, was die Seuche auf dem eigenen Stand ausbreiten oder auf fremde Stände übertragen könnte: Keine Waben von einem Volk zum andern! Keine Brut- oder Honigwaben herumliegen lassen! Nach jeder unvermeidlichen Nachschau gründlich Hände waschen! Alte Federn und Abkehrbesen verbrennen. Neue nur für ein Volk verwenden. Scharf auf Räuberei achten. Keine Völker, Ableger, Schwärme, Königinnen, Beuten oder Geräte an andere Imker abgeben.

3. Die Behandlung in Verbindung und nach Weisung des Amtstierarztes und Seuchensachverständigen einleiten. Es empfiehlt sich die *Vernichtung* hoffnungslos heruntergekommener Völker, die keine Behandlung mehr lohnen.

Nach der Seuchenverordnung ist als Heilverfahren für befallene Völker die Kunstschwarmbildung vorgeschrieben. Man führt sie entweder im Herbst nach der Einstellung der Brut durch oder im Frühjahr, bevor noch nennenswert Brut erzeugt worden ist. Im Herbst ist es in der Regel aus Witterungsgründen leichter, denn zum Bauen bedarf es Brutnesttemperatur, die ein Bienenvolk, noch dazu wenn es geschwächt ist, nicht bei jedem Wetter ohne weiteres aufzubringen vermag. Nach üblichem Verfahren kehrt man das ganze Volk in einen Kunstschwarmkasten und stellt diesen für 2–3 Tage in den Keller. Man gibt jedoch kein Futter, damit die Bienen das in der Honigblase mitgenommene Futter verdauen und nichts mehr davon in den Zellen der neu zu schaffenden Waben ablagern können. Heute kann man im Zusammenhang mit der Kunstschwarmbildung ein wirksames Heilmittel einsetzen, wodurch sich die Methode vereinfachen läßt. Es ist möglich, Kunstschwarmkiste und Kellerhaft zu umgehen und das Volk gleich in eine neue gereinigte und entseuchte Beute an seinem alten Platz abzukehren. Es kommt, wie sonst ein Kunstschwarm, ausschließlich auf Mittelwände. Gleichzeitig wird das Heilfutter gereicht. Natürlich bauen die Bienen nicht sofort, wie nach einer Kellerhaft. In beiden Fällen müssen sich ja die Wachsdrüsen erst ausbilden, ehe sie Wachs produzieren können – und das dauert eben ein paar Tage.

Alles Wabenwerk der befallenen Völker wird ausgeschieden. Da durch einfaches Auslassen die Sporen nicht getötet werden, schickt man besser die ausgeschnittenen und zusammengedrückten Waben gut verpackt an eine Wachsfabrik (Faulbrutvermerk!). Dort wird alles einkommende Rohmaterial automatisch entseucht.

Nach der Verordnung brauchen nur die befallenen Völker behandelt zu werden. Da die Krankheit unerkannt aber auch bereits in anderen Völkern des Standes vorhanden sein könnte, wird man auch für diese etwas tun. Wenn man keine Kunstschwärme machen will, so gibt man doch zumindest das Heilmittel, ebenso wie bei den befallenen Völkern, dem gesamten Winterfutter bei.

Das Mittel Sulfathiazol ist unter verschiedenen Namen und Aufbereitungen, wie z. B. Eleudron und Cibazol, im Handel. Auf 4 Liter Zuckerwasser 1 : 1 kommen 0,5 g des Wirkstoffes. Für den Menschen ist das Mittel unschädlich. Trotzdem wird man aus Reinheitsgründen vermeiden, daß etwas davon in den Honig kommt. Honig aus Faulbrut befallenen Völkern ist ohne weiteres marktfähig, aber an Bienen darf man ihn nicht verfüttern.

In den letzten Jahren bemüht man sich sehr um eine Erleichterung und Vereinfachung der Faulbrutbehandlung. So laufen in Erlangen Versuche, die Kunstschwarmbildung zu umgehen und nur durch Ausscheiden der besonders stark befallenen Waben und Einsatz von Sulfathiazol oder Terramycin zum Ziele zu kommen. Man reizt im Frühjahr oder im Herbst über mehrere Wochen mit flüssigem, teigförmigem oder – neuerdings – puderförmigem Heilfutter. Man läßt viel bauen oder achtet zumindest darauf, daß in der Zukunft nur solches Altwabenwerk verwendet wird, das sich während der Heilfütterung im Volk befunden hat. Die Versuche verliefen bisher vielversprechend.

Desinfektion der Beuten. – Die Kästen der faulbrutbefallenen Völker sind mit heißer Sodalösung (5%ig) oder mit kalter Ätznatron- oder Kalilauge (2–3%ig) zu schrubben und mit reinem Wasser gut nachzuspülen. Dasselbe hat mit den Rähmchen zu geschehen. Wenn man will, kann man alles auch noch mit der Lötlampe hinterher abflammen.

Wo Bösartige Faulbrut auftritt, sollten alle Imker der Umgebung mithelfen, die Quelle der Ansteckung herauszufinden. Vor allem sollte man nach leerstehenden verwahrlosten Ständen fahnden. Ebenso nach Höhlungen, in denen wilde Völker leben oder lebten. Wenn sie verseucht sind, kann durch suchende Spurbienen jahrzehntelang immer wieder Faulbrut in gesunde Völker getragen werden. Es sollte aber auch jeder Imker die Erscheinungen der Faulbrut kennen, und wenn er etwas findet, es nicht schamhaft verschweigen. Verheimlichung wäre eine schwere Verantwortungslosigkeit gegen die ganze Umgebung.

Gutartige Faulbrut (Europäische Faulbrut)

Über die Ursache der Gutartigen Faulbrut bestehen unter den Gelehrten immer noch Meinungsverschiedenheiten. Es handelt sich wohl um verschiedene Erreger, die ähnliche Erscheinungen hervorrufen (Bacillus alvei, Streptococcus pluton). Für den Praktiker ausschlaggebend ist, daß sie die *offene* Brut, die Rundmaden also, zum Absterben bringen, während die Bösartige erst an der geschlossenen zu bemerken ist. Die Rundmaden werden schlaff, verfärben sich gelblich bis braun und liegen dann im Zellhintergrund am Boden. (Abb. 89) Der zerfallene Körperinhalt ist nicht fadenziehend, sondern mehr wässerig, weißlich, mit feinen Körnchen durchsetzt. Der Geruch ist manchmal mehr säuerlich, manchmal mehr ekelhaft stinkend. Darum redet man auch von Sauerbrut. Der Schorf ist glatt und glänzend.

Dieses Sterben der Rundmaden tritt meist erst im Juni auf. Es verschwindet vielfach von selbst wieder. Darum »gutartige« Faulbrut. In der Schweiz aber tritt sie oft so heftig auf, daß Völker daran zugrunde gehen. Dann ist natürlich von Gutartigkeit keine Rede mehr. Sie ist darum dort auch meldepflichtig, bei uns nicht.

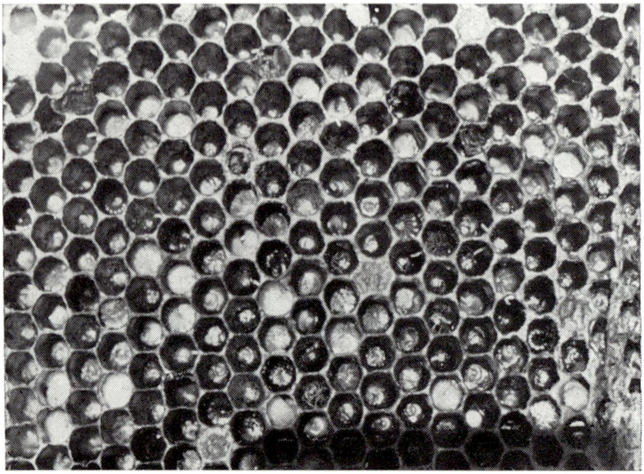

Abb. 89 Gutartige Faulbrut, kranke Larven neben gesunden

Eine sichere Diagnose gestattet die mikroskopische Untersuchung an einem Institut. Man schneidet – ebenso wie bei Bösartiger Faulbrut – ein Stückchen Brutwabe aus und verpackt es so, daß kein Ansteckungsmaterial außen an die Verpackung kommt, und legt eine kurze Beschreibung der eigenen Beobachtungen am Volk bei.

Bekämpfung

Bei leichtem Befall kann man es darauf ankommen lassen, ob Selbstheilung eintritt. Man behält das Volk im Auge. Sollten die am Zellboden liegenden dunklen Schorfe mehr werden, entfernt man stärker befallene Waben. Wichtig ist gute Pflege. Starke Völker werden weniger befallen. Man wird darum schwächere Völker vereinigen.

Das bei Bösartiger Faulbrut übliche Kunstschwarmverfahren kann hier mit Erfolg angewandt werden. Auch gibt es ein Heilverfahren – nicht mit Sulfathiazol, das hier versagt, sondern mit Antibiotica wie Terramycin, Streptomycin und Erythromycin. Beim Terramycin rechnet man 125 mg Wirkstoff auf 1 Liter Zuckerwasser 1 : 1, beim Erythromycin, das früher als Apimycin verkauft wurde, 210 mg. Man muß also darauf achten, wieviel Wirkstoff sich in den erhältlichen Präparaten befindet, und danach dosieren. Es wird empfohlen, den kranken Völkern an mehreren Abenden hintereinander je 1/2 bis 1 Liter Heilfutter zu geben. Das Zuckerwasser darf bei Zugabe des Mittels nicht wärmer sein als 25 °C, weil Hitze das Mittel zerstört. Es ist weder in der Lösung noch im verarbeiteten Futter der Bienen länger haltbar. Man muß die Mittel erst in etwas Wasser lösen, ehe man sie zur ganzen Futtermenge gibt. Neue Aspekte lassen es wirksamer erscheinen, wenn man die genannten Heilmittel einfach unter Puderzucker mischt und diesen in halbwöchentlichen Abständen auf die Oberträger der Brutrahmen streut. Die Bienen nehmen dieses Futter sehr gut auf.

c) Eine Viruserkrankung – Sackbrut

Ein Virus ist vermutlich schuld an der letzten Brutkrankheit, der Sackbrut. Charakteristisch ist dabei die breit und haltlos in der Zelle liegende Streckmade, weiß oder gelblich verfärbt, an der ein kleines Knöpfchen den Kopf bezeichnet. Faßt man die Made mit einer Pinzette, dann hängt sie als ein mit Flüssigkeit gefülltes Hautsäcklein herab. Bakterien sind darin nicht zu erkennen. Darum nimmt man an, daß es sich um ein mikroskopisch nicht mehr sichtbares Virus handelt. Die Made trocknet ein zu einem dunklen Schorf, der sich leicht von der Zelle abheben läßt. Ein Heilmittel gibt es noch nicht dagegen. Sollte die Sackbrut in wirklich schädigendem Umfang auftreten, müßte man die stark befallenen Waben entfernen oder eine Heilung mit dem Kunstschwarmverfahren versuchen. Doch bleibt der Befall meist in erträglichen Grenzen. (Abb. 90)

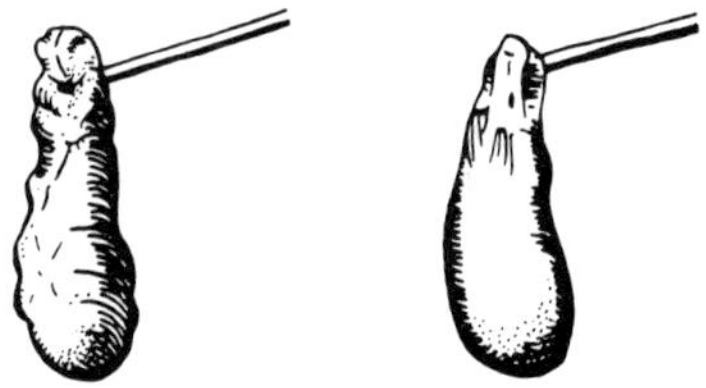

Abb. 90 Sackbrut. Schlaff hängt die tote Streckmade an der Nadel. Die Haut ist noch fest, der Inhalt zu Brei zerfallen.

2. Krankheiten der erwachsenen Biene

Vorbeugen ist besser als heilen

Das gilt auch für die Bienen. Aber wie vorbeugen? – Nun, jeder weiß, ein schwacher Organismus ist anfälliger für Krankheit als ein starker. Auch ein schwaches Bienenvolk. Also *starke Völker!* Starke Völker in den Winter. Mit der Winterkälte fertig zu werden ist eine Anstrengung. Je weniger Bienen zur Erhaltung der nötigen Wärme beitragen, desto mehr trifft auf die einzelne Biene. Folge, sie muß mehr zehren. Folge wiederum: ihr Darm wird mehr belastet. Die Grenze wird früher erreicht. Es kann zum Koten im Stock kommen und damit zu verheerender Ausbreitung der nie fehlenden Nosemasporen.

Jeder weiß auch: *Arbeit erhält gesund.* – Das gilt für das Sommervolk. Arbeitslosigkeit bedeutet enges Zusammensitzen und damit leichten Übergang von Krankheitserregern. Untätigkeit verlängert das Leben, auch das der Anstekkungsträger. Arbeit bringt raschen Bienenumsatz und damit frühzeitiges Ausscheiden der Krankheitsträger. Faules Daheimsitzen bei schlechtem Wetter können wir nicht verhüten, wohl aber das Lungern bei Trachtlosigkeit am Ort. Anderswo gibt es vielleicht etwas. Wandern! Alte Erfahrung, Wandern erhält die Bienen gesund. Wo Wandern nicht möglich ist, füttern. Auch diese künstliche Tracht bringt Bewegung, Ausflug, Umtrieb und damit natürliche Abwehrkraft gegen Krankheit.

Jeder weiß auch: *Reinlichkeit schützt die Gesundheit.* Alte verschmutzte Waben sind Krankheitsherde für Nosema und Brutkrankheiten. Also bauen lassen! Flotte Wabenerneuerung. Alle undurchsichtigen Waben in den Schmelztopf. Und das Bauen selber ist schon als natürliche Lebensbetätigung gesund für die Bienen. Den Rähmchen tut ein Kochbad vor der Wiederverwendung gut, und die Beute kann es vertragen, wenn sie von Zeit zu Zeit scharf ausgekratzt, mit Sodabrühe ausgewaschen oder noch besser mit der Lötlampe ausgesengt wird. Vor Feuer kapitulieren sogar die sonst fast unsterblichen Faulbrutsporen.

Auch den Imkerhänden soll öfteres Waschen mit Seife durchaus nicht schaden. Sonst tragen sie alles von Stock zu Stock.

Und zuletzt: *Trau, schau, wem!* Beim Einfangen fremder Schwärme, beim Kauf von gebrauchten Beuten, von Völkern und Königinnen!

Nosema

Seit langer Zeit kannten die Imker den Frühjahrsschwund der Bienenvölker. Die Ursache fand erst zu Beginn dieses Jahrhunderts Prof. Zander. Es ist der Erreger Nosema apis Zander. Er lebt in der Darmwand der Biene, zehrt an ihrer Kraft und bringt sie vorzeitig um. Von Zeit zu Zeit tritt er ganz bösartig seuchenhaft auf. In solchen Nosemajahren sterben die Völker zu Tausenden. Warum der Schaden in anderen Jahren in erträglichen Grenzen bleibt, ist noch nicht bekannt. Denn vorhanden ist der Parasit mit ganz wenigen Ausnahmen auf jedem Bienenstand. Man hat seine starke Entwicklung schon auf Eiweißmangel zurückführen wollen. Das kann nicht gut stimmen. Denn gerade im Frühjahr, wo die Bienen stark in Brut gehen und viel Pollen zehren, ist auch die stärkste Vermehrung des Parasiten. Er nützt also die Eiweißflut für sich aus. Mitschuld an seiner starken Vermehrung im Frühjahr sind auch die Kälterückschläge. Da sitzen die Bienen daheim. Die Kranken scheiden Kottröpfchen im Stock ab, die von anderen aufgeleckt werden. Jedes Tröpfchen enthält Tausende von Nosemasporen. Im Sommer geht die Seuche von selbst zurück. Da können sich die Bienen eben bei der reichen Gelegenheit zum Flug draußen ausleeren. Außerdem ist der Nosemaerreger kein Freund von viel Wärme. Gelänge es, ein Volk einige Zeit einige Grad über seine Normaltemperatur von 35 °C zu erhitzen, könnte man es durch ein solches Heilfieber von seiner Nosema befreien. Leider geht das nicht.

Vermutlich ist aber der jährliche Auf- und Abstieg der Nosema auch, wie bei vielen Lebewesen, durch einen im Parasiten selbst liegenden Lebensrhythmus mitbedingt.

Übrigens geht der Befall im Sommer nicht ganz auf Null zurück. Ein »eiserner Bestand« geht mit in den Winter und wird ins Frühjahr »hinübergerettet« zu neuem Beginn. Wenn man bei der Untersuchung von Winterbienen keinen Befall feststellt, ist das nicht 100% wahr. –

Nach kaltem Spätsommer ist der winterliche Bestand an Nosemasporen gern erhöht. Wenn man das rechtzeitig merkt, kann man etwas dagegen tun durch Zugabe eines Heilmittels zum Herbstreizfutter.

Wie erkennt man Nosema?
Hochgradigen Befall kann man mit bloßem Auge feststellen. Man faßt die tote Biene mit Pinzette oder Fingernägeln an der Hinterleibsspitze und zieht behutsam den ganzen Darmtrakt heraus. Bei hochgradigem Befall ist der geringelte Verdauungsteil, das erste Stück nach der Honigblase, weiß von den in den Zellen liegenden Nosemasporen. Stark nosemahaltiger Bienenkot ist nicht rein gelb oder braun, sondern hat einen weißlich grauen Stich. In diesen Fällen liegt also sicher ernsthafte Nosemaerkrankung vor. Aber leider kann man umgekehrt nicht mit Sicherheit auf Freiheit von Nosema schließen, wenn der Darm noch bräunlich und durchsichtig ist. Es kann trotzdem Nosema vorhanden sein, nur noch nicht zur äußersten Grenze durchentwickelt.

Sicherheit gibt die *mikroskopische Untersuchung.* Dazu gehört ein ordentliches Mikroskop mit mindestens 200-, besser 400- bis 500facher Vergrößerung. Die vielfach angebotenen Kleinstmikroskope sind Zeit-, Material- und Geldverschwendung. Brauchbare Mikroskope findet man heute schon in manchen Schulen. Auch mancher Verein hat sich eines geleistet oder könnte es sich leisten. Damit könnten Zweifel, ob Nosema, Milbe oder Spritzvergiftung vorliegt, rasch an Ort und Stelle gelöst werden. (Abb. 91)

Freilich muß der Umgang mit einem so feinen Instrument gelernt sein. Die Heb- und Senkschrauben sind nicht zum Stanzen da. Und die kunstvoll geschliffenen Linsen dürfen nicht mit Fingern berührt, beschmutzt, verätzt oder verkratzt werden. Wer ein Mikroskop leihen kann, soll sich vom Besitzer mit der Handhabung vertraut machen lassen und erst in seiner Aufsicht üben, bis er sicher ist, nichts zu beschädigen.

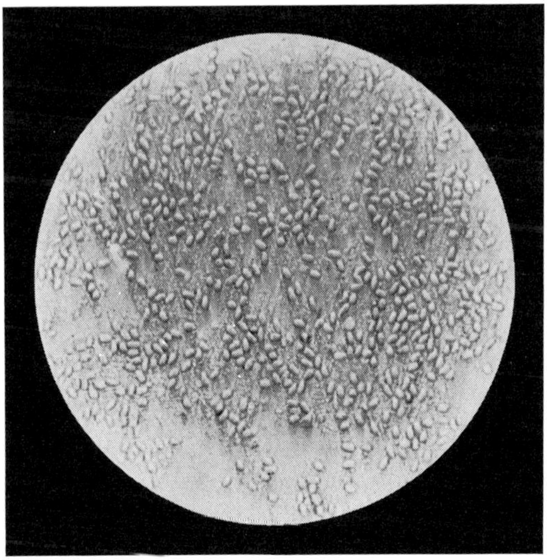

Abb. 91 Nosemasporen bei 400facher Vergrößerung. So dicht liegen die Sporen unter dem Mikroskop bei starkem Befall.

Zur Aufnahme der Proben kauft man sich in einer Handlung für Laborbedarf eine Schachtel Objektträger. Das sind Glasstreifen 76 × 26 mm. Dazu eine Schachtel Deckgläschen 18 × 18 mm.

Untersuchen kann man frischen oder vertrockneten mit einem Tropfen Wasser aufgelösten Kot, wenn ein Volk verdächtig innen oder außen an der Stockwand gekotet hat. Man tupft etwas auf den Objektträger, verdünnt notfalls mit etwas Wasser, legt das Deckgläschen auf, drückt es mit Nadel, Bleistift oder Fingernagel etwas an und legt das Glas auf den Objekttisch des Mikroskops. Nun orientiert man sich zunächst mit der kleinsten Vergrößerung über die Verteilung der Masse, rückt eine durchsichtige, nicht dick mit Pollenschalen belegte Stelle in die Mitte des Gesichtsfeldes, dreht das passende stärkere Objektiv herein und senkt das Rohr mit der Stellschraube recht vorsichtig, bis das Bild erscheint. Die Nosemasporen sind etwa 0,006 mm lang und halb so breit. Sie fallen auf durch ihre starke Lichtbrechung, sie zeigen einen gewissen Glanz.

Wie den Kot der Arbeiterinnen kann man auch den Kot lebender Drohnen und Königinnen untersuchen. Drohnen koten leicht, wenn man sie etwas drückt. Verdächtige Königinnen hält man in einem Glasgefäß gefangen und beobachtet sie, bis sie etwas fallen lassen. Eine Königin, bei der man Nosema findet, wird man töten. Sie würde ihr ganzes Volk anstecken, weil ja ihr Kot im Stock von den Bienen aufgeleckt wird.

Untersuchen wird man Bienen, die in Häufchen vor dem Stand zusammensitzen, und vor allem die Wintertoten. Will man sich sonst vom Stand der Verseuchung vergewissern, fängt man Pollenträgerinnen am Flugloch ab.

Man kann die Bienen einzeln untersuchen, indem man den geringelten Verdauungsdarm oder ein Stück davon auf den Objektträger bringt und mit einer Nadel oder einfach durch stärkeres reibendes Andrücken des Deckglases zerquetscht.

Rascher bekommt man einen Überblick, wenn man gleich 20 bis 25 Hinterleiber mit ebenso vielen Tropfen Wasser in einen Eierbecher gibt und mit einem Kochlöffelstiel kräftig zerreibt. Reibschale und Pistill! Ein Tropfen der dunklen Brühe kommt auf den Objektträger. An der mehr oder weniger dichten Lage der Sporen kann man die Stärke des Befalls schätzen. Bei stärkstem Befall liegen sie fast wie Pflastersteine aneinander, bei mittlerem weniger dicht, bei schwachem nur vereinzelt.

Bekämpfung der Nosema

Nicht immer führt Befall mit Nosema zum Ruin des Volkes. Sonst gäbe es schon lang keine Bienen mehr. Gefährlich ist es, wenn nach dem natürlichen Sommerrückgang aus irgendeinem Grund vor der Einwinterung noch mal ein Anstieg des Erregers eintritt. Stärkerer Befall während des Winters führt leicht zu einem Zusammenbruch des Volkes im Frühjahr. Es kann sein, daß ein stark eingewintertes Volk, auf das man große Hoffnungen setzte, im März–April im Lauf von drei Wochen sich vollständig auflöst oder daß ein kümmerliches Häuflein von

Bienen übrigbleibt, das die Brut nicht mehr bedecken kann. Erkennt man im Herbst schon die Gefahr, wird man vor dem Einfüttern erst eine *Heilfütterung* mit Fumidil durchführen. Dieses Mittel tötet zwar nicht die ruhende Spore, wohl aber den aus ihr schlüpfenden Keim. Es wirkt also nur innerhalb der Biene.

Die Heilfütterung kann flüssig gegeben werden oder in Form von Zuckerteig. Flüssige Fütterung hat den Vorteil, daß sie zu starkem Ausflug treibt. Dabei werden die alten stärksten Ansteckungsträger ausgeschieden. Zugleich wird der Bruteinschlag gefördert.

Die Hilfe für das Volk setzt also an drei Punkten an:

1. Krankes Altvolk wird ausgeschieden,
2. Für den Winter wird Jungvolk erzeugt,
3. Die Vermehrung des Nosemaerregers innerhalb der Bienen wird verhindert.

Im Gegensatz zum Sulfathiazol bei der Faulbrut wirkt das Nosemamittel Fumidil im Winterfutter nicht. Es baut hier rasch ab. Höchstens gibt man es den letzten beiden Litern Zuckerwasser beim Auffüttern bei. Statt des flüssigen Heilfutters kann man auch Futterteig geben.

Zusammensetzung: 1 Fläschchen *Fumidil* mit 0,5 g Wirkstoff gibt man auf 25 Liter Zuckerlösung 1 : 1 oder auf 25 kg Futterteig. Ein Volk bekommt entweder 2,5 Liter flüssig oder 2,5 kg Teig. Ein Fläschchen Fumidil reicht also in jedem Fall für 10 Völker.

Wichtig: *Fumidil wird durch Hitze zerstört.* Man darf es also höchstens zu lauwarmer Zuckerlösung geben. Hat man zur Herstellung von Zuckerteig Honig oder Honigersatz durch Erwärmen verflüssigt, muß man warten, bis er wieder abgekühlt ist. Um Klumpenbildung und damit ungleiche Verteilung des Fumidilpulvers zu vermeiden, rührt man es erst mit ganz wenig Wasser zu einem Teig an, löst diesen in einer Tasse Wasser gleichmäßig auf und gibt erst diese Lösung zur ganzen Menge und rührt gut durch.

Merkt man die Gefahr erst im Frühjahr, gibt man dem Volk zunächst $^1/_2$ bis 1 Liter und wiederholt das im Abstand von 5 bis 8 Tagen bis kurz vor der Stachelbeerblüte. Erlaubt das Wetter ein Auseinandernehmen des Volkes, kann man eine Gewaltkur machen, indem man das Heilfutter über die Waben versprüht. Die Bienen lecken sich und die Waben trocken und bekommen so rasch das Heilfutter in den Leib. Zugleich nehmen sie auch die auf den Waben sitzenden Nosemasporen in sich auf und bringen auch diese in ihrem Darm mit dem Heilmittel in Verbindung. So kommt es zu einer gewissen Entseuchung von Beute und Wabenbau.

Grundsätzlich soll man keine Heilmittel verwenden, wenn es nicht notwendig ist. Bei ständigem gewohnheitsmäßigem Gebrauch könnte man leicht widerstandsfähige Erreger heranzüchten, gegen die kein Mittel mehr hilft. Soweit möglich, schütze man seine Völker durch zugfreie trockene Aufstellung, warmhaltige Beuten, möglichst wenig Störung (kein unnötiges Herumhantieren in den Völkern!), kräftigen Bienenumsatz durch Wanderung, Fütterung in trachtloser Zeit (nicht das vorhandene Futter entscheidet, sondern der dauernde Futterstrom!). Wichtig ist vor allem bei der Carnica, daß nach Trachtschluß im Juli–August die Bruttätigkeit erhalten wird. Sonst gehen die Völker schwach in den Winter und sind damit weit anfälliger für Nosema als starke. Fütterung mit Feuchtzucker oder Futterteig hat sich dafür bewährt.

Die Blutvergiftung

Manche Volksschäden, die man bisher der Nosema zugeschrieben hat, rühren nach den Forschungen des Schweizers Dr. Wille von der nicht minder häufigen Blutvergiftung der Biene her. Sie kann verursacht sein durch verschiedene Arten von Bakterien, durch noch kleinere, dem Erreger des Fleckfiebers verwandte Rickettsien und durch mikroskopisch nicht mehr sichtbare Viren. Die Erreger dringen mit der Atemluft in die Luftröhren ein, gelangen von da ins Blut und zersetzen es. Die Blutvergiftung kann für sich allein auftreten oder auch zugleich mit Nosema oder Milbe. Manche sonst unerklärliche Volkszusammenbrüche, die man dann gewöhnlich auf unsachgemäße Schädlingsbekämpfung in Landwirtschaft und Obstbau zurückführen wollte, könnten so ihre Erklärung finden.

Es ist aber noch nicht sicher, ob solche Blutkrankheiten tatsächlich eigenständige Krankheiten sind oder ob man sie als Folge anderer Schädigungen ansehen muß. Heilmittel dagegen sind ebenfalls noch nicht bekannt.

Die Milbenseuche

Die den Spinnen verwandten Milben sind in 180 Familien auf der Erde verbreitet. Die größten sind die Zecken oder Holzböcke. Zu den kleineren gehört die im Obstbau gefürchtete »Rote Spinne«. Auch die Erreger von Krätze, Räude, Kräuselkrankheit der Reben und noch anderen Erkrankungen von Pflanzen und Tieren sind Milben. Sie haben als Larven 6, als erwachsene Milbe 8 Beine. Das Kopfbruststück ist mit dem Hinterleib verschmolzen. Sie beißen, saugen und stechen.

Auch im Bienenstock treten Milben auf. Wenn aus aufbewahrten Pollenwaben der Inhalt krümelig-mehlig herausrieselt, ist die der Mehlmilbe ähnliche Pollenmilbe daran schuld.

Weitaus schädlicher ist die im Körper der Biene schmarotzende Milbe *Acarapis Woodi*. Sie wurde 1920 in England entdeckt. Auf sie führte man das große Bienensterben auf der Insel Wight 1904 zurück, das dann auf ganz England übergriff. (Abb. 92)

Die Bienenmilbe ist nur 0,1 mm groß. Trotzdem kann sie nur in die erste, weiteste Atemöffnung an der Brust der Biene eindringen. Diese ist zwar durch einen Kranz steifer Haare geschützt. Aber in den ersten 8 Tagen der Jungbiene sind die Borsten noch so weich, daß die Milbe sich durchzwängen kann, obwohl es »gegen den Strich« geht. Ihren Nachkommen fällt es auch bei der älteren Biene nicht schwer, herauszukommen und auf andere Bienen überzuklettern, weil der Ausweg »mit dem Strich« geht.

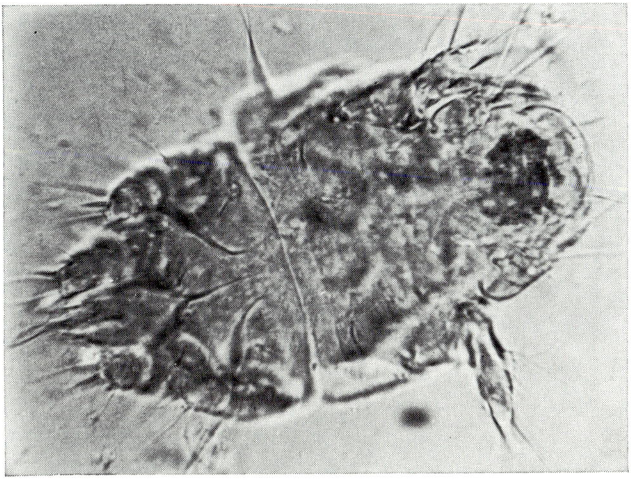

Abb. 92 Bienenmilbe Acarapis Woodi bei starker Vergrößerung. Die natürliche Länge beträgt beim Männchen etwa 0,10 mm und beim Weibchen 0,10 bis 0,18 mm.

Das eingedrungene Weibchen bleibt im Hauptgang der ersten Luftröhre, durchsticht die Wand, saugt Blut, vermehrt sich durch Eier, aus denen nach 2 bis 3 Wochen wieder geschlechtsreife Weibchen werden. Durch gemeinsame Weitervermehrung wird die Luftröhre verstopft. Dabei entsteht ein dunkler Schorf in der Röhre, an dem man die Milbenseuche erkennen kann, auch wenn beim Untersuchen alle Milben herausgeschwemmt wären. Inzwischen wandern Weibchen aus, klammern sich an die Haarspitzen der Biene und lauern auf eine vorüberkommende Biene, auf die sie übersteigen können, um das üble Spiel auch mit dieser zu beginnen. Gelingt ihr das nicht, geht sie in Kürze zugrunde. Darum wird die Milbenseuche nicht durch Waben oder Beuten übertragen, sondern nur durch lebende Bienen, die durch Verfliegen oder durch die Arbeit des Imkers, etwa durch Bezug von Königinnen oder Ablegern aus einem verseuchten Stand, ins Volk gelangen. Einfangen unbekannter Schwärme und Wandern in verseuchte Gebiete sind weitere Wege der Ansteckung. Auch Räuberei von verseuchtem Stand her oder auf verseuchtem Stand.

Woran erkennt man die Milbenseuche?

Im Anfangsstadium leider überhaupt nicht. Später durch Unruhe und zeitweiliges Aufbrausen des Volkes im Winter und Abflug einzelner Bienen auch bei Kälte.

Durch Koten außerhalb und innerhalb des Stocks.

Durch vermehrten Totenfall oder gar Aussterben trotz Futter. Beim Reinigungsflug krabbeln viele Bienen am Boden, sammeln sich zu Häufchen, steigen an Grashalmen hoch und versuchen vergeblich abzufliegen. Das gleiche Bild erscheint im Sommer nach längerem Schlechtwetter.

Da diese Zeichen aber auch auf Nosema zutreffen, kommt Klarheit nur durch Untersuchung.

Man sendet am besten 30 Wintertote von jedem Volk in Zündholzschachteln oder anderen Behältern, die nicht auf der Reise zerdrückt werden können, an die zuständige Bienenanstalt oder in Bayern an die Staatliche Veterinäruntersuchungsanstalt 8000 Nürnberg, Flurstr. 20, oder an die in 8042 Schleißheim, Veterinärstr. 78.

Die Untersuchung auf Milben ist kostenlos. Will man aber zugleich auch auf Nosema untersucht haben, muß man diese zusätzliche Arbeit zahlen. Die Auskunft einer staatlichen Anstalt gilt als Gesundheitszeugnis für Wanderung, Ableger- und Königinverkauf.

Wer selber untersuchen will, was sehr zu wünschen wäre, braucht eine binokulare Lupe mit 25facher Vergrößerung. Dazu eine Pinzette mit fein ausgezogenen Spitzen, die sehr exakt greifen. Wie man an die erste Luftröhre herankommt, läßt man sich am besten von einem zeigen, der es kann, z. B. in einer Bienenanstalt. Es gibt zwei Verfahren:

Erstes Verfahren: Man legt die Biene, die noch lebensfrisch oder auch feuchtfaulig, aber nicht vertrocknet sein darf, mit dem Rücken auf den linken Zeigefinger und hält sie mit dem Daumen fest. Man reißt den Kopf und erstes Beinpaar ab. Dann faßt man mit der Pinzette den schmalen kragenartigen ersten Brustring und zieht ihn von links nach rechts ab. Jetzt sieht man an den beiden Stellen rechts und links, wo die achselklappenartigen Ausbuchtungen des Kragens lagen, die Luftröhre schräg zur Halsöffnung laufen. Man faßt sie mit der Pinzette und legt sie in einen Wassertropfen auf einem Objektträger. Man kann 10 bis 15 solcher Luftröhren im gleichen Wassertropfen unterbringen. Man legt ein Deckglas auf und untersucht mit der schwächsten Vergrößerung eines Mikroskops oder mit der binokularen Lupe.

Zweites Verfahren: Das erste Verfahren kostet etwas Geschicklichkeit. Das zweite ist leichter, aber kaum rascher. Man reißt Kopf und erstes Beinpaar ab und schneidet mit einer kleinen scharfen Schere oder einer Rasierklinge eine etwa 1 mm dicke Scheibe der Vorderbrust ab und kocht sie einige Minuten in 10%iger Kalilauge oder läßt sie 1 bis 2 Tage darin liegen. Dann schwenkt man die aufgelöste Muskulatur heraus und legt den übrigbleibenden Chitinring mit Tracheen in einen Wassertropfen unter das Vergrößerungsgerät.

Bekämpfung

Amtlich festgestellte Milbenseuche muß dem zuständigen Landratsamt gemeldet werden. Die Bekämpfung wird unter Verantwortung des Kreisveterinärs und mit Hilfe der Seuchenwarte der Verbände durchgeführt.

Unter den bisher versuchten Bekämpfungsmitteln hat sich der *Folbex*streifen als am wirksamsten erwiesen. Er wird achtmal im Abstand von je einer Woche im Volk abgebrannt. Für den Beginn der Behandlung bestehen widersprechende Interessen. Auf der einen Seite möchte man bis zum Beginn der Waldtracht mit den 8 Wochen fertig sein. Auf der andern Seite gefährdet man die Königin durch zu frühen Beginn. Da die Bekämpfung im ganzen Sperrgebiet gleichzeitig erfolgen muß, muß man sich über die Zeit einigen. Am günstigsten ist der Beginn zur Zeit der Kirschblüte. Da hat sich die Wintertraube gelöst, und die Königin ist in voller Legetätigkeit, also weniger gefährdet.

Man hängt oder schiebt die zum Glimmen gebrachten Streifen grundsätzlich am Abend ein, wenn alle Bienen zu Hause sind. Die Beuten müssen rauchdicht verschlossen werden. Sie bleiben eine Stunde geschlossen. Um Luftnot zu vermeiden, entfernt man einige Waben. Am raschesten arbeitet man, wenn man den Folbexstreifen durchs Flugloch einschiebt. Dafür hat sich mir als einfachstes und billigstes Traggerät ein auf beiden Längsseiten etwas eingebückter Streifen aus dem dünnen gelochten Aluminiumblech bewährt, aus dem die bekannten Plättchen am Kopf der elektrischen Sicherungen gestanzt wurden. Erhältlich bei der Firma Stöhr in Zeyern, Oberfranken. Am besten läßt man sich 1 kg davon kommen. Es läßt sich noch für manchen anderen Zweck gebrauchen, z. B. für Saugkörbe bei Trogfütterung oder zum vorübergehenden Absperren von Flugnischen an Ablegern oder bei Räuberei. Die durch die Unruhe der Bienen ausgelöste Luftbewegung sorgt dafür, daß der Streifen nicht erlischt, was sonst durch die wärmeableitende Wirkung des Bleches geschehen könnte. (Abb. 93)

Während der Behandlung müssen die Bienen offenes Futter haben. Notfalls müßte man vorher eine Flasche Futter geben. Die Außentemperatur sollte auch während der Nacht nicht unter 8 bis 10° C liegen, damit sich die Bienen nicht zur Traube zusammenziehen und damit eine durchgreifende Wirkung der Dämpfe verhindern. Der hauchfeine Niederschlag des Mittels auf Bienen, Waben und Beute schadet dem Honig nicht.

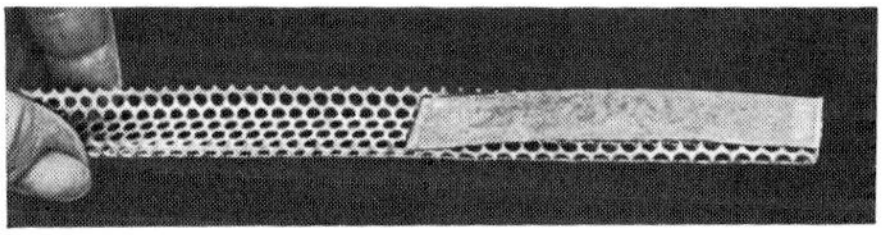

Abb. 93 Als Träger für den Folbexstreifen eignet sich gelochtes Aluminiumblech. Es ist leicht mit einer gewöhnlichen Schere zu schneiden und mit der Hand zurechtzubiegen.

Darmstörungen der Biene

Es gibt zwei Störungen der Darmfunktion der Biene. Beide rühren nicht von Bakterien oder sonstigen schädlichen Lebewesen her und sind darum auch nicht ansteckend. Sie bestehen einfach aus einer Überforderung der Darmleistung: *Durchfall* oder Ruhr, *Verstopfung* oder Maikrankheit.

Die Ruhr

Der Darm der Biene kann erstaunlich viel an unverdaulichen Nahrungsresten bei sich behalten und erstaunlich lang. Gewöhnlich reicht es, bis ein warmer Tag im Spätwinter einen Reinigungsausflug gestattet. Aber es gibt auch Fälle, wo die Biene »es« einfach nicht mehr halten kann. Die Überlastung kann ihren Grund haben in rückstandreichem Winterfutter: Honigtau, Heidehonig, Fruchtsäfte,

Salz- oder Teebeimengung oder auch gutgemeinte Invertierungshilfen wie Schwefelsäure, Zitronensäure usw. Der Grund kann auch in Störungen liegen, die zu stärkerer Zehrung reizen: Sturmschäden, schlagende Äste, Holzhacken, Vögel, Mäuse, Katzen, Hühner, Zugluft, schlechte Verpackung, Stockfeuchte, Luftnot durch vereistes Flugloch oder Verstopfung durch tote Bienen.

Die Störung kann auch im Volk selbst liegen: Weisellosigkeit, Nosema, Milben beunruhigen die Bienen.

Auch ungünstige Kastenkonstruktionen, etwa mit Doppelboden, bei denen die Bienen im Frühjahr zu lange vom Ausflug abgehalten werden, können die Katastrophe heraufbeschwören.

Bekämpfung

Auch hier ist Vorbeugen besser als Heilen. Vor dem Einfüttern Wald- und Heidehonig heraus oder mindestens aus dem Wintersitz. Leerwaben zwischen die zur Seite gerückten Brutwaben mit viel Honig. Nur reinen Zucker füttern. Nur weiselrichtige Völker, möglichst mit jungen Königinnen, einwintern. Störungen fernhalten. (Regelmäßige Erschütterungen z. B. von Eisenbahn stören nicht. Die Bienen gewöhnen sich daran.) Auf Nosema und Milbe achten. Bei 8 bis 12 °C Reinigungsflug fördern durch Entfernen der Blenden und weites Öffnen der Fluglöcher. Bekleckste Waben möglichst bald entfernen.

Unterscheiden: Ruhrkot ist braun bis dunkel, Nosemakot ist grauweiß verfärbt. Nosemakot ist weit gefährlicher als Ruhrkot. Er steckt an, Ruhrkot nicht.

Maikrankheit

Auch das Gegenteil von Durchfall kommt vor, regelrechte Verstopfung, fälschlich Maikrankheit genannt. Sie hat mit dem Monat an sich nichts zu tun, sondern mit starker Pollenzehrung der Jungbienen. Warum sie sich nicht rechtzeitig entleeren können, ist nicht klar. Es ist aber ziemlich sicher, daß Wassermangel daran schuld ist. Häufig tritt die Erscheinung ein, wenn das stark brütende Frühjahrsvolk infolge schlechten Wetters ein paar Tage nicht ausfliegen konnte. Der Enddarm ist mit Pollenrückständen prall gefüllt. Er drückt die Bienen zu Boden. Sie krabbeln hilflos herum und gehen auch dann noch ein, wenn es ihnen im Kriechen gelingt sich zu entleeren. Helfen kann man durch flüssiges Futter 1 : 1. Freilich nur denen, die noch nicht am Boden liegen.

Es kommt noch eine andere Art von Maikrankheit vor, die als »Bettlacher Maikrankheit« bezeichnet wird. Sie kommt von giftigem Hahnenfußpollen. Auch Lindentracht kann ähnlich wirken. In diesem Fall ist der Darm nicht so aufgetrieben wie bei der gewöhnlichen Maikrankheit. Auch hier hilft flüssiges Futter zum Ausscheiden des schädlichen Darminhalts.

Schwarzsucht

Dunkel liegt noch über einer Erscheinung, die sich gern bei Waldtracht zeigt. Die Bienen verlieren die Haare und sehen darum schlank und schwarz aus. Man kann sie leicht mit Räubern verwechseln. Aber Räuber sind sehr aktiv, schwarzsüchtige Bienen aber werden schlapp und sterben. Bis jetzt kann jeder sich als Ursache vorstellen, was er will: Pollenmangel, Pilze, schädliche Bestandteile des Honigtaus oder sonst etwas. Helfen kann man nur durch Abwandern aus dem Wald. Aber dummerweise kommt Schwarzsucht gelegentlich auch vor bei Völkern, die nicht im Wald stehen.

Erkrankungen der Königin

Die Königin kann an Milbe und Nosema erkranken. Besonders gefährdet für Nosema sind Begattungsvölkchen. So kann eine Jungkönigin schon krank ihr Lebenswerk beginnen. Sie wird zum Ansteckungsherd für ihr Volk. Darum gehört in den Futterteig der Begattungskästchen ganz grundsätzlich Fumidil.

Außerdem kann die Königin an einer Schwarzsucht des Eierstocks leiden, die nur an der toten Königin festzustellen ist. Angeborene Mißbildungen können die Eiablage verhindern. Gelegentlich wird eine Königin bei der Behandlung des Volkes gedrückt, so daß die Hinterleibsringe gespreizt abstehen. Wenn dabei innerlich nichts verletzt wurde, kann man sie durch leichtes Rollen zwischen den Fingern wieder in Form bringen. Drohnenbrütig wird eine Königin durch Erschöpfung des Samenvorrats oder durch Erkrankung des Samens in ihrer Samenblase. Auch ein Grund, immer für reichlichen Nachschub junger Königinnen zu sorgen.

Erkrankungen der Drohnen

Um Erkrankungen der Drohnen hat man sich noch kaum gekümmert. Man weiß aber, daß sie an Milben erkranken können. Da sie sich leicht verfliegen und weil in ihren Luftröhren viele Milben Platz haben, können sie als »Omnibusse für Milbenverbreitung« gefährlich werden.

Es gibt nicht wenige Drohnen, die unfähig zur Begattung sind. Man wird also Drohnen, die auf der Belegstelle wirken sollen, nur in kräftigen Völkern aufziehen und pflegen lassen. Zwei Drohnenwaben sind das Äußerste, was man einem Volk zumuten kann.

3. Allerlei Schädlinge

Mäuse suchen im Winter Wärme und Futter. Dafür ist ein Bienenstock geradezu ideal. Wachs, Honig und stille Geborgenheit. Nicht in der Wintertraube natürlich, aber auf den Waben daneben.

Noch idealer ist das für *Spitzmäuse*. Die interessieren sich stark für Brustfleisch von Bienen. Die Hinterleiber tragen sie auf ihren Abfallhaufen in der Ecke.

Mäuse fängt man mit Gift und Fallen. Spitzmäuse gehen nicht an Mehl oder Körner, sondern nur an Fleisch. Gegen beide hilft ein Stück Absperrgitter vor dem Flugloch. Die Stäbe nicht senkrecht, sondern waagrecht. Sonst verlieren die

Bienen ihre Pollenhöschen daran. Man läßt das Gitter ja über das wechselvolle Frühjahr daran.

Spechte wittern Insekten hinter Holz. Auch Bienen im Stock. In Waldesnähe können sie ganz schöne Löcher in die Beuten hauen. Ein altes Fischernetz oder ein Sackvorhang vor der Flugfront hält sie ab.

Auch vor *Meisen* schützt ein solches Netz. Es muß allerdings zeitig angebracht werden, damit sich die Bienen daran gewöhnen. Durch zeitiges und stetiges Füttern mit Speck oder Margarine und Sonnenblumen kann man sie ablenken. Übrigens gehen gar nicht alle Meisen an Bienen. Es sind nur einzelne Paare, die sich darauf spezialisieren. Diese füttern dann allerdings auch ihre Brut mit Bienen. Aber auch im Sommer kann man sie ablenken, indem man unerwünschte Drohnenbrutwaben zum Auspicken auslegt. Die Meisen machen da saubere Arbeit, während Hühner das Wachs verderben.

Nur selten kommt es vor, daß *Kröten und Eidechsen* sich auf Anlaufbrettern breitmachen und sich mit Bienen mästen. Häufiger sind *Insekten* als Bienenschädlinge:

Der Schlimmste unter ihnen ist der *Bienenwolf*. Er gehört zu den Grabwespen, nistet in 40 cm tiefen Röhren in der Erde, kann größere Flächen an sandigen, sonnigen, wenig bewachsenen Halden besiedeln und dann erheblichen Schaden anrichten. Er betäubt auf Blüten sitzende Bienen mit einem Stich und trägt sie heim für seine Brut. Mit manchen stillt er auch an Ort und Stelle seinen eigenen Hunger. Er preßt ihnen Blut und Honigblaseninhalt aus, leckt das ab und läßt die Leiche liegen.

Zur Bekämpfung muß man seine Niststätten ausfindig machen und sie mit E 605 oder Hexamitteln bestreuen. (Abb. 94)

Die Schädlichkeit unserer *sozialen Wespen* gegenüber den Bienen ist umstritten. Nur Hornissen, die immer seltener werden, fangen Bienen im Fluge. Die kleineren Gelbröcke holen nur tote Bienen vom Boden vor den Bienenstöcken weg oder – noch häufiger – nur deren Brüste, von denen sie mit ihren scharfen Kiefern Kopf, Hinterleib, Beine und Flügel abschneiden. In Wespenjahren, meist

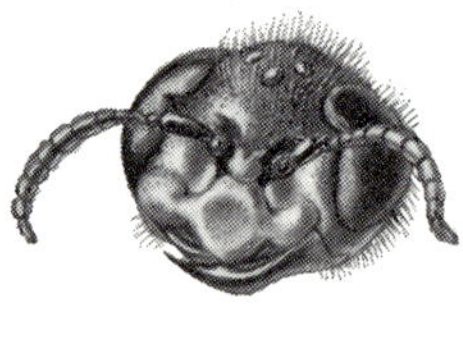

Abb. 94 Der Bienenwolf. Der Kopf oben zeigt das sichelartige mörderische Räubergebiß.

nach trockenen Sommern, können sie sehr unangenehm werden, indem sie in kleine Ableger oder in spät aufgestellte Begattungsvölkchen eindringen und räubern. Sie sollen auch am Ende des Sommers zur Reduzierung der Honigtauerzeuger beitragen. Bewiesen ist das jedoch nicht.

Ihre Bekämpfung ist nur im Frühjahr lohnend. Mit Fangflaschen, die mit Fruchtsaft, saurem Bier oder gezuckertem Essigwasser gefüllt sind, fängt man die Königinnen und verhindert mit jeder Königin ein späteres Wespennest. Schwieriger ist es, im Sommer und Herbst die Nester ausfindig zu machen und sie mit Schwefel auszubrennen oder mit E 605 zu vergiften.

Ameisen können lästig werden. Kleine Arten nisten sich in der Füllung doppelwandiger Beuten ein und tragen den Inhalt zernagt heraus. Andere überfallen Begattungsvölkchen oder auch ganze Bienenvölker. Der kleinen Arten wird man sich erwehren durch Ameisenfreßlack, durch eine Mischung von 1 Teil Borax und 2 Teilen Puderzucker, durch Auslegen von Asche oder Zement. Nicht vernichten aber wird man die schutzwürdigen Roten Waldameisen. Denn sie sind unsere besten Freunde. Sie sichern uns die Waldtracht durch Pflege ihrer Milchkühe, der Honigtauerzeuger. Man wird bei der Wanderung die Völker etwa 50 m von ihren Nestern entfernt aufstellen. Sollten sie selber ein Nest in der Nähe einer Belegstelle anlegen, müßte man dieses so tief als möglich ausschaufeln und an einer Stelle in größerer Entfernung über einem Baumstrunk wieder abladen.

Gelegentlich dringt einmal ein *Totenkopfschmetterling* in ein Bienenvolk ein. Er büßt aber seine Honiggelüste in der Regel rasch mit seinem Tod. Man findet dann das abgenagte Skelett auf dem Bodenbrett.

Der grau gebänderte *Speckkäfer* nistet sich im Wabenschrank auf Pollenwaben ein, noch lieber in solchen mit abgestorbener Brut, die man auszuschneiden vergaß. Sein Schaden ist nicht groß. Aber man wird alles Gemüll rechtzeitig beseitigen, um ihn nicht zur Vermehrung einzuladen. (Abb. 95)

Nur selten hört man von Schäden, die durch die Larven des *Ölkäfers* oder Maiwurms, die sog. Triungulinen angerichtet werden. Sie sitzen auf Blumen und hängen sich an die besuchenden Bienen, bohren sich zwischen den Hinterleibsringen ein, saugen das Blut. Die Bienen werden aufgeregt, möchten die Blutsauger abschütteln, können es aber nicht und sterben ab. Dann erst verlassen die Triungulinen ihr Opfer. Wo sie stärker auftreten, muß man seinen Bienenstand verlegen. Die im Frühjahr mit mächtig aufgetriebenem Hinterleib umherlaufenden schwarzen Käfer zertritt man. (Abb. 96/97)

Abb. 95 Speckkäfer mit Larve

Häufiger ist ein anderer Schmarotzer an Bienen und Königin, die stecknadelkopfgroße, braune *Bienenlaus,* die in Wirklichkeit eine flügellose Fliege ist. Sie reizt die Biene durch Kratzen am Mund zur Abgabe von Futter. Auf der Königin kann eine ganze Herde von Bienenläusen sitzen. Wenn die Königin gefüttert wird, betätigen sie sich als Mitesser.

Die Königin befreit man durch kräftiges Anblasen mit Zigarrenrauch. Wenn

Abb. 96 Links oben: Weibchen des Ölkäfers, auch Maiwurm genannt, auf dem Weg zur Eiablage

Abb. 97 Links unten: Larve des Ölkäfers in etwa 40facher Vergrößerung. Wegen der dreilappigen Füße Triunguline genannt.

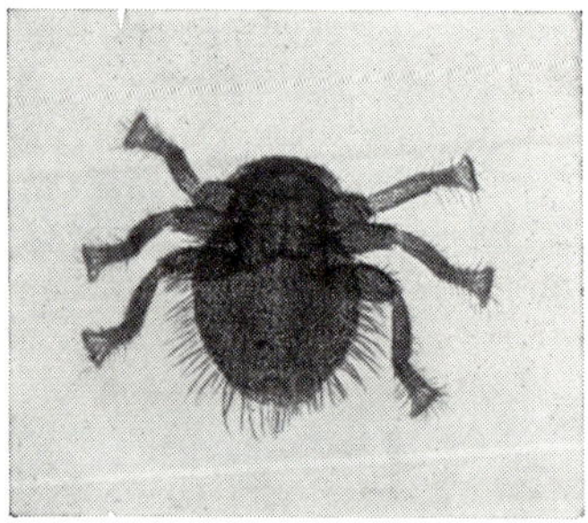

Abb. 98 Bienenlaus, etwa 10fach vergrößert

Abb. 99 Bücherskorpion, 5fach vergrößert

man am Abend unter das Volk einen Karton mit einem halben Teelöffel Naphthalin schiebt, liegen die Läuse früh tot darauf. Man verbrennt sie. (Abb. 98)

Harmlos ist der oft anzutreffende *Bücherskorpion,* der so elegant rückwärts laufen kann. Er nützt eher durch Verzehren von Milben, Bienenläusen und Wachsmottenlarven. Man läßt ihn gewähren. (Abb. 99)

Der Mensch als Schädling der Biene

Zu den ärgsten Schädlingen der Biene gehört auch der Mensch. Nicht nur jene früheren Imker, die im Herbst ihre Völker abschwefelten. Nicht nur Leute, die Bienenstände anzünden oder Fluglöcher verstopfen. Dazu gehören auch heutige Imker, die ihre Völker verhungern lassen, und solche, die verseuchte Beuten offen stehen lassen, so daß Spurbienen, die nach Wohnung suchen, die Faulbrut heimtragen. Als Bienenschädlinge betätigen sich vor allem auch Bauern und Obstbauer, die fahrlässig Gift auf blühende Kräuter und Bäume spritzen oder stäuben und damit die nützlichen Bestäuber vergiften.

Um Schäden durch *Pflanzenschutzmittel* zu vermeiden, wird der Imker sich einige Grundsätze aneignen müssen:

1. Er wird als Bauer und Obstbauer selber die Vorschriften der Verordnung über Bienenschutz im Pflanzenschutz vorbildlich beachten.
2. Er wird seinen lieben Mitbürgern auf die Finger sehen und sie über die bestehenden Vorschriften aufklären.
3. Er wird sich vor allem für bienenungefährliche Mittel interessieren und andere darauf hinweisen.
4. Er wird sich einsetzen für die natürliche Bekämpfung der Waldschädlinge durch Ameisen. (Damit fördert er zugleich die Waldtracht!)
5. Er wird notfalls sich nicht scheuen, Sünder für den angerichteten Schaden haftbar zu machen. Erfahrungsgemäß wirkt sich die Buße eines einzelnen Schädigers heilsam auf eine ganze Gegend aus.

Aus »Bundesgesetzblatt« Teil I, Nr. 140, vom 22. 12. 1972

Verordnung zum Schutz der Bienen vor Gefahren durch Pflanzenschutzmittel (Bienenschutzverordnung) – Vom 19. Dezember 1972

Auf Grund des § 3 Abs. 1 Nr. 1, des § 6 Abs. 1 Nr. 1 und Abs. 2 und des § 27 Abs. 1 Satz 1 des Pflanzenschutzgesetzes vom 10. Mai 1968 (Bundesgesetzbl. I S. 532), zuletzt geändert durch das Änderungsgesetz vom 27. Juli 1971 (Bundesgesetzbl. I S. 1161), wird im Einvernehmen mit den Bundesministern für Jugend, Familie und Gesundheit und für Wirtschaft und Finanzen mit Zustimmung des Bundesrates verordnet:

§ 1

Im Sinne dieser Verordnung sind

1. bienengefährliche Pflanzenschutzmittel:

a) Pflanzenschutzmittel, die die Biologische Bundesanstalt für Land- und Forstwirtschaft mit der Auflage zugelassen hat, sie als »bienengefährlich« zu kennzeichnen,

b) andere zugelassene Pflanzenschutzmittel in einer höheren als der höchsten in der Gebrauchsanweisung vorgesehenen Konzentration;

2. blühende Pflanzen:

Pflanzen, an denen sich geöffnete Blüten befinden, außer Hopfen und Kartoffeln.

§ 2

(1) Bienengefährliche Pflanzenschutzmittel dürfen nicht an blühenden Pflanzen angewandt werden.

(2) Bienengefährliche Pflanzenschutzmittel sind so anzuwenden, daß blühende Pflanzen nicht mitgetroffen werden.

(3) Innerhalb eines Umkreises von 60 Metern um Bienenstände dürfen bienengefährliche Pflanzenschutzmittel ohne Zustimmung der Imker nur außerhalb der Zeit des täglichen Bienenflugs angewandt werden.

(4) Bienengefährliche Pflanzenschutzmittel sind so zu handhaben und aufzubewahren, daß Bienen nicht mit ihnen in Berührung kommen können. Verschüttete Teile sowie Reste dieser Mittel und ihrer Brühen sind zu beseitigen oder unschädlich zu machen. Leere Behältnisse und Packungen sind zu beseitigen.

(5) Die Absätze 1 bis 4 gelten nicht für die Anwendung, Handhabung und Aufbewahrung bienengefährlicher Pflanzenschutzmittel in bienensicher umschlossenen Räumen.

(6) Ist ein bienengefährliches Pflanzenschutzmittel entsprechend den von der Biologischen Bundesanstalt für Land- und Forstwirtschaft erteilten Auflagen mit der Angabe versehen »bienengefährlich, ausgenommen bei Anwendung nach dem täglichen Bienenflug bis 23 Uhr«, so gelten die Absätze 1 und 2 nicht für die Anwendung dieses Pflanzenschutzmittels während der angegebenen Tageszeit.

§ 3

Wer bienengefährliche Pflanzenschutzmittel an Bäumen im Wald anwenden will, hat dies spätestens 48 Stunden vorher der zuständigen Behörde oder Stelle zu melden. § 2 bleibt unberührt.

§ 4

Die zuständige Behörde kann Ausnahmen zulassen

1. von § 2 Abs. 1 für Forschungs-, Untersuchungs- und Versuchszwecke,
2. von § 2 Abs. 1 bis 3, soweit es zur Verhütung schwerer Schäden oder Verluste an Pflanzen durch Schadorganismen erforderlich ist.

Sie kann die Ausnahmegenehmigung mit den erforderlichen Auflagen verbinden, um sicherzustellen, daß die Imker, deren Bienenstände sich im Umkreis von 2 Kilometern befinden, spätestens 48 Stunden vor Beginn der Anwendung des Pflanzenschutzmittels unterrichtet werden.

§ 5

Ordnungswidrig im Sinne des § 25 Abs. 1 Nr. 1 des Pflanzenschutzgesetzes handelt, wer vorsätzlich oder fahrlässig

1. bienengefährliche Pflanzenschutzmittel entgegen § 2 Abs. 1, 2 oder 3 anwendet oder entgegen § 2 Abs. 4 Satz 1 handhabt oder aufbewahrt,
2. entgegen § 2 Abs. 4 Satz 2 Teile oder Reste bienengefährlicher Pflanzenschutzmittel oder ihrer Brühen nicht beseitigt oder unschädlich macht oder entgegen § 2 Abs. 4 Satz 3 leere Behältnisse oder Packungen nicht beseitigt,
3. eine Meldung nach § 3 Satz 1 nicht oder nicht rechtzeitig erstattet,
4. einer vollziehbaren Auflage nach § 4 Satz 2 zuwiderhandelt.

§ 6

Diese Verordnung gilt nach § 14 des Dritten Überleitungsgesetzes vom 4. Januar 1952 (Bundesgesetzblatt I S. 1) in Verbindung mit § 29 des Pflanzenschutzgesetzes auch im Land Berlin.

§ 7

Diese Verordnung tritt am 1. Januar 1973 in Kraft. Gleichzeitig tritt die Verordnung über bienenschädliche Pflanzenschutzmittel vom 25. Mai 1950 (Bundesanzeiger Nr. 131 vom 12. Juli 1950) außer Kraft.

Bonn, den 19. Dezember 1972

Der Bundesminister für Ernährung, Landwirtschaft und Forsten

In Vertretung des Staatssekretärs
Wittig

Bienenunschädliche Mittel

Chemie ist für uns Imker im allgemeinen ein Buch mit sieben Siegeln. Es hat darum keinen Sinn, vom chemischen Aufbau der Pflanzenschutzmittel zu reden. Es ist auch unmöglich, alle zur Zeit im Handel befindlichen Mittel aufzuzählen, weil ständig neue aufkommen. Man tut gut daran, bis zum Erweis des Gegenteils von jedem Gift zunächst anzunehmen, daß es auch für Bienen giftig ist. Da die Fabriken verpflichtet sind, auf Verpackung und Gebrauchsanweisung anzugeben, wenn ein Mittel bienenschädlich ist, halten wir uns praktisch an diese Angaben. Wenn ein Mittel den Bienen nicht schadet, werden die Hersteller von selber nicht versäumen, das anzugeben.

Alle neu in den Handel kommenden Schädlingsbekämpfungsmittel müssen amtlich auf ihre Gefährlichkeit für Bienen geprüft werden. Man kann sich auch durch genaues Lesen des auf die Packung Aufgedruckten sicher über die Giftigkeit der Mittel informieren. Außerdem gibt die Biologische Bundesanstalt für Land- und Forstwirtschaft in Braunschweig von Zeit zu Zeit ein Verzeichnis der bienenunschädlichen und bienengefährlichen Pflanzenschutzmittel heraus.

Vorsichtsmaßnahmen des Imkers

Um Schäden zu verhüten, wird der Imker vor allem vom ersten Frühjahr an eine stets funktionierende *Tränke* bei seinem Stand unterhalten, damit die Bienen nicht gezwungen sind, ihren Durst an giftnassen Pflanzen zu stillen. Auch am Wanderstand!

Er wird Beuten mit *Lüftungseinrichtung* haben, damit er seine Völker notfalls für einige Stunden einsperren oder abtransportieren kann.

Wo im Verband eine *Versicherung* für Giftschäden besteht, wird er ihr beitreten. Dann wird er auch entschädigt, wenn der Giftsünder nicht entdeckt wird.

Was tun, wenn...

Ja, was tut man, wenn man vermuten kann, daß Bienen durch Schädlingsmittel vergiftet wurden? Wenn also die Völker schlagartig zusammenschmelzen, oder wenn die heimkehrenden Trachtbienen von den Heimbienen angefallen und hinausgeworfen werden, oder wenn Bienen vor dem Stande taumeln, umfallen, sich mit schwirrenden Flügeln im Kreise drehen oder mit krampfartig zuckenden Beinen auf dem Rücken liegen? Gerade durch solche Krämpfe unterscheiden sich vergiftete Bienen von solchen, die an Nosema oder Milben eingehen.

Wichtig ist vor allem, daß man den Verdacht bestätigen und beweisen kann. Dazu braucht man eine glaubwürdige Bestandsaufnahme. Man entnimmt *Proben von Bienen*, von *Pflanzen* aus dem verdächtigen Feld und womöglich auch von der dort verwendeten *Spritzbrühe*. Man entnimmt sie aber nicht allein, sondern zusammen mit Zeugen. Es sollen womöglich 4 Leute beisammen sein: der geschädigte Imker, der Vorstand des Imkervereins oder ein anderer zuverlässiger Imker, ein Vertreter des Pflanzenschutzdienstes oder ein Polizist und der vermutliche Schädiger.

Dabei ist folgendes zu beachten:

1. Zeit: Man nimmt die Proben in den ersten 24 Stunden nach Feststellung des Schadens.

2. Zahl: Man sammelt – staub- und schmutzfrei – mindestens 800–1000 tote Bienen vor dem Stand oder in den Beuten.

3. Auch auf dem behandelten Feld sucht man möglichst viele tote Bienen zusammen.

4. Verpackung: Beide Proben verpackt man getrennt in feste poröse Pappschachteln oder Holzkistchen, nicht in Blechbüchsen, und versiegelt sie.

5. Von dem vermutlich begifteten Feld nimmt man Blüten und Pflanzen und wickelt sie in Zellophan oder Pergament, nicht in Zeitungspapier. Bienen und Pflanzen packt man zusammen in ein Paket, aber so, daß sie nicht durcheinandergeraten können.

6. Nicht im gleichen Paket darf man Proben vom Spritz- oder Stäubemittel schicken, falls man solche bekommen kann. Es könnte etwas von dem Gift an Pflanzen oder Bienen kommen, dann wäre die ganze Arbeit umsonst gewesen.

7. Nicht vergessen, auf jede Probe gut leserlich den Absender zu schreiben. Anschrift: Biologische Bundesanstalt (Untersuchungsstelle für Bienenvergiftungen), Messeweg 11/12, 3300 Braunschweig.

8. Der vom Vereinsvorstand erhältliche Fragebogen ist auszufüllen und an die aufgedruckte Adresse zu senden.

9. Wird die Vergiftung durch die Untersuchung der Proben bestätigt, muß der Täter bei Gericht verklagt werden, um die Rechtsgrundlage für die Entschädigung zu schaffen.

10. Für die Bemessung des Schadens gibt man keine Phantasiezahlen an, sondern läßt ihn von imkerlichen Sachverständigen abschätzen.

Glücklicherweise sind die Schadensfälle nicht mehr so häufig.

IX. Einige wichtigere Trachtpflanzen

Es gibt viele Pflanzen, die von Bienen beflogen werden. Nur wenige bringen einen merklichen Ertrag. Nur von solchen soll hier die Rede sein. Ihr Wert liegt zum Teil im Zuckergehalt der einzelnen Blüte, ebenso aber in ihrem Vorkommen in größeren Beständen.

Beginnen wir mit der

1. Frühtracht

Obst

Die erste Obsttracht kommt von der Kirsche. Süß- und Sauerkirsche und Apfel sind neben den Beeren die ergiebigsten Obstarten für den Imker.
Der Zuckerwert des Nektars erreicht 1 Gramm im Tag bei

Süßkirsche	durch	600– 2 000	Blüten
Sauerkirsche	durch	800	Blüten
Apfel	durch	500– 1 400	Blüten
Birne	durch	3 300–20 000	Blüten
Pflaume	durch	700– 7 500	Blüten
Pfirsich	durch	750– 2 000	Blüten
Aprikose	durch	1 200– 3 300	Blüten
Johannisbeere	durch	1 400– 2 000	Blüten
Stachelbeere	durch	200– 1 000	Blüten
Himbeere	durch	260– 1 000	Blüten

Diese Zahlen entstanden durch Umrechnung der von Beutler, Maurizio und anderen festgestellten Zuckerwerte der Einzelblüte (Biene und Bienenzucht von Büdel-Herold, Ehrenwirth Verlag, München).
Nach russischen Angaben bringt ein Hektar:

Apfel	20 kg	Honig
Eberesche	40 kg	Honig
Himbeere (angebaut)	50 kg	Honig
Himbeere (Wald)	70 kg	Honig
		(Ioirisch 1960)

Erfahrungsgemäß gelingt eine vollwertige Ausnützung der Obsttracht nicht, weil die Völker um diese Zeit noch nicht auf der Höhe sind. Sie entwickeln sich in der Obsttracht gut, bauen, sammeln schöne Honigkränze, zum Schleudern aus der Obsttracht allein kommt es nur dann und wann.

Löwenzahn (Taraxacum officinale, Korbblütler)
Über den Wert des mit dem Obst gleichzeitig blühenden Löwenzahns fehlen mir zahlenmäßige Angaben. Sie müßten da zu gewinnen sein, wo – etwa im Allgäu und anderen Grünlandgebieten – Löwenzahn gegenüber Obst überwiegt oder sogar die alleinige Tracht ist. Zander sagt vom Löwenzahnhonig, er ist »hellgelb bis gelb, meistens recht fest und körnig. Der Geschmack ist zuweilen so brennend, daß der Honig unserer Zunge widersteht«.

Raps (Brassica napus, Kreuzblütler)
Seit es genügend Fett gibt, ist der Rapsanbau wieder zurückgegangen. Wo er noch in genügender Fläche vorhanden ist, hängt sein Trachtwert stark von Wetter und Boden ab. Nach Maurizio braucht es zu 1 g Zucker 1250 bis 2000 Blüten. Ioirisch gibt fürs ha einen Ertrag von 50 kg Honig an. Der Honig ist schmalzartig, weich und weiß, sehr süß ohne hervorstechendes Aroma. Wegen seines hohen Anteils an Traubenzucker kristallisiert er, wie alle Kreuzblütlerhonige, sehr rasch. Man muß deshalb rechtzeitig schleudern. Beim deutschen Verbraucher nicht beliebt. Darum schleudert man ihn am besten mit Obst zusammen. Das Obst gibt Farbe und Geschmack, der Raps die schmalzartige weiche Beschaffenheit. Eine gute Mischung gibt der sehr süße Rapshonig mit dem säuerlichen Honig aus Luzerne. Gut gedeiht der Raps auf tiefgründigem Boden, reich an Humus, Kalk und sonstigen Nährstoffen. Günstig für seine Entwicklung wie für den Imker ist mildes feuchtes Küstenklima. Zur Düngung wird empfohlen: je ha 70 kg Reinstickstoff, 50 kg Reinphosphorsäure, 120 kg Reinkali. Aussaat Mitte bis Ende August, Reihenabstand 30 bis 45 cm, 7 kg Samen je ha. – Sommerraps wird im zeitigen Frühjahr gesät. Sein Honigertrag scheint unsicherer zu sein als der von Winterraps.

2. Übergangs- und Sommertracht

Während der Frühtracht – April–Mai–Anfang Juni – oder zur Sommertracht überleitend, spielen noch eine untergeordnete Rolle: Spitz- und Bergahorn, Faulbaum, Roßkastanie, Robinie (falsche Akazie), Sommer- und Winterlinde, Esparsette, Zottelwicke, Brombeere, Heidel- und Preiselbeere, Wiesensalbei. Manchmal ergänzen sich einige davon so glücklich, daß es zu einer Schleuderung zwischen Raps und Sommertracht reicht. So bei mir gelegentlich Robinie, Salbei und erster Hederich. Wo die Bestände nicht sehr groß sind, wird ihr Ertrag entweder von den Bienen selber verbraucht oder geht ungeschieden in die Ernte aus der Sommertracht ein. So ist es oft schwer zu sagen, ob man z. B. Esparsette, Himbeere, Robinie, Linde zur Früh- oder zur Sommertracht zählen soll. Der Weißklee blüht praktisch von Mai bis Oktober. Hier nur einige Bemerkungen zu einigen dieser Trachtpflanzen.

Robinie (Robinia pseudacacia, Schmetterlingsblütler)
Die Blüte erfriert leicht. Manchmal kommen die Blütentrauben noch zum Vorschein, aber vor dem endgültigen Aufblühen fallen die Blüten ab. In guten Jahren kann man an Orten mit größerem Bestand Akazienhonig ernten. Der Zukkerwert ist gut. Zu 1 g Zucker genügen 1000 Blüten. Ioirisch nennt einen Hektarertrag von 1700 kg. Der Honig bleibt wegen seines hohen Fruchtzuckergehalts lang flüssig, sieht golden aus, kristallisiert aber sehr hell, lieblich, aber ohne ausgesprochenes Aroma. In Geschäften angebotene Akazienhonige stammen zumeist aus Ungarn.

Roßkastanie (Aesculus hippocastanum, Roßkastaniengewächse)
Sie spielt in Städten als Anlagen- und Alleebaum gelegentlich eine merkliche Rolle für den Imker. Schon 500 bis 1000 Einzelblüten ergeben 1 g Zucker. Er ist im Nektar hier überwiegend in Form von Rohrzucker vorhanden. Jedoch soll es bei einseitiger Ernährung mit Pollen von Roßkastanien zu Vergiftungserscheinungen bei den Bienen kommen. Ein Imker aus Frankfurt, der glaubte, vorwiegend aus der Kastanie geschleudert zu haben, hatte allerdings nichts von Schädigung gemerkt.

Linde (Tilia, Lindengewächs)
Die Linde wird sehr unterschiedlich beurteilt. Sie wird fast durchweg sehr eifrig beflogen. Nach vielen Untersuchungen ist der Zuckergehalt sehr gut. Von der Sommerlinde (Tilia platyphyllos) sind zu 1 g Zucker im Tag nötig nur 130 bis 1200 Blüten, von der Winterlinde (Tilia cordata) 300 bis 3000, von der holländischen (Tilia vulgaris) 1000, von der Silberlinde (Tilia tomentosa) 200 bis 1400, von der Krimlinde (Tilia euchlora) 400 bis 2400. Das sind gute Werte. Dennoch merken viele Imker, in deren Bereich sich Lindenalleen befinden, kaum etwas im Honigraum. Vermutlich wird in Süddeutschland selten die Baumzahl von 20 Linden je Volk erreicht, die nötig wäre, um Lindenhonig ernten zu können. Ich bekam Lindenhonigproben aus Sibirien. Aus Rußland wird ein Ertrag von 1000 kg Honig je ha Lindenwald angegeben. Lindenhonig ist hell und arm an Pollen, aber reich an Fermenten. Auch von der Lindenblüte soll eine Giftwirkung auf die Bienen ausgehen. Man findet unter blühenden Linden oft tote Bienen. Es scheint, daß sie vom Duft betäubt werden. Auch dem Pollen werden ähnliche Giftwirkungen zugeschrieben wie dem von Roßkastanie und Hahnenfußarten.

Faulbaum (Frangula alnus, Kreuzdorngewächs)
Wer frühzeitig, etwa schon Ende Mai, die Fichte anwandert, tut gut daran, einen Platz zu wählen, an dem sich auch Faulbaum, Himbeeren oder Brombeeren befinden. Faulbaum liebt Feuchte. Die unscheinbaren Blüten werden eifrig beflogen. Zahlenmäßig scheint ihr Trachtwert noch nie festgestellt worden zu sein. Es wird auch schwierig sein, weil gleichzeitig viele andere Sträucher blühen.

Esparsette (Onobrychis viciifolia, Schmetterlingsblütler)
Sie blüht von Mai bis Juli. Etwa 4000 Blüten ergeben 1 g Zucker. Durch die große Zahl der Blüten und die lange Blütezeit wird sie zu einer ausgezeichneten Trachtpflanze. Russische Angabe – 100 bis 600 kg Honig je ha. Leider ist ihr Anbau zurückgegangen. Meist verdrängt durch Luzerne, der sie den Weg gebahnt hat. Sie ist als Futterpflanze sehr langlebig, hält sich auch an Rainen und auf spät gemähten Wiesen über lange Jahre. Es gibt einschürige und zweischürige Sorten. Die zweischürigen sind wertvoller. Sie blühen schon im ersten Jahr, und auch der Neuaustrieb blüht wieder, bei den einschürigen nicht.

Für den Anbau ist wichtig, sie liebt Kalk, begnügt sich aber mit flachgründigem Boden, verträgt Trockenheit besser als Feuchte. Düngung bei vorhandenem Kalk 40 kg Reinphosphorsäure und 60 kg Reinkali. Samenbedarf 120 bis 180 kg je ha. Reihen 15 bis 25 cm. Am besten unter Deckfrucht im Frühjahr. Ich habe mit mehrjährigem Samen schlechte Erfahrung gemacht. Die Keimfähigkeit scheint schon im zweiten Jahr stark zurückzugehen. Für die Futterverwertung kann man ohne Schaden eine Zeitlang der Blüte zusehen. Früher Schnitt geht auf Kosten der Ausdauer.

Zottelwicke (Vicia villosa, Schmetterlingsblütler)
Zu gleicher Zeit mit Esparsette, Mai bis Juli, blüht auch die Zottelwicke (Vicia villosa). Gehört also in die Frühtracht und Sommertracht. Im größeren Bestand wird sie gut beflogen. Sie braucht eine Trägerpflanze, an der sie sich aufranken kann. Z. B. Winterroggen, der im Frühjahr grün verfüttert werden soll. Sie verträgt kalkhaltigen Sandboden. Samenmenge je ha 50 bis 70 kg Roggen, 80 bis 120 kg Wicken. Düngung 50 kg Reinphosphorsäure, 100 kg Reinkali, 24 kg Reinstickstoff. Im »Landsberger Gemenge« sät man Ende August bis Mitte September 30 bis 40 kg Zottelwicke, 20 kg Inkarnatklee, 15 bis 20 kg Welsches Weidelgras. Für Gründüngung vor Kartoffeln wird empfohlen 80 bis 120 kg Wicken, 4 bis 6 kg Raps.

Salbei (Salvia pratensis, Lippenblütler)
Wiesensalbei blüht ebenfalls von Mai bis Juli. Etwa 1600 Blüten liefern 1 g Zucker. Der Bestand wechselt von Jahr zu Jahr. Darum ist der Trachtwert nach Fläche nicht zu ermitteln. Die für medizinische Zwecke angebaute Salvia officinalis, Echte Salbei, hat in Rußland 650 kg Honig je ha gegeben.

Hederich (Raphanus raphanistrum, Kreuzblütler)
Er tritt in zwei Formen, mit hellgelber oder weißer Blüte auf, Blütezeit Juni bis August. In manchen Gegenden vertreten durch den gelbblühenden *Ackersenf,* Sinapis arvensis, dessen Blütezeit etwas früher endet, auch meist als Hederich bezeichnet. Hederich war früher für viele Imker *die* Sommertracht. Obwohl der Zuckerwert (viel Traubenzucker) für Ackersenf sehr niedrig liegt – 20000 Blüten geben erst 1 g –, so war doch eben einst die ganze Flur damit durchsetzt. Heute wird er scharf mit U 46 und ähnlichen Mitteln bekämpft.

Weißer Senf (Sinapis alba, Kreuzblütler)
Gut als Pollen- wie als Nektarpflanze ist der angebaute im Juni–Juli gelb blühende »weiße« Senf. Er blüht schon 6 Wochen nach der Aussaat und blüht wochenlang. 2500 Blüten ergeben 1 g Zucker. Er ist anspruchslos, will allerdings keinen sauren Boden, ist für Wärme dankbar. Düngung 30 kg Reinstickstoff, 35 kg Reinphosphorsäure und 60 kg Reinkali je ha.

Zur Körnergewinnung sät man ab März 10 bis 15 kg in Reihen 25 bis 40 cm. Der Same wird gemahlen verwendet zu Speisesenf, der den Appetit anregt und die Fettverdauung fördert. Auch zu Senfpflastern, die bei Rheuma und sonstigen Beschwerden die Blutzirkulation steigern. Zur Grünfuttergewinnung sät man dichter, 18 bis 30 kg. Auch als Stoppelfrucht zu Grünfutter oder Gründüngung ist er gut, oft gemischt mit Erbsen und Wicken. Für den Imker bei passendem Herbstwetter unübertroffen durch seine langanhaltende reiche Pollenspende.

Rotklee (Trifolium pratense, Schmetterlingsblütler)
Er ist an sich mit seiner 8 bis 10 mm langen Blütenröhre eine Hummelpflanze. Obwohl für 1 g Zucker 5000 bis über 30000 Blüten nötig sind, kann er durch die große Zahl der Blüten doch eine ausgezeichnete Tracht bieten, wenn entweder wetterbedingt die Blütenröhren kürzer bleiben oder der Nektar höher steigt oder die Biene einen etwas längeren Rüssel hat. Das ist bei Krainern, Italienern und Kaukasiern der Fall. Es ist zu hoffen, daß durch Züchtung auf kürzere Blüten und längere Rüssel die Frage der Rotkleenutzung einmal besser gelöst wird. Wo im schlechtesten aller Honigjahre 1961 doch noch etwas Ordentliches zu schleudern war, handelte es sich vielfach um Ernte aus dem Rotklee. Der Rotklee ist auf Fremdbestäubung angewiesen. Darum hat man gerade bei ihm schon öfters von der Duftlenkung Gebrauch gemacht. Dabei ist der Samenertrag um 40% gestiegen, auch wenn der Imker nicht auf seine Rechnung kam.

Der Rotklee liebt Feuchte, Kalk, tiefgründigen schweren Lehm. Sand und humusreicher Boden sagen ihm weniger zu. Er geht auf vielen Böden, die sich für Luzerne nicht eignen. Düngung 50 kg Reinphosphorsäure, 80 kg Reinkali. Gut ist Stallmist in der Vorfrucht. Nach russischen Angaben ist der Rotklee dankbar für Spurenelemente. Sie geben je Hektar 500 g Bor, 150 g Molybdänat, 500 g Zinksulfat, 1000 g Mangansulfat, je in 1000 Liter Wasser gelöst. Dadurch erhöhte sich der Nektarertrag um 50% mit 7 bis 11% mehr Zuckergehalt.

Saat 14 bis 22 kg je ha, möglichst früh, in Getreide.

Weißklee (Trifolium repens, Schmetterlingsblütler)
Er blüht den ganzen Sommer durch, ist dankbar für öfteres Abmähen oder Abweiden. Unterbleibt es, wird er gern auf feuchtem Grund zu naß und fault. Zu 1 g Zucker sind 7000 bis 80000 Blüten nötig. Aber die Menge der Blüten macht es. 100 kg Honig je ha gibt Ioirisch an. In Norddeutschland ist Weißklee eine wichtige Tracht. Im Süden eine Zugabe. Der Honig ist hell, ohne Besonderheiten, wie Rotkleehonig. Wo bei Straßenbauten neue Wegränder und Raine angelegt werden, sollte man dafür sorgen, daß dem Grassamen auch Weißklee beige-

mischt wird. Es gibt ein schöneres Bild und nützt den Bienen. Nach meiner Erfahrung lassen die Straßenwärter da mit sich reden.

Phazelia (Phacelia tanacetifolia, Wasserblattgewächs)
In Nordamerika gibt es etwa 100 Arten von Phazelia. Ein halbes Dutzend hat sich als Zierpflanzen in unsere Gärten verirrt. Bedeutung für die Bienen hat die eine angebaute Art, die als Büschelkraut oder Büschelschön bezeichnet wird. 500 bis 1000 kg Honig gibt sie nach Ioirisch je ha. Sie blüht je nach Aussaat von Juni bis Oktober 4 bis 6 Wochen lang. Als Stoppelfrucht kann sie sich allerdings mit Senf an Raschwüchsigkeit nicht messen. Bei großer Trockenheit versiegt der Nektar. Doch ist sie im allgemeinen auf allen Böden zu verwenden. Wichtig ist genügende Feuchte während der Entwicklung. Düngung: 40 kg Reinstickstoff, 40 kg Reinphosphorsäure, 60 kg Reinkali. Saatbedarf 10 bis 15 kg. Reihen 15 bis 25 cm. Vom zeitigen Frühjahr an kann man säen, vor einer Zweitfrucht, als Überfrucht zusammen mit Klee, als Stoppelfrucht mit Wicken oder Senf, oder auch für sich allein zur Futtergewinnung. Läßt sich auch silieren. Zur Samengewinnung Saat bis Ende April. Ernte 3 Wochen nach Abblühen, wenn die unteren Samen reif sind. Nach dem Dreschen kann man durch den Kleereiber noch Samen aus der Spreu gewinnen. Bei 3 bis 5 Doppelzentner je ha und dem herkömmlichen guten Preis lohnt sich der Samenbau.

Weißer und gelber Steinklee, Riesenhonigklee (Melilotus albus, M. officinalis, M. altissimus, Schmetterlingsblütler)
Vom Juni–Juli bis in den September blühen die verschiedenen Steinkleearten, der kleinere gelbe manchmal schon im Mai. Für M. officinalis, den echten Steinklee, mit 30 bis 90 cm der niedrigste von ihnen, nennt Ioirisch 200 kg Honig je ha wild, 600 kg angebaut. Der höhere und besonders blütenreiche weiße bringt kaum weniger. Steinklee wächst, wie schon sein Name sagt, auch auf schlechtem, steinigem oder kiesigem Untergrund, sofern er nur kalkhaltig ist. Wo man mit Luzerne kein Glück mehr hat, kann Steinklee noch einen guten Ertrag bringen. Er dringt mit seinen Wurzeln in die Tiefe und schließt den Boden auf. Man kann ihn systematisch zur Bodenverbesserung verwenden, so daß ein zunächst ungeeigneter Boden luzernefähig wird. Der zweijährige Steinklee unterdrückt Unkräuter, sammelt Stickstoff und lockert und bereichert den Boden durch seine rasch verrottenden Wurzeln.

Trotz seiner Anspruchslosigkeit ist er natürlich doch dankbar für Dung. 50 kg Reinphosphorsäure, 80 kg Reinkali je ha. Auch dem Honigertrag kommt das zugute. Saatbedarf 20 bis 35 kg je ha. Reihen 20 bis 25 cm. Im zeitigen Frühjahr in Roggen, Weizen, Hafer oder Gerste. Aber auch für sich allein. Die Grünmasse im ersten Jahr ist nicht geringer als bei Luzerne. Bei früher Entfernung der Überfrucht oder bei Alleinsaat ist schon im ersten Jahr ein zweiter Schnitt möglich. Doch darf man nicht zu tief mähen, damit der zweite Ausschlag Platz zum Ansetzen hat. Im zweiten Jahr zwei Grünschnitte, oder ein Schnitt und der zweite zur Samengewinnung. An den bitteren Cumaringeschmack der grünen

Pflanze gewöhnt sich das Vieh, beim Dörren geht der Bitterstoff zum großen Teil in die Luft. Man kann mit 6 bis 16 dz Samen vom ha rechnen. Der Samen wird gut bezahlt.

Der Steinkleehonig spielt für die Imker der USA eine ganz große Rolle. Es mehren sich bei uns die aufgelassenen Felder, teils weil die Bauern die Fabrikarbeit vorziehen, teils weil das Feld sich nicht für den Einsatz von Schleppern eignet. Man sollte diese Felder mit Steinklee ansäen und so noch durch die Bienen für die Volksernährung nutzbar machen. Die abgestorbenen Stengel lassen sich nach zwei Jahren im Herbst oder noch leichter im folgenden Frühjahr abmähen oder ausreißen und verkompostieren. Die Humusfrage ist eine der brennendsten Fragen der Gegenwart und Zukunft. – Wo Schafe weiden, ist Steinklee an Rainen und Gräben schlecht aufzubringen. Schafe haben – zum Unterschied von Rindvieh – gegen Steinklee keine Hemmungen.

3. Honigtautracht

Für Imker, die in Waldgebieten leben oder sie anwandern können, ist der Honigtau die wichtigste Sommertracht. Er erscheint auf Nadelholz und Laubholz. Nach heutiger Erkenntnis geht er ausschließlich auf tierische Vermittlung zurück. Blatt- und Rindensauger ziehen eiweiß- und zuckerhaltige Pflanzensäfte aus Gewebe und Leitbündeln, wandeln sie teilweise um und geben den Überschuß nach außen ab. Der Grund dafür ist noch nicht klar erkannt. Früher meinte man, sie entzögen dem Pflanzensaft nur das Eiweiß und gäben den Zucker ab. Heute weiß man, daß der Honigtau nicht weniger Eiweiß enthält als der ursprüngliche Saft. Man weiß auch, daß Zucker in andere Zuckerarten umgewandelt wird. Der Honigtau ist also nicht nur ein Filtrat, sondern ein Verarbeitungserzeugnis der Pflanzensauger, so wie der Honig ein Verarbeitungserzeugnis der Bienen ist oder die Milch ein solches der Kühe. (Duspiva 1952) Die Bearbeitung ist nicht bei allen Arten der Pflanzensauger gleich. So kann Honigtau, der von der gleichen Pflanze stammt, aber durch verschiedene Pflanzensauger ging, ganz verschieden zusammengesetzt sein. So kommt es wohl auch, daß z. B. Blatthonig von der Eiche einmal von den Bienen verschmäht und ein andermal gesammelt wird. Er stammt eben von verschiedenen Bearbeitern. Ebenso kann Blatthonig von Birnbäumen oder Zwetschgenbäumen tropfen, und die Bienen rühren ihn nicht an. (Man sollte es hier einmal mit Duftlenkung versuchen.)

Fichte (Picea abies, Kieferngewächs)
Die Fichte oder Rottanne ist der wichtigste Nadelholzbaum Mitteleuropas. Sie steigt in den Alpen bis 2000 m auf, wird bis 500 Jahre alt, bis 50 m hoch und 2 m dick. Die Nadeln sind kantig, 2,5 cm lang und stehen spiralig rings um den Zweig. Als Flachwurzler ist der Baum gefährdet durch Sturm und Trockenheit. Forstlicher Umtrieb in 70 bis 120 Jahren. Das Holz wird vielseitig als Nutzholz

verwendet, die Rinde zum Gerben, die Nadeln zu Rheumabädern, die langen dünnen Wurzeln zum Binden von Bienenkörben. Allerlei Spielarten der Fichte dienen als Ziergehölz. Auch sie werden von Honigläusen befallen. So kann man im Vorgarten Tiere und Trachtverlauf studieren.

Die *Fichtenquirlschildlaus* (Physokermes piceae) dürfte die ergiebigste und zuverlässigste Honigtaulieferantin der Fichte sein. Sie wird vielfach auch von den Wanderimkern nicht erkannt, weil sie unbeweglich ist und knospenartig an den jüngsten Zweigquirlen sitzt. Sie ist von rosa bis braunroter Farbe. Das knospenähnliche Gebilde ist der aufgetriebene Leib des Weibchens. Es hat in seinem Leib eine Art Tasche, eine Bruthöhle. Da hinein legt es eine Anzahl rötlicher Eier. Nach 3 bis 5 Wochen, Mai bis Mitte Juli, schlüpfen daraus ebenfalls rötliche Larven. Die Männchen darunter saugen sich an der Unterseite der Nadeln fest. Die Weibchen wandern unter die Knospenschuppen der diesjährigen Triebe, häuten sich im September noch mal und überwintern da. Im Frühjahr wachsen sie, haben bis April ihre volle Größe erreicht und sondern von Mitte April bis Mitte Juli insgesamt etwa 0,50 ccm Honigtau ab. Wenn man das mit vorhin genannten Zahlen bei Blüten vergleicht, sieht man, daß eine einzige Quirlschildlaus Hunderte, ja Tausende von Blüten aufwiegt. Oft sieht man den durch einen Schlitz des Leibes herausquellenden Honigtau als klaren Tropfen an den Zweigen funkeln. Obwohl die Quirlschildlaus nur eine einzige Generation jährlich in die Welt setzt, liefert sie doch einen großen, wenn nicht den größten Teil der Fichtentracht.

Die *große, schwarze Fichtenrindenlaus* (Cinara piceae, früher Lachnus grossus genannt)

Sie wird 4 bis 5 mm groß, sitzt in größeren oder kleineren Gruppen zwischen den Nadeln und saugt an der Rinde der dünnen Zweige. Anfang Juni, manchmal auch erst im Juli liefert sie eine gute Tracht. Sie mag uns das Beispiel abgeben für die Entwicklung der Honigläuse, die mehr als eine Generation im Jahr hervorbringen. Ihre Vermehrung wird von beiden Seiten her geregelt: durch die Lebensgesetze des Tieres und durch die Lebensgesetze seiner Wirtspflanze. Eine ausschlaggebende Rolle aber spielt das Wetter. Es kann alles gut und alles schlecht machen.

Im Spätherbst legen begattete Weibchen widerstandsfähige Wintereier. Aus diesen gehen im zeitigen Frühjahr die Stamm-Mütter hervor. Aus diesen kommen ohne Begattung, also durch Jungfernzeugung, im Lauf des Jahres 7 Generationen Läuse. Sie werden lebend geboren. Die ersten beiden Generationen werden begünstigt durch einen hohen Eiweißgehalt des Pflanzensaftes. Er hängt zusammen mit Austrieb, Blüte und Nadelaustrieb im März–April–Mai. Im Juni sinkt der Eiweißgehalt stark ab und erreicht im Juli–August seinen Tiefstand. Entsprechend sinkt die Vermehrung der Rindenläuse. Ein nochmaliger geringerer Anstieg des Eiweißes ermöglicht die letzten Generationen. Die letzte begattet sich und bringt wieder die Wintereier. In der Zeit des Eiweißtiefstandes bilden die auf Schmalkost gesetzten Larven Flügel aus und fliegen auf der Suche nach Nahrung auf neue Wirtspflanzen. Entweder auf frische Austriebe, Johannistriebe, Wasserschoße, oder andere Standorte. Manche Blattlausarten wechseln überhaupt auf andere Pflanzenarten über.

Zu- und Abnahme der Blatt- und Rindenlausmassen hängt also ab vom Eiweißgehalt des Pflanzensaftes. Besonders zahlreich sind sie, wenn mehrere Generationen sich überschneiden, wenn also neue Generationen auftreten, während die älteren noch in großer Zahl am Leben sind. Das ist im Juni der Fall.

Wichtig für die ganze Jahresentwicklung ist das Wetter im Frühjahr. Naßkaltes Wetter zur Zeit, da aus den Eiern die Stamm-Mütter entstehen, ist ungünstig. Auch die wichtigen ersten Tochtergenerationen sind dankbar für trockenes Wetter.

Die Tracht wird begünstigt durch Hitze bei Tag und Kühle mit Taubildung bei Nacht. Dadurch wird der eingetrocknete Honigtau aufgelöst und damit, manchmal unerwartet plötzlich, in großer Menge den Bienen zugänglich.

Von Bedeutung sind auch die Feinde und Freunde der Honigläuse. Wespen, Larven von Florfliegen und Marienkäferchen verzehren große Mengen. Eine einzige Florfliegenlarve bis zu 50 am Tag.

Umgekehrt werden die Honigläuse von Ameisen, besonders von der Roten Waldameise, gehegt und gepflegt und natürlich auch gemolken. In der Nähe von Ameisennestern ist die Honigtautracht deutlich vermehrt, trotz der mitzehrenden Ameisen. Die Imker sollten sie also schützen.

Die Honigtauflecken finden sich auf der Blattoberfläche, oft auf niedrigem Gesträuch unter den Bäumen. Das wird oft als Beweis für eine Honigtauentstehung ohne Honigläuse betrachtet. In Wirklichkeit sorgen die Läuse dafür, daß sie nicht selbst in ihrem eigenen Erzeugnis verkleben. Sie spritzen die kleinen Tröpfchen mit bestimmten Bewegungen von sich. So fallen sie nach unten, meist viele kleine Tröpfchen von der am gleichen Platz sitzenbleibenden gleichen Laus nacheinander auf den gleichen Fleck. So vergrößern sich die Tropfen und laufen flächig aus. Und dann meint man, das Blatt hätte ihn ausgeschwitzt.

Außer Quirlschildlaus und großer schwarzer Fichtenrindlaus finden sich auf der Fichte noch andere weniger bedeutsame Honigläuse ein. So Cinara pilicornis, Cinara cistata, Cinara pruinosa und andere. Auch sie können Einfluß auf die Tracht haben.

Tanne (Abies alba)

Tannentracht gibt es nicht so oft wie Fichtentracht, aber sie ist dann meist reichlich. Oft so reich und anhaltend, daß man vorzeitig mit den Bienen abwandern muß, damit sie sich nicht zu Tode schaffen. Schuld an dieser Tracht ist die *Grüne Tannenhoniglaus* (Cinara pectinatae, früher Lachnus pichtae). Alle 4 bis 6 Jahre liefert sie eine Großtracht. Die Laus ist bis 5 mm groß. Trotzdem wird sie oft nicht erkannt, weil sie durch ihre grüne Farbe und zwei weiße Streifen auf dem Rücken den Tannennadeln gleicht, an deren Grund sie saugt. Immer einzeln. Die Tracht kann sich von Mai bis in den September hinziehen. Überwinterung als Ei auf der Nadelunterseite. Entscheidend ist gutes Wetter im Frühjahr, während der Entwicklung der ersten Generationen.

Außer der Grünen Tannenhoniglaus kann auch eine schwarze Art, Todolachnus abieticola eine Rolle spielen.

Kiefer (Pinus silvestris)
Sie honigt selten, dann aber manchmal recht gut. Cinara pinea, früher Lachnus pineti genannt, ist neben einigen anderen die Vermittlerin.

Lärche (Larix decidua)
An ihr liefert Cinara laricis einen Honigtau, der reich ist an Melezitose. Die Folge ist ein Honig, der nicht aus den Waben will (Zementhonig). Um ihn herauszubringen, wird empfohlen, die Waben in warmes Wasser zu tauchen und noch mal von den Bienen bearbeiten zu lassen.

Eiche (Steineiche Quercus petraea, Stieleiche Qu. robur, Buchengewächse)
Auf ihr kommt in Borkenrissen in starken Gruppen Kermes quercus vor, eine Schildlaus, deren Erzeugnis im Mai–Juni eingetragen werden soll. Zur gleichen Zeit lebt darauf die Lachnus roboris. Von welcher jener im Mai auftretende reichliche Honigtau stammt, von dem die niedrigen Büsche kleben und der von den Bienen verschmäht wird, weiß ich nicht. Vielleicht ist es die blaßgelb bis dunkelgrün gefärbte Blattlaus Tuberculoides annulatus, die auf den Unterseiten der Blätter saugt. Auch Schildläuse kommen in Frage.

Ahorn (verschiedene Arten, vor allem Bergahorn, Acer pseudoplatanus, und Spitzahorn, Acer platanoides, Feldahorn, Acer campestre, Ahorngewächse)
Auf Ahorn bringen im Mai–Juni nach längerem heißem und schwülem Wetter nach kühlen Nächten zwei Arten reichlich Honigtau, Chaitophorinus coracinus und Chaetophorella aceris.

Auch Rotbuche, Weißbuche, Linde, Hasel, Weiden und andere können Honigtau liefern. Doch konnte ich an Weiden mit dichtem Rindenlausbesatz noch keine Bienen sehen.

Die verschiedenen Möglichkeiten, an Nadel- und Laubbäumen Blatthonig und allerlei Blütenhonig zu gewinnen, weisen immer stärker auf den Wald als Zuflucht für die Bienen hin, die im Feld immer weniger finden und durch Gift immer stärker gefährdet werden.

Nur skizzenhaft konnte die Waldtracht hier behandelt werden. Zu einer ausführlichen Darstellung bräuchte es ein ganzes Buch. Das gibt es nun tatsächlich. Im Ehrenwirth-Verlag München erschien eben »Das Waldhonigbuch«. Von ersten Fachleuten wird darin alles erzählt, was man heute über Erzeuger, Erzeugung und Gewinnung des Waldhonigs auf Grund ernsthafter wissenschaftlicher Bemühungen und praktischer Erfahrung weiß. Auf dieses Buch mit seinen vielen guten Abbildungen seien alle, die sich für Waldtracht näher interessieren, ausdrücklich hingewiesen.

4. Spättracht

Luzerne (Medicago sativa, Schmetterlingsblütler)
Aussicht auf Luzernehonig besteht zum zweiten Schnitt Mitte Juli–Anfang August. Nach russischer Angabe 380 kg vom ha. Da die Bauern heute angeleitet werden, den Klee vor oder spätestens zu Beginn der Blüte zu mähen, haben sich die Aussichten wesentlich verschlechtert. Auch der Samenbau ist zurückgegangen, obwohl z. B. die fränkische Luzerne wertvoller ist als ungarische oder amerikanische. Blüte und Samenansatz hängen stark vom Wetter ab. Feucht gewachsene Luzerne schießt üppig ins Kraut und bringt wenig Blüten. Dann mähen auch die Samenbauern vorzeitig. Man muß sich also die Lage erst ansehen, bevor man in ein Samengebiet wandert. Sonst hängt die Chance des Imkers davon ab, ob die Bauern durch dringendere Erntearbeiten zunächst vom Kleemähen abgehalten sind. Schon eine Verzögerung von Tagen kann sich gut auswirken. Starke Hitze begünstigt das Honigen. Der Klee muß duften. Der Honig fließt dünn und wässerig aus der Schleuder, kristallisiert aber bald. Der etwas säuerliche Geschmack ist dem einen angenehm, dem andern nicht. Oft wird er deshalb mit anderen Honigen verschnitten. Durch vorherige Honigtautracht bekommt er Farbe und Geschmack.

Die Luzerne will tiefgründigen nahrhaften Boden. Da sie eine tiefe Pfahlwurzel bildet, geht sie auch auf Böden, die oberflächlich leicht und sandig sind, in der Tiefe aber Lehm oder Mergel führen. Für Stallmist in der Vorfrucht ist sie dankbar. Nach meiner Erfahrung honigt sie allerdings williger auf schlechteren Böden. Sie geht da weniger ins Kraut, treibt aber viele Blüten.

Düngung 50 kg Reinphosphorsäure, 80 kg Reinkali. Leichte Stickstoffgabe nur für die Jugendentwicklung. Sie ist ja selbst Stickstoffsammler.

Saat: 20 bis 30 kg je ha, Reihen 15 bis 25 cm je nach Boden. Auf guten Böden im April unter Deckfrucht, auf schlechten Reinsaat als Zweitfrucht bis Ende Juli.

Luzerne ist die beste Futterpflanze, reich in der Menge, bei 2 bis 4 Schnitten 200 bis 400 dz Grünfutter, reich auch an Eiweiß und Mineralstoffen. Für die Bienen wie auch für die Ausdauer des Kleeackers ist es besser, jedes zweite Jahr den zweiten Schnitt blühen und fruchten zu lassen. Samenertrag 2 bis 6 dz je ha. Es wäre sehr zu wünschen, daß Deutschland seinen Samenbedarf wieder mehr selbst erzeugt, statt ihn einzuführen. Die fränkische Luzerne ist gerade durch ihr aus Bastardierung stammendes reicheres Erbgefüge anpassungsfähiger an Unterschiede in Klima und Boden.

Bärenklau (Heracleum sphondylium, Doldengewächs)
Er blüht von Juni bis Oktober auf feuchten Wiesen. Ertragszahlen sind mir nicht bekannt. In Südbayern jedenfalls, in »Moosgegenden« gilt er als gute Tracht. Er fließt ähnlich dünn wie Luzernehonig aus der Schleuder, kristallisiert weich, feinkörnig, mattgelb. Der stark aromatische herbe Geschmack ist nicht jedermanns Sache. Mischung mit Wald- oder Heidehonig mildert ihn. Der Fermentwert ist sehr gut. Mit Bärenklau zusammen findet sich oft die auch gut honigende

Kohldistel (Cirsium oleraceum). Das »Moos« lohnt vielfach auch eine Wanderung.

Heidekraut (Calluna vulgaris, Heidekrautgewächs)
Die Lüneburger Heide hat seit Jahrhunderten die ausgeprägteste und krisensicherste Art der Imkerei. 8000 Einzelblüten geben 1 g Zucker. 200 kg Honigertrag vom ha meldet Rußland. Auch außerhalb der Lüneburger Heide ist sie in Deutschland und dem übrigen Europa die wichtigste Herbsttracht. Seine sulzige Form erschwert das Schleudern des Heidehonigs. Er muß vorher durch einen Lösapparat in der Wabe gelockert werden. Der Geschmack des rötlich-gelben, später ins Bräunliche übergehenden grob kristallisierten Honigs ist eigen. Vorliebe oder Ablehnung sind Geschmackssache. Fermentwert nach Zander hoch.

Die Blüte beginnt zum Teil schon im Juni und dauert bis in den September. Man pflegt aber erst Mitte August anzuwandern und bleibt etwa 3 Wochen. Die Heide frißt Trachtbienen, erzeugt aber auch Jungvolk. Vom gesundheitlichen Standpunkt zu begrüßen. Bei Überwinterung auf dem rückstandreichen Heidehonig droht nach langen Wintern Ruhr. Man nimmt ihn deshalb so weitgehend als möglich heraus. Im Frühjahr jedoch bieten aufgerissene Heidewaben einen kräftigen Anreiz zur Brut.

X. Ein Blick in die Geschichte der Bienenzucht

1. Die Bienenwohnung in alter Zeit

Zu einer ausführlichen Geschichte der Bienenforschung und Bienenzucht ist hier nicht Raum. Aber ein kurzer Überblick über die Entwicklung der Bienenwohnung scheint doch angebracht. Man gewinnt dadurch vielleicht eine gewisse Zurückhaltung gegenüber marktschreierischen Anpreisungen allzu eifriger Erfinder.

Zunächst eine notwendige Korrektur weitverbreiteter Vorstellungen:

Zwei Lehren werden immer wieder verkündet mit einer Überzeugung, als wären sie unumstößliche Dogmen. Das erste Dogma lautet: Die Urheimat der Biene ist der Wald. Das zweite: Die Urform aller Bienenwohnungen ist die Klotzbeute. Beides Irrlehren, die durch Wiederholung nicht wahr werden.

Urheimat. – Es gab im Lauf der Erdgeschichte große Gebiete, die nicht Waldland waren, sondern Wüste, Steppe, Weide oder Heide und doch reich an Bienen. Die älteste uns bekannte imkerliche Darstellung entstand in der Steinzeit vor 8 bis 16000 Jahren in einer Höhle bei Bicorp in Spanien. Sie zeigt eine Frau, die auf einer Strickleiter hoch oben an einem Fels ein Bienennest ausnimmt. (Abb. 100) Die Herrscher Ägyptens hatten schon von ihrer ersten Dynastie (3000 vor Chr.) an neben dem Zeichen für Macht das Zeichen für Schilf und für Biene im Wappen. Es drückte die Herrschaft über das Schilfland Oberägypten und das Bienenland Unterägypten aus. Unterägypten war aber kein Waldland. Ebenso ist es mit Palästina, das in der Bibel das Land genannt wird, das »von Milch und Honig fließt«. Kein Waldland, sondern ein Weideland. Und zwar ein Land, das im Gegensatz zu Ägypten und dem angrenzenden Philisterland keine Bienenstände, sondern nur wilde Völker kannte, die großenteils in Erd- und Felshöhlen hausten oder auch einmal im ausgedörr-

Abb. 100 Honigentnahme nach der Höhlenzeichnung aus der Steinzeit in Bicorp, Spanien

ten Kadaver eines Tieres. Siehe das Rätsel Samsons (Bienenvolk im Leib eines Löwen) oder auch die durch Jahrhunderte weitererzählte Fabel, man könne aus der Leiche eines Stieres Bienen erzeugen.

Die Urheimat der Biene ist also nicht allein der Wald, sondern jedes Gelände, das der Biene Wohnung und Nahrung bieten kann, ob sich die notwendige Höhle nun in einem Baum befindet oder in einem Fels oder Erdhang. Wichtig ist nur, daß die Höhle Schutz vor Wind und Wetter bietet und bei stärkerem Regen nicht voll Wasser läuft.

Ebenso schief ist die Bezeichnung der *Klotzbeute* als Urform der vom Imker benützten Bienenwohnung. Die Geschichte der Bienenzucht verliert sich in grauer Vorzeit. Wir können sie nicht bis an den Punkt verfolgen, wo der Urmensch zum erstenmal ein Bienenvolk in Pflege genommen und ihm selber Wohnung gegeben hat. Eine ruhige Überlegung aber läßt es von vornherein als zweifelhaft erscheinen, daß der Urmensch mit seinem primitiven Werkzeug aus Holz, Knochen oder Stein ein Stück mit einem Bienenvolk aus einem dicken Stamm herausgearbeitet hätte.

2. Urform im Süden – die liegende Röhre

Aber schon bevor der Mensch als Bauer seßhaft wurde, verstand er, sich aus Ruten, Wurzeln oder Ranken (z. B. von der Waldrebe) allerlei Gefäße für seine Vorräte zu flechten. Durch Verschmieren mit Lehm oder Kuhmist oder einem Gemisch aus beiden gelang es ihm, sie dicht zu machen. Durch zufälliges Verbrennen eines solchen Gefäßes, wobei der Überzug als gebrannte Schale übrigblieb, mag er auf die Töpferei gekommen sein. Leicht kann der Einzug eines Schwarmes in ein solches Gefäß die Anregung zur Hausbienenzucht gegeben haben. Jedenfalls sind die ältesten uns bekannten von Menschen angefertigten Bienenwohnungen die liegenden Tonröhren der Ägypter, die sie zu ganzen Stapeln oder Mauern zusammenfügten. Vielleicht haben sie die Anregung dazu auch bekommen von waagrechten Fels- und Erdhöhlen wildlebender Völker. Bis in unsere Zeit ist die liegende Röhre aus Rinde, Geflecht oder Holz die allgemein gebräuchliche Bienenwohnung in Afrika. Die Gewohnheiten heute lebender primitiver Völker stimmen oft überein mit den Gewohnheiten der Menschen, die vor 20-30-60000 Jahren lebten und durch Zeichnungen oder durch erhaltene Geräte von sich Kunde gaben. (Abb. 101) Wir dürfen also annehmen,

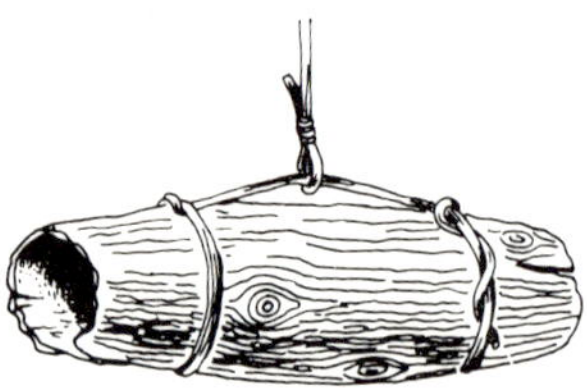

Abb. 101 In Bäumen aufgehängte Rindenröhren der Afrikaner sind neben den liegenden Tonröhren der alten Ägypter die urtümlichsten uns bekannten Bienenwohnungen.

Abb. 102 Der nach unten verjüngte griechische Korb, in dem die Waben an darübergelegten Stäbchen hängen.

daß die liegende Röhre mit einer Länge von 80 bis 100 cm und einem Durchmesser von 20 cm die älteste Form einer von Menschen für Bienen bereitgestellten Wohnung bildet. Das gilt auf alle Fälle für die Welt südlich der Linie von Gibraltar bis zur Halbinsel Kamtschatka in Ostasien, von Urzeiten her bis in die Gegenwart.

3. Der griechische Korb

Ägyptens Nachfolger als Kulturzentrum war Griechenland. Vom griechischen Philosophen Aristoteles (388 bis 322 v. Chr.) haben wir die erste Schrift über Bienen. Aber sein Interesse galt der Biene als Lebewesen und nicht der imkerlichen Praxis. So erfahren wir von ihm nichts über die zu seiner Zeit gebräuchliche Bienenwohnung. Man kann aber vermuten, daß die in der Neuzeit im griechischen Raum gebräuchlichen Beuten schon zu seiner Zeit vorhanden waren. Und das war in erster Linie, wie in Ägypten, die Tonröhre. Daneben aber noch eine Form, die eigentlich schon Jahrhunderte vor Dzierzon und Langstroht der Imkerei ihr heutiges Gesicht hätten geben können. Aber man hat ihre Bedeutung in ihrer Heimat nicht erkannt und auch nicht in der übrigen Welt, als George Wheler 1682 über sie berichtet hatte.[1] Ein Weidenkorb, nach unten verjüngt wie unsere Futterkörbe, darübergelegt Leistchen, an denen die Waben hingen. Die bewegliche Wabe war also vielleicht schon über 2000 Jahre in einem vergessenen Winkel Europas vorhanden, bevor sie um die Mitte des vorigen Jahrhunderts wieder erfunden wurde. Die Weltgeschichte ist reich an versäumten Gelegenheiten. (Abb. 102)

4. Römische Formen

Nach Griechenland kam Rom zu Bedeutung. Über die dortige Bienenzucht berichten verschiedene Schriftsteller aus der Zeit kurz vor und nach Christi Geburt. Vor allem Varro (116 bis 27 v. Chr.), Vergil (70 bis 19 v. Chr.), Columella (Mitte des 1. Jh. nach Chr.). Es ist die Rede von bedeutenden Imkereien, von denen eine 10 000 Sesterzen (= DM 1600), eine andere einen Pachtschilling von 50

[1] A journey into Greece, London 1682, S. 412.

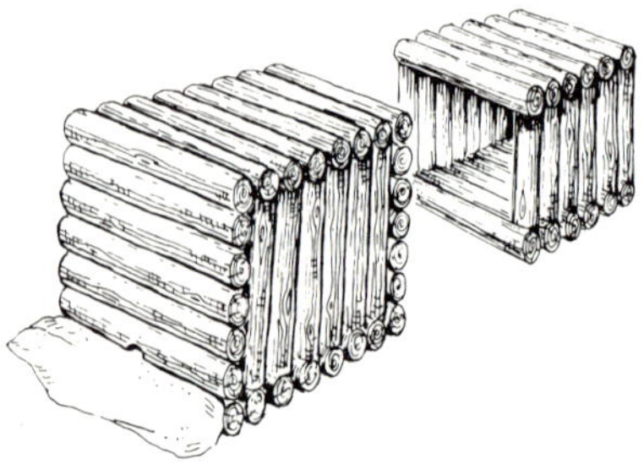

Abb. 103 Altrömische Beute aus Ferulstengeln, durch Ansatz neuer Glieder zu erweitern.

Zentner Honig brachte. Die Beuten waren unterschiedlich im Material, aber alle sehr ähnlich in Größe und Gestalt, die liegende Röhre, im allgemeinen rund, sie konnte aber auch viereckig werden. Rund, wenn sie aus Ton, Rinde, Kork, Weidengeflecht, Schilfrohr oder aus einem hohlen Baum bestand. Viereckig, wenn sie aus Brettern oder aufgespaltenen Ferulstengeln gefertigt wurde. (Das Gemeine Steckenkraut, Ferula communis, ist im ganzen Mittelmeergebiet daheim und wird 2 bis 5 m hoch. Der starke holzige Stengel wird zu allerlei Hausgerät, wie Schemeln, Stühlen, Spazierstöcken, im alten Rom auch zu Prügelstöcken für Sklaven verarbeitet. Auch zu Bienenkästchen.) Die Schilfröhren waren in der Mitte etwas enger und konnten durch Auseinanderziehen verlängert werden. Die Ferulbeuten erweiterte man durch Ansetzen neuer Glieder. (Abb. 103)

Auf diese altrömischen liegenden Beuten dürften auch die Krainer Bauernkästen zurückgehen, die noch in unsere Zeit hineinreichen. Auch aus Backsteinen baute man Bienenwohnungen.

Columella bewertet die verschiedenen Beuten. Vor allem soll man sie selber machen und nicht kaufen. Er hatte wohl Erfahrungen mit Faulbrut! Die besten seien die aus Kork oder Schilf. Sie seien im Sommer kühl und im Winter warm. Die irdenen dagegen im Sommer heiß und im Winter kalt. Dazwischen liegen die aus Weidengeflecht, die aus Brettern und die hohlen Baumklötze. Die Fluglöcher soll man nur so groß machen, daß eine Biene durchkann, damit keine Eidechsen und sonstiges Ungeziefer eindringen kann. Bei stärkeren Völkern lieber mehrere kleine als ein großes Flugloch.

Die in Norditalien vorkommenden stehenden Beuten hält er für weniger gut als die liegenden von Süditalien und Sizilien. Auch die in Mauern festeingebauten verwirft er. Er will sie beweglich, damit man sie gut handhaben, verkaufen und mit ihnen auch in bessere Trachtgebiete wandern kann.

5. Der Rutenstülper

In Südfrankreich, bei den Basken, in Serbien und Bosnien findet man bis heute den Rutenstülper. Man sieht ihn auf Bildern aus früheren Jahrhunderten. Wie weit er wirklich verbreitet war, ist nicht bekannt. Aber die ganze Technik deutet auf hohes Alter, etwa 1000 bis 2000 vor Christus. Aus einem jungen Tannen- oder Fichtenstämmchen wird der obere Teil ausgeschnitten bis auf einen passenden Astkranz. Um diese Äste als Rippen wird ein spitz zulaufender Korb geflochten, meist aus Waldrebenranken. Man beginnt am engsten Teil, das heißt am Stämmchen, und legt soweit nötig im erweiterten Teil zusätzlich Äste als Rippen ein. Ein Stück des Stämmchens bleibt als Handgriff stehen. Der Korb wird mit Kuhdung verschmiert. Das deutet auf die Herkunft von Hirtenvölkern. Der Korb wird mit dem breiten offenen Teil auf den Boden gestellt. Daher der Name Stülper. Als Wetterschutz kann er eine Haube aus Gras oder Stroh bekommen.

Die Korbflechtkunst ist ältestes Kulturgut. Schon Stämme, die sich noch keine feste Behausung leisteten, fertigten sich eine aus Zweigen geflochtene Wand und lagerten hinter diesem Windschirm. Auch beim Bau einfacher Hütten bediente man sich der geflochtenen und mit Lehm verschmierten Wand. Der Name Wand kann vom gotischen »vandus« = Rute kommen. Viele Hütten primitiver Völker sehen aus wie vergrößerte Rutenstülper. (Abb. 104)

Abb. 104 Rutenstülper auf einer alten Darstellung, die wohl einen Bienensegen bedeuten soll.

6. Der germanische Strohkorb

Der Strohkorb ist Eigentum der Germanen. Er soll um die Zeit von Christi Geburt am Rhein entstanden sein. Man wird den Rutenstülper als seinen Vorfahren betrachten dürfen. Als die Germanen seßhafte Bauern geworden waren, drängte sich das warme und leicht zu verarbeitende Stroh von selbst als Material auf an Stelle des weniger warmen Rutengeflechts. Man kann verfolgen, wie der Strohkorb sich mit den Germanen ausbreitete. Im Hin und Her zwischen Germanen und Slawen drang er im Grenzgebiet auch in den slawischen Kulturraum ein, in dem die Klotzbeute herrschte. (Abb. 105)

Abb. 105 Ein Immenschneider beim Zeideln an einer der vielen Strohkorbformen der alten Zeit.

7. Die slawische Klotzbeute

Armbruster hat glaubhaft dargelegt, daß die Waldbienenzucht, auch Zeidlerei genannt, die Besonderheit des slawischen Kulturraums war. Aus dieser Waldbienenzucht ging die Klotzbeute hervor.

Man hat davon verschiedene Formen. Gelegentlich schnitt man das Stück aus dem Stamm, in dem sich ein wildes Bienenvolk befand. Häufiger ahmte man die Bienenwohnung nach, die man im Wald durch Aushauen einer Höhlung in einem Baum mit dem Imkerbeil künstlich geschaffen hatte. Man schlug seitlich einige Meter über dem Boden eine Höhlung aus, die natürlicherweise höher als breit war, und verschloß die Öffnung mit einem Brett, das beim »Zeideln«, das heißt beim Ausschneiden der Honigwaben, abgenommen wurde. So machte man es auch bei ausgeschnittenen Stammstücken, die man daheim aufstellte. (Abb. 106) Neben diesen Hinterbehandlungsklötzen gab es auch solche, die oben und unten offen waren. Sie standen auf einem Stein oder einem Brett und konnten durch Kippen von unten betrachtet werden. Zur Honigentnahme entfernte man das obere Abdeckbrett. Eine solche stehende Röhre konnte man auch dauernd umlegen und nach Belieben von der einen oder anderen Seite behandeln.

Durch Verschieben der seitlichen, ins Lichte eingepaßten Verschlußbretter konnte man den Raum auch einengen und erweitern.

Abb. 106 Stehende Klotzbeuten

8. Verschiedene Beutenformen zu gleicher Zeit

Schon vor 2000 Jahren gab es in Rom auf engem Raum Beuten von verschiedener Form und verschiedenem Material. Rom hat nicht nur Götter, sondern auch Bestandteile seiner Kultur von unterworfenen Völkern übernommen. Das übrige Europa sah auch im Mittelalter verschiedene Beutenarten gleichzeitig, aber nicht so auf engstem Raum nebeneinander, sondern nach Völkern und Landschaften getrennt: Im Westen hielt sich lange der urtümliche Rutenstülper, bei den Deutschen der germanische Strohkorb, bei den auf Waldbienenzucht eingestellten Slawen die stehende und liegende Klotzbeute, im Südosten der liegende Bauernkasten aus Brettern. Im Norden Italiens der stehende Bretterkasten. In Grenz- und Durchgangsgebieten, wie im deutschen Osten und in der Schweiz, durchdrangen sich die Formkreise. Typisch für die Verhältnisse ist die Bienenliteratur des 16. Jahrhunderts. So erschien 1568 Nickel Jacobs »Gründlicher Unterricht von den Bienen«. Er behandelt die schlesische Wald- und Klotzbeutenimkerei. Zehn Jahre später, 1578, schildert Eldingen die Lüneburger Korbimkerei in seinem Buch »Wahrhaftiger bericht von art und eigenschafften der Ihmmen oder Bienen genandt«. 1594 folgt Andreas Picus, Pfarrer in der Nähe von Heilbronn, mit einem Buch über die Korbbienenzucht in der Feld-Wald-Wiesentracht außerhalb des Heidegebietes. Auch der Holländer Clutius schreibt 1574 über die Korbbienenzucht seiner Heimat.

Das Nebeneinander der Formen im Durchgangsland Schweiz zeigt eine Abbildung von Sooder.* Zu beachten ist die Anmerkung, daß der Rutenstülper zumeist seit 1700 durch den Strohkorb abgelöst wurde. Der gleiche Übergang von Rute zu Stroh fand wohl schon 2000 Jahre früher im fränkisch-deutschen Raum statt. Doch hielt sich der Rutenstülper z. T. bis heute, z. B. in Mittelfrankreich.

9. Zwei- und Mehrraumbeuten

Im 17. und 18. Jahrhundert kamen neue Gedanken auf, die in der Politik zur Französischen Revolution führten. Auch die Imkerei geriet in Bewegung, die Bienenkunde sowohl wie die praktische Bienenzucht. Der Engländer Charles Butler (The feminine monarchie, Oxford 1609) erkannte, daß der Weisel kein König, sondern eine Königin ist. Der Holländer Swammerdam (1637 bis 1685) bewies das durch mikroskopische Untersuchungen. In der Frage nach der besten Bienenwohnung entstand die Erkenntnis, daß eine aus zwei oder mehr trennbaren Abteilen bestehende Beute für Mensch und Biene vorteilhafter sei als die ungeteilte Einraumbeute. Die Begründung mag uns der Churfürstl. Bayer. Landbienenmeister Anton Korsemka in seinem Buch »Unterricht von der Bienenzucht in Bayern« von 1771 sagen:

Schon in § 24 und den folgenden eifert er gegen das »unmenschliche Brechen und Tödten der Bienen« im Herbst. Bienenschinder nennt er solche Imker. In § 43 zählt er die gebräuchlichen Beutenformen auf: Körbe, meist aus Stroh, aber auch aus Rohr oder Schilf. Von Rutenkörben redet er nicht. Dann Stöcke, »große dicke Holzklötze, welche man von innen aushöhlet«. Und schließlich Kästen aus Brettern. Die Stöcke können »Ständer und Läger« sein. »Jene so genannt, weil sie aufrecht stehen, und die Bienen ihren Bau von oben verlängern müssen: diese aber, weil sie nach der Länge liegend gelassen werden. Wofolglich die Bienen darinnen nur kurze aber destomehr Fläden ansetzen sollen.«

Auch bei den Kästen gibt es stehende und liegende.

»Am gemeinsten sind jedoch die Strohkörbe: weil sie nicht so kostbar anzuschaffen, und gleichwohl, der steten Erfahrung gemäß den Bienen überall wohl zustatten kommen.«

Der Korb steht auf einem Bodenbrett mit zwei Futtertröglein. Korsemka empfiehlt, in jede Art von Bienenwohnung, ob Korb, Stock oder Kasten, hinten ein Fenster einzusetzen, weil man dann, ohne die Bienen zu stören oder selber gestochen zu werden, alles beobachten kann, sogar die Königin beim Eierlegen. Das Glas wird mit einem hölzernen Türchen abgedeckt.

Und nun wendet er sich ähnlich scharf wie gegen das Abschwefeln auch gegen die Störungen des Brutnestes durch das Zeideln, das Ausschneiden der Honigwaben, gleichviel ob es im Herbst oder erst im Frühjahr gemacht wird. Die Abschwefler gleichen »den wilden Huronen und Cannibalen in Amerika«. Aber

* Bienen und Bienenhalten in der Schweiz. Verlag Krebs, Basel 1952, S. 14.

auch das Ausschneiden von Waben ist vom Übel. »Viele Bienenwirthe in hiesigen Landen sind zwar keine solchen Wildfänge und Bienenschinder, sondern sie begnügen sich, einige Wachs- und Honigfladen aus ihren Körben, Stöcken oder Kästen auszuschneiden: das übrige lassen sie ihren Bienen für ihre künftige Brut, und daß sie sich bis zur neuen Wachs- und Honigernte des folgenden Jahres damit behelfen und nähren sollen. Allein, es ist auch diese letzte Weise zu verfahren nichts nütze, denn allemal werden dabey viele Bienen, und nicht selten die Königin selbst entweder beschädigt, oder gar getödtet: indem man unmöglich so behutsam umgehen kann, daß nicht eine Menge dieser Unschuldigen, weil sie sich tapfer wehren und stechen, ihre Stacheln und folglich ihr Leben verlieren, oder sonst aufgerieben, oder verletzt werden sollten.«

Und der ausfließende Honig verschmiert ihnen Flügel, Füße und Atemlöcher.

Zeidelt man im Herbst, dann leiden die Bienen im Winter an dem leeren Raum. Zeidelt man im Frühjahr, nehmen sie so viel kalten Honig in ihren Magen auf, daß sie Durchfall bekommen und die Wohnung verkoten. Hat die Königin schon mit der Eiablage begonnen, kann die erste Brut erkälten und faulig werden. Dem allen soll sein *Mehrraumbetrieb* abhelfen. (Abb. 107)

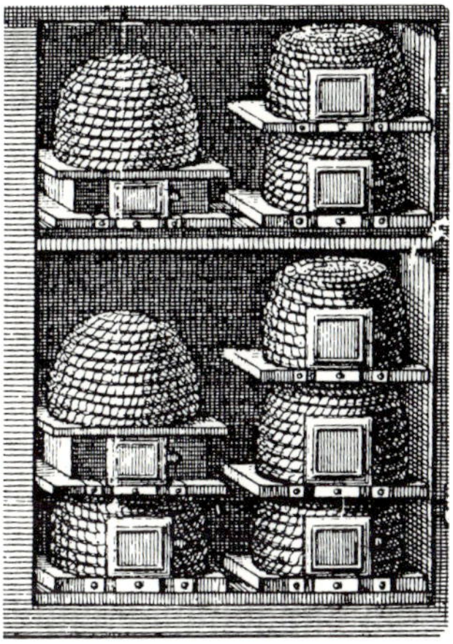

Abb. 107 Aufeinandergestellte Körbe des bayerischen Bienenmeisters Korsemka, Vorläufer des Christschen Magazins, das mit Brettern nachmachte, was Korsemka in Stroh vorgemacht hatte.

Er arbeitet mit nicht allzugroßen Strohkörben. »Sie müssen zu unserem Endzweck oben keinen Gupfen haben, sondern ganz platt seyn.« Sie haben oben ein 7 Zoll weites Loch, für das ein Strohdeckel vorhanden ist. Ist der Korb vollgebaut, wird ihm ein anderer untergesetzt. Die Bienen bauen dann durch die Öffnung hinunter in den neuen Korb. Notfalls wird noch ein dritter oder gar ein vierter Korb untergesetzt. Dadurch wird das Ausbrechen von Honigwaben aus dem mit Bienen besetzten Korb (wir würden sagen aus dem Brutraum) vermieden. Sieht man durch das Fenster, daß der obere und auch noch der zweite und dritte Korb mit Honig voll getragen ist, nimmt er einfach den oberen Korb weg. Damit dies ohne Störung der Bienen geschehen kann, steht jeder Korb auf einem zweckmäßig eingerichteten Bodenbrett. Durch ein Schiebebrettlein kann man den Durchgang zwischen dem Korb oben und unten öffnen oder schließen. An einem kühlen Morgen, wenn die Bienen alle daheim, notfalls unter Mithilfe von etwas Rauch, nach innen gewichen sind, wird ein Brettlein ins Flugloch des vollen Korbes eingeschoben und der Korb abgehoben. An seine Stelle kommt ein ebensolcher leerer Korb und der volle wieder obenauf.

Will man ernten, schneidet man an einem guten Flugtag, wenn viele Bienen

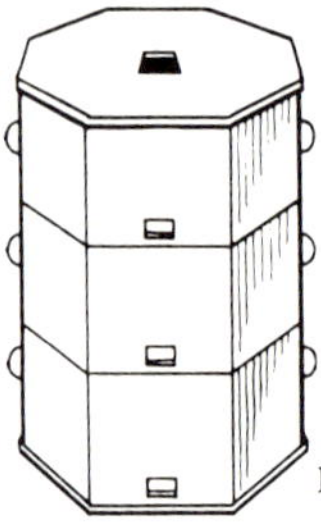

108 a

108 b

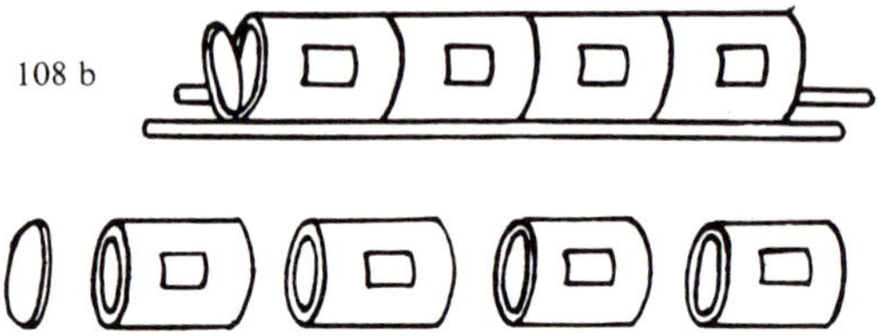

Abb. 108a Stehende Mehrraumbeute von Mew
Abb. 108b Liegende Mehrraumbeute aus Holland.

draußen sind, mit einem Draht den vollen Korb von seinem Bodenbrett los und hebt ihn ab. Sein Bodenbrett bleibt auf dem unteren Korb, und die Öffnung wird mit einem Brettchen geschlossen. Den vollen Korb trägt man abseits, läßt die Bienen abfliegen und schneidet dann ungestört die Honigwaben aus. Sollte sich zufällig die Königin darin befinden, fängt man sie und läßt sie durchs Flugloch zu ihrem Volk einlaufen.

Ein voller Korb gibt 30 bis 40 Pfund Honig und Wachs. Wird er heuer nicht voll, läßt man ihn stehen bis zum nächsten Jahr. Besser Geduld als verhungerte Völker.

So wie die Körbe kann man auch Kästen und Stöcke übereinandersetzen. Doch geht Korsemka darauf nicht näher ein, weil »Stöcke und Kästen nicht so gemein als Körbe sind«.

Korsemka war nicht der erste, der auf die mehrräumige teilbare Beute kam. Wir haben uns von ihm nur die Begründung für das Abgehen von der Einraumbeute sagen lassen.

Schon hundert Jahre früher, um die Mitte des 17. Jahrhunderts, hatte der Engländer Mew seine achteckige Magazinbeute konstruiert (Abb. 108a), Dr. Brownes eine runde, in Holland gab es eine liegende Mehrraumbeute. (Siehe Fraser, Imkerfreund Dez. 1962.) (Abb. 108b)

Etwa zur gleichen Zeit, wie Korsemka seine Körbe aufeinandersetzte, tat in Österreich Anton Janscha das gleiche mit seinen Bauernkästen. (Abb. 109)

10. Das Christsche Magazin

Am meisten Schule aber machte Pfarrer J. L. Christ, dessen Buch »Anweisung zur nützlichsten und angenehmsten Bienenzucht für alle Gegenden« 1779 zum erstenmal herauskam. Sein Magazin war niedrig wie der Bauernkasten, aber es war nicht langgestreckt, sondern quadratisch. Und die Oberseite bot eine weit größere Öffnung als Durchstieg zum nächsten Magazin. Die Öffnung war mit einem festen Holzrost überdeckt, an dem die Waben Halt fanden. Christ setzte 3 bis 8 solcher Magazine aufeinander und gab ihnen Bodenbrett und Deckel. Die Magazine hatten keinen Falz, sondern saßen stumpf aufeinander. (Abb. 110) So konnte man die ausgebauten Magazine leicht trennen, indem man einen Draht durchzog. Die Rückseite hatte ein Fensterchen, das mit einem Holztürchen abgedeckt war.

Abb. 109 Aufeinandergestellte Bauernkästen Janschas

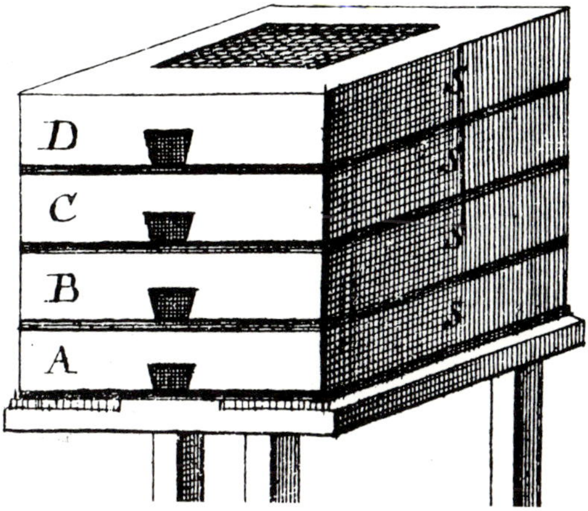

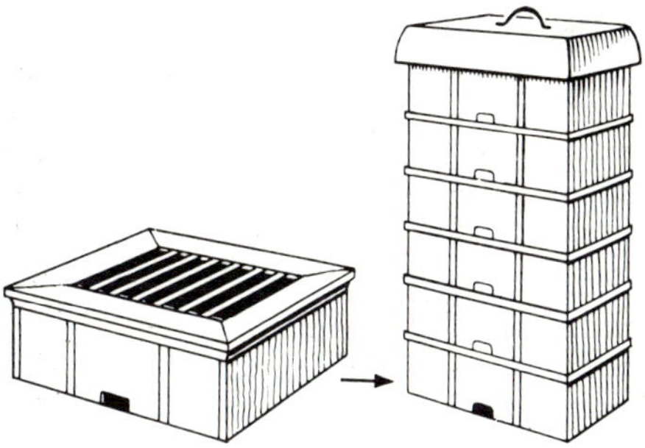

Abb. 110 Das sehr bekannt gewordene Holzmagazin von Pfarrer Christ. Trotz der über jedes Magazin gelegten Holzstäbchen fand er den letzten Schritt zur beweglichen Wabe noch nicht.

11. Die bewegliche Wabe

Das Christsche Magazin fand große Verbreitung. Mit ihm arbeitete zunächst auch der Mann, an dessen Namen sich in Europa die Einführung der beweglichen Wabe knüpft: Pfarrer Johannes *Dzierzon,* geb. 16. 11. 1811 zu Lowkowitz in Oberschlesien, gest. 26. 1. 1906. Statt des festen Rostes legte er 1845 bewegliche Stäbchen auf das Magazin. Um die seitlich angebauten Waben mit dem Messer von der Wand lösen zu können, nahm er die Hinterwand heraus. So konnte er die Wabe am Stäbchen hängend herausnehmen.

Vollendet wurde diese Idee durch Dzierzons anfänglichen Gegner Baron August von *Berlepsch.* (Abb. 111) Er fügte 1855 zu dem Tragstäbchen noch Seitenteile und Unterteil. So war das Rähmchen fertig. Er baute auch noch eine Beute, die dazu paßte. Darin hingen quer drei Reihen Rähmchen übereinander. Sie konnten von rückwärts entnommen werden. Daher der Name Hinterbehandlungsbeute. Gegenstück: Oberbehandlungsbeute. (Abb. 112)

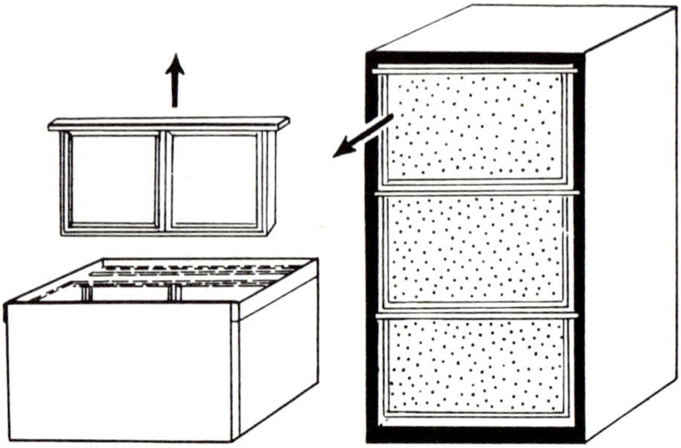

Abb. 111
Schema des Dreietagers von Berlepsch als Typ der Hinterbehandlungsbeute. Daneben das Prinzip der Oberbehandlung.

Gleichzeitig war auch in Amerika das Rähmchen erfunden und eine dazu passende Beute. Aber hier für Oberbehandlung. L. L. Langstroht hatte am 3. Oktober 1851 die Blitzidee, ein Rähmchen mit Wabe so in einen Kasten zu hängen, daß ringsum zwischen Rahmen und Wand eine Biene durchschlüpfen kann. Dieser »Bienenabstand« hat der beweglichen Wabe ihre volle Brauchbarkeit gegeben. Ist nämlich der Abstand zu groß, wird er mit Wachs verbaut. Ist er zu gering, wird die Ritze mit Kittharz zugeklebt. Nur bei richtigem Bienenabstand bleibt die Wabe voll beweglich. (Abb. 113) – Langstrohts Oberbehandlungsbeute war das Vorbild für die meisten heutigen Beuten in der ganzen Welt.

Genau gesehen waren weder Dzierzon noch Berlepsch und Langstroht wirkliche Neuerfinder, sondern nur Nacherfinder. Das Tragstäbchen hatten schon die alten Griechen. Das bewegliche Rähmchen hatte schon Franz Huber in seiner »Rahmenbude« 1792, in der er wie in einem Buch blättern konnte. (Abb. 114) Der Ungar Alexander Szarka hatte 1842 trapezförmige Holzrahmen hintereinander (Abb. 115), die er mit einem langen durchgehenden Stab zusammenschraubte. Der Russe Prokopowitsch hatte 1814 eine Hinterbehandlungsbeute mit Tragleisten im Brutraum und vollständigen Rähmchen im Honigraum (Abb. 116). Örösi-Pál zeigt in seinem Buch eine nach oben erweiterte Kastenbeute von 1683, in die trapezförmige Rähmchen eingehängt wurden (Abb. 117).

Dieser kurze Überblick stützt sich vor allem auf die zahlreichen Arbeiten von Prof. Dr. L. Armbruster. Weiter habe ich geschöpft aus den Veröffentlichungen des Deutschen Dr. U. Berner, des Engländers Dr. M. Fraser, des Amerikaners Fr. Pellet, des Schweizers Sooder, des Ungarn Dr. Örösi-Pál und aus eigenem Einblick in Werke alter Meister.

Die Flut von Beutenerfindungen der letzten 100 Jahre zu beschreiben würde ein ganzes Buch erfordern.

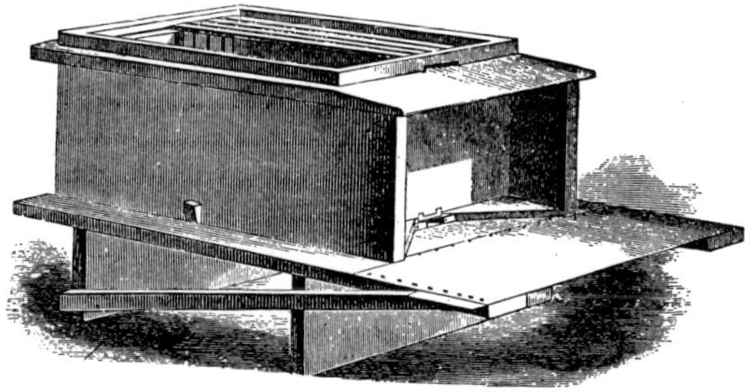

Abb. 112 Oberbehandlungsbeute mit beweglichen Waben von Langstroht

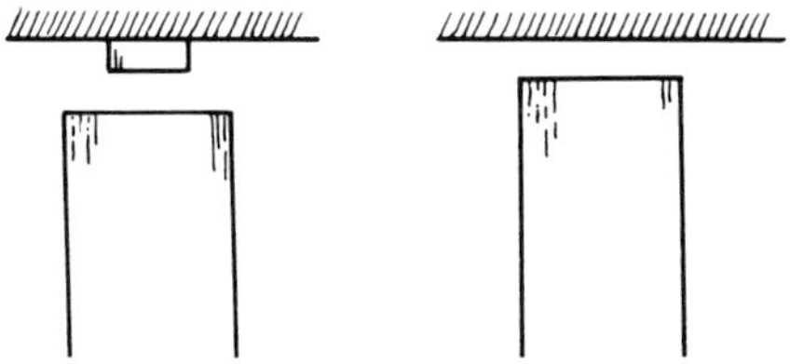

Abb. 113 Der von Langstroht als notwendig erkannte »Bienenabstand« des Rähmchens von der Kastenwand (rechts). Links die gleiche Anordnung des Ungarn Szarka (1844).

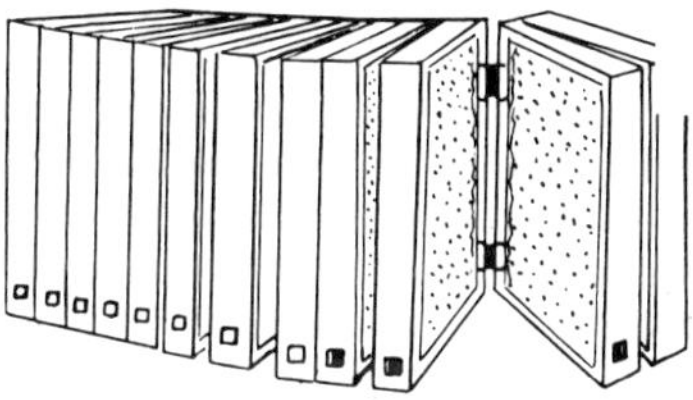

Abb. 114 Hubers Rahmenbude, bei der die Waben umgeblättert werden konnten wie die Seiten eines Buches.

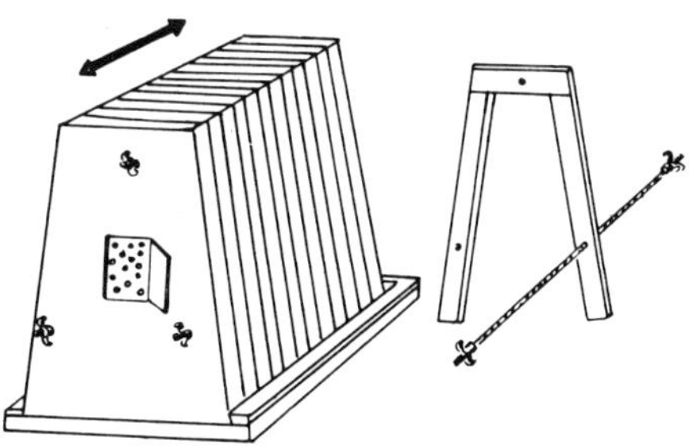

Abb. 115 Schließrahmenbeute des Ungarn Alexander Szarka 1842

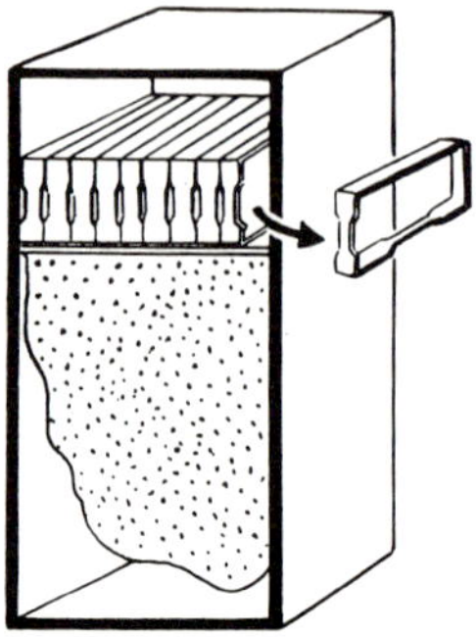

Abb. 116 Beute des Russen Prokopowitsch mit festem Bau im Brutraum und beweglichen Rähmchen im Honigraum 1814

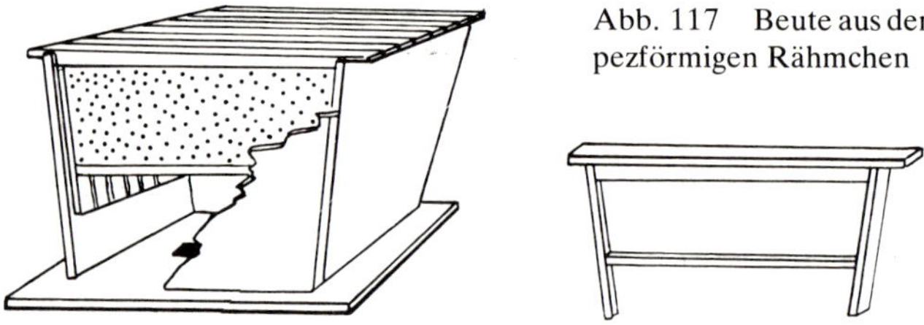

Abb. 117 Beute aus dem Jahr 1683 mit trapezförmigen Rähmchen

12. Bienenkundliche Jahreszahlen

Vor 25 Mill. Jahren: Tertiärzeit – Zeit der Entstehung der Alpen, Apenninen, Pyrenäen, Karpaten, Kordilleren, Anden, des Kaukasus, Taurus und Himalaja, der Rhönvulkane, des Rheintals, der mitteldeutschen Braunkohle, der Erdölfelder, der Entwicklung der Laubhölzer und Blütenpflanzen, der starken Vermehrung der Vögel, Säugetiere und Insekten, erste Spuren versteinerter Bienen in Frankreich, Böhmen, Württemberg (Randecker Maar), Baden (Öhningen), Rheinland (Rott), im Bernstein der Ostseeküste.

12 000 v. Chr: Frühsteinzeit – (Paläolithicum) Höhlenzeichnung in Bicorp in Spanien, Ausnehmen eines Bienenvolkes in großer Höhe (wohl Fels!). In Deutschland damals rückgehende Eiszeit, noch keine Haustiere.

4000 v. Chr.: Ägypten, Bienenhaltung in Tonröhren, Biene-Schriftzeichen für König.

2400 v. Chr.: Aufbewahrung von Scheibenhonig in Schalen, von flüssigem Honig in Krügen in Ägypten, Wandern mit Bienen auf dem Nil.

1500 v. Chr.: Bronzezeit, erste Metreste (mit Lindenpollen) in einem altgermanischen Mädchengrab in Egtved bei Hadersleben. Bronzeguß mit Hilfe von Bienenwachs?

1440 v. Chr.: Moses führt das Volk Israel »in das Land, wo Milch und Honig fließt«.

800 v. Chr.: Homer erwähnt den Bienenschwarm. Griechenland.

700 v. Chr.: Hesiod kennt Bienen in Eichen und Bienen in gewölbten Stöcken (Körben?). Griechenland.

620 v. Chr.: Solon erläßt Bienengesetze. Griechenland.

420 v. Chr.: Zeit des Perikles, 20000 Bienenstöcke in Attika, Griechenland.

400 v. Chr.: Pytheas von Massilia berichtet von Honigmet an der deutschen Ems.

350 v. Chr.: Der große griechische Philosoph Aristoteles schreibt über Bienenleben und Bienenzucht. Jahrhundertelang hat man von ihm abgeschrieben.

116–27 v. Chr.: Der römische Schriftsteller Varro schreibt über Bienenzucht.

70–19 v. Chr.: Der edle Dichter Vergil, Rom, verherrlicht die Bienen.

50 n. Chr.: Der römische Bienenschriftsteller Columella.

23–79 n. Chr.: Auch der römische Schriftsteller und Naturbeobachter Plinius schreibt über Bienenzucht, kennt die Anpflanzung von Honigpflanzen an germanischen Bienenständen.
(Geht das Weihnachtsgebäck auf altgermanisches Opferhoniggebäck zurück?)
Wachsbedarf der Kirche bringt Förderung der Bienenzucht durch das sich ausbreitende Christentum.

3. Jh. n. Chr.: Inder bringen den Zuckerrohrsaft durch Eindicken und Schleudern in festen, transportfähigen Zustand.

333–397: St. Ambrosius, Bischof von Mailand, wird Schutzpatron der Imker. (Schwarm am Mund des schlafenden Kindes gilt als Vorzeichen künftiger Beredsamkeit.)

354–430: St. Augustinus, Bischof von Hippo, verfaßt das »Exultet«, in dem an jedem Karsamstag in feierlicher Weise das Lob der Bienen gesungen wird. Biene und Bienenstaat sind auch bei anderen Kirchenvätern beliebtes Thema.

510: Das Salische Gesetz bestimmt Buße für Bienendiebstahl.

634: Das Langobardenrecht trifft Bestimmungen über Fang und Nutzung der Waldbienen.

654: Die Westgotengesetze regeln Waldbienenfang, Erdbienenzucht, Haftpflicht für Schäden durch Bienen und Strafen für Bienendiebstahl. Ähnliche Gesetze bei anderen Germanen.

748: Urkunde von Herzog Odilo bekundet erstmals Berufszeidlerei in Niederbayern bei Vilshofen.

800: Karl der Große erläßt Verordnungen über Bienenzucht, errichtet Korbimkereien auf seinen Krongütern. Schon vor ihm bestand die genossenschaftliche Zeidlerei im Wald um Nürnberg, Reichswald, Pingarten.

Mittelalter: Blüte der Bienenzucht unter Führung der Klöster. Viele Bienensegen und Schwarmbeschwörungsformeln. Immenzehnt von Schwärmen, Wachs und Honig.

1007: Kaiser Heinrich II. übergibt urkundlich dem Bischof von Speyer Wälder und Ländereien ausdrücklich »samt Bienenweide«! Ähnlich eine Reihe von Kaiserurkunden seit Otto I. Schwarmrecht, Nutzrecht an Waldbienen, Orte mit Zeidlernamen usw.

13. Jahrhundert: Arabischer Rohrzucker erscheint in Deutschland. Teuer, nur für medizinische Zwecke.

1350: Der Zeidler wird freier Mann.

15. Jahrhundert: Zuckerrohr wird in Sizilien und Madeira angebaut, um 1420 durch Heinrich den Seefahrer auch auf den Kanarischen Inseln eingeführt.

Bis 1427: Zeidlermeister im Nürnberger Reichswald.

1493: Christoph Columbus bringt auf seiner zweiten Reise das Zuckerrohr nach Amerika, wo es sich rasch verbreitet.

1515: Der erste amerikanische Zucker in Spanien eingeführt.

1550: Der Zuckerpreis ist von 1450 bis 1550 in England von 12 Mark auf 3,67 Mark gesunken.

16. Jahrhundert: (1500–1600) Niedergang der Imkerei in Europa. Ursachen: Zuckerverbilligung durch Handel mit Übersee, Rückgang des Metverbrauches durch Hopfenbau und Entwicklung der Bierbrauerei, besonders in Bayern, verringerter Wachsverbrauch durch Reformation.

Ende des 16. Jahrhunderts: In vielen europäischen Großstädten Zuckersiedereien, in denen amerikanischer Rohzucker raffiniert wird.

1568: Nikel Jakob aus Sprottau in Schlesien gibt das erste Lehrbuch über Bienenzucht in deutscher Sprache heraus. Zeidlerei, Waldbienenzucht.

1578: A. V. Eldingens Buch über die Lüneburger Heidebienenzucht.

1594: Picus, Pfarrer zu Beilstein bei Heilbronn, schreibt ein Traktätlein über die gewöhnliche »Feld-Wald-Wiesen-Imkerei« (also nicht Zeidlerei oder Heideimkerei).

1597: Das bis dahin umfangreichste Bienenbuch des Holländers Dirck Cluit. Also eifrige Bienenschriftstellerei in diesem halben Jahrhundert.

1604: Erster deutscher Bienenkalender von Johannes Colerus.

1628–1694: Der Italiener Malpighi. Er erforscht und beschreibt den Körperbau der Biene.

1637–1685: Der Holländer Swammerdam erforscht die Fortpflanzungsverhältnisse bei den Bienen.

1638: Einführung der dunklen deutschen Bienen in Neu-England.

1648: Die deutsche Imkerei teilt den allgemeinen Niedergang.

1652: Pfarrer Mew, England, baut eine achteckige Mehrraumbeute.

1668: Francesco Redi, Italien, beweist, daß Insekten nicht aus faulem Fleisch entstehen. Damit ist auch das Märchen von der Entstehung von Bienen aus Ochsenleichen widerlegt.

1683: In England Waben in Rähmchen.

1683–1757: Der Franzose René Ant. Ferchault de Réaumur schafft sich einen gläsernen Beobachtungsstock und erkennt, daß die Königin nicht Regentin, sondern Mutter des Volkes ist.

1696: Der Deutsche Grüwel erfindet das Abtrommeln.

1712: Der Italiener Maraldi benützt zur Beobachtung der Bienen zum erstenmal ein gläsernes Einwabenkästchen.

1721: Ein praktisches Bienenbüchlein des Engländer J. Gedde.
1735–1813: Pfarrer Christ, schafft die grundlegende Form des Kastenmagazins mit Stäbchenrost.
1747: Dem Berliner Chemiker Markgraf gelingt die Herstellung von Zucker aus Runkelrüben.
1750–1831: Der blinde Schweizer Bienenforscher Franz Huber baut einen Bienenstock aus allseits geschlossenen beweglichen Rahmen und macht mit Hilfe seines Dieners Burnens eingehende Beobachtungen über das Bienenleben.
1753–1821: Der Berliner Franz Karl Achards setzt die von Markgraf erfundene Rübenzuckerherstellung in die Praxis um.
1761: Pfarrer Schirach in Kleinbautzen, Schlesien, vermehrt die Völker durch Brutableger, erkennt die Bedeutung des Stockgeruches.
1762: Der Schweizer Karl Bonnet entdeckt die Jungfernbrütigkeit (Parthenogenese) bei Blattläusen. Grundsätzlich wichtige Erkenntnis auch für die Bienen.
1763: Einführung der dunklen deutschen Biene in West-Florida und Cuba.
1767–1843: Freiherr von Ehrensfels. Er schreibt 1829 ein gutes Bienenbuch und bringt in Österreich die Strohkorbimkerei zu hoher Blüte.
1769: Thomas Wildmann berichtet über eine Art beweglicher Waben in Griechenland.
1770: Die Kaiserin Maria Theresia gründet eine Imkerschule mit dem tüchtigen Praktiker Janscha als Leiter. Er vermehrt viel durch Feglinge.
1771: Der kurfürstliche bayerische Landbienenmeister Anton Korsemka schreibt seinen »Unterricht von der Bienenzucht in Bayern«.
1775–1850: Der Ukrainer Prokopowitsch führt eine Imkerschule. Arbeitet als erster mit Absperrgitter und Pfundrähmchen.
1780: Einführung der (dunklen) Biene in Kentucky, Amerika.
1781: Einführung der (dunklen) Biene in San Domingo auf der Insel Haiti.
1792: Chr. Konr. Sprengel entdeckt die Blütenbefruchtung durch Bienen.
1793: Einführung der (dunklen) Biene in New York.
Bis 1796: Eigene Zeidlergerichtsbarkeit in Deutschland.
1797: Einführung der (dunklen) Biene am Mississippi.
1806: Napoleons Kontinentalsperre zwingt zu vermehrtem Zuckerrübenbau.
1811–1906: Pfarrer Dr. Johann Dzierzon aus Lowkowitz in Oberschlesien, der »größte Imker aller Zeiten«.
1813–1880: Dathe, Erfinder der Imkerpfeife, Normalmaßrähmchen.
1816–1899: Lehrer J. G. Kanitz lehrt in Ostpreußen die Magazinbienenzucht im Strohkorb.
1823–1898: Gravenhorst, tüchtiger Lüneburger Korbimker. Sein Bogenstülper verbindet Korbimkerei mit beweglicher Wabe und Oberbehandlung. Erfinder des Baurähmchens.
1830: Die ersten (dunklen) Bienen in Australien eingeführt.
1833: Dr. K. A. Ramdohr veröffentlicht die erste wissenschaftliche Imkereibe-

triebslehre und beweist, daß in seinen Trachtverhältnissen Muttervolk und Schwärme zusammen mehr bringen als ein am Schwärmen verhindertes Volk.

1835: Dzierzon, durch Ramdohr geschult, entdeckt durch eine flugunfähige Nachschwarmkönigin, daß aus unbefruchteten Eiern Drohnen entstehen (Parthenogenese).

1838: Der Lehrer Anton Vitzthum in Moosbruch (Oberbayern) gibt die erste deutsche Bienenzeitung heraus, das Monatsblatt für die gesamte Bienenzucht.

1843: v. Baldenstein bringt Italienerbienen in die Schweiz.

1844: Der Graubündener von Baldenstein macht die ersten Versuche zur Reinbegattung an bienenfernen Orten und wird so zum Begründer des Belegstellenbetriebes.

1845: Die Eichstätter Bienenzeitung erscheint unter Schmid und Kleine, Dzierzon veröffentlicht im ersten Jahrgang seine Entdeckung der Parthenogenese. Auch seine Arbeit mit an Stäbchen hängenden beweglichen Waben. Die (dunkle) Biene in Brasilien eingeführt.

1848: Dunkle Biene in Chile eingeführt.

1849: Dunkle Biene in Rio de Janeiro eingeführt.

1850: Erste deutsche Wanderversammlung in Arnstadt.

1851: L. L. Langstroth in Amerika entdeckt den richtigen Bienenabstand im Stock und läßt sich seinen Lagerstock mit hängenden Breitwaben patentieren, den ersten Oberbehandlungsstock mit voll beweglichen Rahmen, das Vorbild für die in der Welt am meisten verbreitete Beutenart.

1852: Kanitz, Lehrbuch »Honig- und Schwarmbienenzucht«.

1853: Baron v. Berlepsch (1815–1877) baut in Deutschland, angeregt durch Dzierzons Stäbchen und die Kenntnis der Honigraumrähmchen des Prokopowitsch und der Rahmenbude Hubers, einen Hinterbehandlungsstock mit hängenden Rähmchen.
Dzierzon bekommt Italienerbienen und befestigt durch sie seine Lehre von der Parthenogenese.

1855: Kanitz gründet die Preußische Bienenzeitung.
Die Professoren Siebold–München und Leuckart–Gießen bestätigen die Befruchtungslehre Dzierzons mikroskopisch.
Die Italienerbiene kommt nach Amerika, die dunkle Biene tritt bald mehr und mehr zurück.

1857: Der Pfälzer Schreiner Johannes Mehring (1816 bis 1876) aus Frankenthal erfindet die künstliche Mittelwand. J. S. Harbison in Californien führt das Pfundrähmchen ein.

1859: Die Italienerbiene kommt nach Frankreich und England.

1860: v. Berlepsch gibt sein berühmtes Buch »Die Biene und ihre Zucht auf beweglichem Rahmen« heraus.

1860–1925: Der thüringische Pfarrer Gerstung erforscht die Brutnestordnung und bringt eine Oberbehandlungsbeute mit Hochwaben im Warmbau.

1861: Die Italienerbiene kommt nach Brasilien. American Bee Journal, erste Bienenzeitung in englischer Sprache.

1862: Die Italienerbiene kommt nach Australien, verdrängt im Lauf der Zeit die dunkle.

1863–1935: Heinrich Freudenstein. Er fordert ein kleines Rähmchen für kleine Tracht und lehrt die Überwinterung auf Zucker.

1865: Die Italienerbiene kommt nach Brasilien. Der ungarische Baron Franz von Hrutschka erfindet die Honigschleuder.

1880: Normalmaß 22,3 × 37 cm durch Dathe festgelegt.

1880: Pfarrer Weygand berichtet auf der 25. Wanderversammlung deutscher und österreichischer Bienenzüchter in Köln 1880 von ersten Umlarverfolgen bei der Zucht.

1880: Auf der 25. Wanderversammlung deutsch-österreichisch-ungarischer Imker in Köln wird der Bienenwirtschaftliche Zentralverein gegründet, dem die Landesverbände Baden, Brandenburg, Elsaß-Lothringen, Hannover, Mecklenburg, Ostpreußen, Pommern, Posen, Sachsen-Anhalt, Schlesien, Schleswig-Holstein, Rheinhessen, Rheinland-Westfalen, Thüringen und Westpreußen angehören, aber nicht Bayern, Württemberg u. a.

1882: Der Uhrmacher W.Wankler aus Wiersheim, Württemberg, gibt zum ersten Male seine Geräte und Verfahren der künstlichen Königinzucht bekannt, auf denen unsere ganze heutige Zucht beruht.

1884: Frank Benton und D. A. Jones bringen Krainerbienen nach USA.

1885: Cheshire und Cheyne entdecken den Bacillus alvei, der bei der Gutartigen Faulbrut eine Rolle spielt.

1889: D. M. Doolittle macht in Amerika (unabhängig von Wankler) moderne Aufzuchtverfahren publik (Scientific queen rearing). Bekennt, daß andere Landsleute Vorarbeit geleistet haben.

1893: Pfarrer Gerstung, Oßmannstedt, Thüringen, gründet seine Zeitschrift »Die deutsche Bienenzucht in Theorie und Praxis« und kämpft darin für seine Beute und seine Ideen, Futtersaftstrom, der Biene als Organismus usw.

1897: Hermann Rauchfuß bringt Kaukasier nach USA. Benton wieder 1905. Auf der Wanderversammlung des Vereins Deutsch-Schweizerischer Imker in Schaffhausen legt Dr. U. Kramer den Grundstein für die blühende Schweizerische Rassenzucht mit Belegstellenbetrieb und Leistungskontrolle. (Kramer gestorben 1914.)

1899: Emil Preuß (1848–1911) veröffentlicht seine Betriebsweise und gewinnt viele Anhänger. Tränken, Treiben, Umhängen, Bruteinschränken zur Trachtzeit.

1903: Der amerikanische Forscher White entdeckt den Bacillus larvae, den Erreger der Amerikanischen (Bösartigen) Faulbrut.

1904: Auf der Insel Wight (England) tritt verheerend eine neue Bienenkrankheit auf.

Der Schweizer Burri studiert die Sauerbrut, eine durch den Streptococcus apis hervorgerufene Abart der Gutartigen Faulbrut.

1906: J. Klein, elsässischer Pfarrer, schafft in seinem hervorragenden Buch »Die moderne Königinnenzucht« bis heute gültige Grundlagen. Erhält durch Versuche erste tiefere Einblicke in den biologischen Vorgang der Königinnenentstehung.

1907: Dr. Zander, Erlangen, entdeckt den Nosema-Erreger. Gründung des ganz Deutschland umfassenden Deutschen Imkerbundes auf der großen Imkertagung in Frankfurt a. M.

1908: Der amerikanische Bakteriologe White entdeckt den Bacillus pluton, den Erreger der Europäischen (Gutartigen) Faulbrut. White bearbeitet auch als erster die Sackbrut.

1912: Die in ihrem Wesen damals noch nicht erforschte Insel-Wight-Krankheit ruiniert 90% der Bienenvölker Englands.

1915: K. v. Frisch eröffnet die lange Reihe seiner Arbeiten über Sinnestätigkeit, Orientierungssinn und gegenseitige Verständigung der Bienen.

1919: Prof. Dr. Armbruster, Berlin, begründet das »Archiv für Bienenkunde«, ein Sammelorgan für wissenschaftliche Arbeiten aus der Bienenkunde, eine Zeitschrift von internationaler Geltung, trotz vieler Schwierigkeiten durchgehalten bis heute.

1920: P. B. White und J. Rennie erkennen die Milbe Acarapis Woodi Rennie als Erreger der Insel Wight-Krankheit. Im Anschluß daran erfindet der englische Imker Frow ein Mittel zur Bekämpfung.

1922: Aus dem 1907 gegründeten Imkerbund hatte es Austritte gegeben. Er war dann loser als »Vereinigung deutscher Imkerverbände« weitergeführt worden. 1922 wird Rektor Breiholz, Neumünster, Leiter dieser Vereinigung und bringt sie zu neuer Blüte.

1923: K. v. Frisch entdeckt die »Sprache« der Bienen, in Form von Tänzen.

1925: Dr. G. A. Rösch entdeckt die Arbeitsteilung im Bienenvolk. Endgültiger Zusammenschluß zum »Deutschen Imkerbund«.

1926: Dem Amerikaner Watson gelingt die künstliche Besamung von Königinnen mit Hilfe einer Spritze. Wichtige Bundestagung in Ulm. Kickhöffel weist Richtlinien für organisatorische Selbsthilfe und Staatshilfe für die notleidende Imkerei. Armbruster begründet die biologisch-mikroskopische Honiguntersuchung, die dann von Zander weiter ausgebaut wird.

1927: Bayern erhält eine würdige Landesanstalt für Bienenzucht unter Prof. Dr. Zander in Erlangen.

1931: Kickhöffel wird erster Bundesleiter und entwickelt eine rege Tätigkeit zur Förderung der imkerlichen Interessen.

1933: Reichsfachgruppe Imker.

Um 1939: Entwicklung der Pollenfalle unabhängig voneinander in den USA von Schaefer und Farrar, in Deutschland von Böttcher.

1940: Dr. Goetze begründet in seinem Buch »Die beste Biene« eine straffere Rassenzucht durch Merkmalskörung.

1943–1946: Die Amerikaner H. Laidlaw, O. Mackensen und W. Roberts verbessern das Besamungsverfahren der Königin so, daß es in die Praxis Eingang finden kann.

1944: Ende aller deutschen Bienenzeitungen.

1944: Entdeckung der Brauchbarkeit von Sulfathiazol zur Bekämpfung der Bösartigen Faulbrut durch Haseman und Childers.

1945: Beweis für den mehrfachen erfolgreichen Paarungsflug der Bienenkönigin durch Roberts (USA), 1955 Bestätigung durch Alber, Jordan und F. und H. Ruttner in Europa.

1945: Ende der Reichsfachgruppe Imker.

1946: Bayern erhält als erstes Land nach dem Zusammenbruch im »Imkerfreund« wieder eine Bienenzeitung. Andere folgen bald nach.
v. Frisch entdeckt Mitteilungen der Bienen über Richtung und Entfernung der Trachtquelle.

1947: Dr. Büdel, München, errichtet eine Forschungsstelle für Bienenphysik.

1948: Zusammenschluß der westdeutschen Imkerverbände zu einer Arbeitsgemeinschaft unter Studiendirektor Birklein, Nürnberg.

1952: Entdeckung der nosemaziden Wirkung des Fumagillins durch Katznelson und Jamieson (Kanada).

1963: Woyke, polnischer Wissenschaftler, erzielt diploide Drohnen durch besondere Aufzuchtkniffe. Untermauert neue Ansichten und Erkenntnisse in der Geschlechtsbestimmung der Biene.

Ab 1964: Schaffung besserer Landbelegstellen mit 7–10 km weiter drohnenreiner Umgebung in Deutschland nach dem Vorschlag von Böttcher.

1973: K. v. Frisch erhält Nobelpreis.

Das Zahlenmaterial für diese Zusammenstellung, die keinen Anspruch auf Vollständigkeit erhebt, wurde zum größten Teil aus verschiedenen Arbeiten Armbrusters zusammengesucht, dann aus v. Buttel-Reepen, Borchert, Rehs, einer Zusammenstellung von Dr. Büdel und dem Großen Herder. Ergänzungen und Korrekturen sind willkommen.

Der Imker mag daraus ersehen, daß alle Zeiten und Nationen sich für die Biene interessiert und zum Fortschritt der Bienenzucht ihren Beitrag geleistet haben. Sorge jeder, daß sein imkerliches Erbe durch würdige Hände weitergetragen werde.

XI. Verzeichnis der Abbildungen

Abkürzungen: A = Archiv »Der Imkerfreund«, H = Foto Herold oder Zeichnung nach seinen Angaben. W = Foto Weiß

Abb. Nr.	Gegenstand	Herkunft
37b	Achtertanz	Lindauer
38	Günstige Standlage	Büdel
39a	Freiaufstellung	A
39b	Stand für Blätterstöcke	A
39c	Stand für Oberbehandlung	W
39d	Freiständer	W
40	Fenster-Bienenflucht	H
41	Erlanger Magazin	W
42	Einheitsblätterstock	A
43	Trogbeuten	W
44a, b, c	Imkergeräte	H, A
45	Zuckermenge, Wassermenge	H
46a, b, c	Fütterungsvorrichtungen	W
47	blühende Kätzchenweiden	Kruft
48	Höselkasten	A
49	Freiluft-Kunstschwarm	H
50	Baurahmen	A
51	Schwarm	A
52	Einziehender Schwarm, Siebkasten	H
53	Wabenausstattung für Vorschwarm	Wohlgemuth
54	Wabenausstattung für Nachschwarm	Wohlgemuth
55	Kunstschwarmkasten	H
56	Zusetzgitter	H
57	Großwanderwagen	A
58	Kleinwanderwagen	H
59	Wanderstapel	H
60	Einzel-Aufstellung	W
61	Deutsche Biene und K-Biene	Ruttner
62a	Filzbinden	frei nach Goetze
62b	Ecken und Ringe	frei nach Goetze
62c	Flügelindex	Ruttner
62d	Meßfächer für Flügelindex	H
62e	Messung des Überhaares nach Herold	H
62f	Rüsselmesser nach Herold	H
62g	Rüsselmesser nach Gontarski	H
63	Rüsselmessung nach Böttcher	Böttcher
64	Bogenschnitt	A
65	Zellstreifen	W
66a, b, c	Zucht aus dem Ei	W
67	Umlarven	W
68	1-tägige Made	Englert
69	Reifezellen, Hürdenrahmen	Englert
70a, b	Schlupfkäfige	Englert
71	Siebkasten	H
72	Mini-EWK	W
73	Schutzhäuschen	W
74	MWK (Kunststoff)	W

Abb. Nr.	Gegenstand	Herkunft
75	MWK (Weichfaser)	W
76	Königin-Zeichnen	W
77	Königinnen-Versandkäfige	W
78	Entdeckelungsgeräte	H
79	Entdeckelungspfanne	H
80	Doppelsieb	H
81	Lunzer Honigsieb	W
82	Milchsieb mit Nylonstrumpf	H
83	Honiglöstopf	H
84	Sonnenwachsschmelzer	Pfalzgraf
85	Knüppelpresse	A
86	Böhlings Rinnenpresse	Böttcher
87	Gießknecht	Krauss
88	Bösartige Faulbrut	H
89	Gutartige Faulbrut	Wille
90	Sackbrut	H
91	Nosemasporen	Hirschfelder
92	Bienenmilbe	H
93	Folbexschlitten	H
94	Bienenwolf	Hirschfelder
95	Speckkäfer	Hirschfelder
96	Ölkäfer	Olberg
97	Triunguline	H
98	Bienenlaus	H
99	Bücherskorpion	Hirschfelder
100	Höhlenzeichnung Bicorp	frei nach Obermaier
101	Rindenröhre	frei nach Armbruster
102	Griechischer Korb	frei nach Armbruster
103	Ferulbeute	frei nach Örösi-Pál
104	Rutenstülper	A
105	Strohkorb	A
106	Klotzbeuten	A
107	Korsemkas Mehrraumbeuten	A
108a	Mehrraumbeute von Mew	frei nach Örösi-Pál
108b	Liegende Mehrraumbeuten aus Holland	A
109	Mehrraumbeuten aus Bauernkästen	A
110	Christsche Magazinbeute	frei nach Örösi-Pál
111	Berlepschbeute	frei nach Örösi-Pál
112	Langstrohtbeute	A
113	Bienenabstand	frei nach Örösi-Pál
114	Hubers Rahmenbude	frei nach Örösi-Pál
115	Schließrahmbeute von Szarkas	frei nach Örösi-Pál
116	Beute von Prokopowitsch	frei nach Örösi-Pál
117	Trapezbeute 1683	frei nach Örösi-Pál

XII. Personen- und Sachregister
